KB052285

파생상품투자론연습

Practice on Theory of Derivatives

원 재 환

法 文 社

경제의 세계화와 개방화가 진행됨에 따라 환율, 금리, 주가 등에서 변동폭이 증대되어 체계적인 리스크관리의 필요성이 점증하고 있습니다. 이제 리스크관리는 국가뿐만 아니라, 기업과 개인차원에서도 생존을 위해 선택이 아닌 필수가 되었고, 이러한 리스크관리의 필요를 충족해 줄 수 있는 강력한 도구로서 파생상품(선물, 옵션, 스왑 등)과 같은 첨단 금융기법들은 자연스럽게 주목을 받기 시작했습니다. 우리나라의 경우 1996년 KOSPI200주가지수선물로 시작하여, 지금은 금리선물, 통화선물과 옵션, 개별주식선물과 옵션, 상품선물 등 다양한 파생상품들이 개발되어 활발히 거래되고 있습니다. 이와 같은 파생상품시장의 급성장은 투자자들에게 다양한 리스크관리방법을 제공함은 물론, 투자포트폴리오의 분산효과 극대화를 통한 효율적 투자위험 관리 및 수익성 제고, 선진 첨단금융기법의 활용을 통한 금융선진화 등에 크게 기여하고 있습니다.

그러나, 2007년부터 시작된 미국의 서비프라임 모기지(sub-prime mortgage) 사태는 전세계 금융위기를 촉발함으로써 파생상품의 위험성에 대해 전세계가 새롭게 인식하는 계기가 되었고, 파생상품의 위험을 제어하기 위한 다양한 규제와 감독강화 방안이 전세계적으로 논의, 도입되고 있습니다. 이러한 경험으로부터 파생상품은 금융산업발전에 기여하는 긍정적인 측면과 높은 레버리지로 인한 높은 위험이라는 부정적인 측면을 동시에 가지고 있다는 점이 점차 잘 인식되고 있습니다.

금융환경 변화에 따른 다양한 선진금융기법이 현장에 효율적으로 적용되기 위해 이론으로 잘 무장한 실무인력 배양의 중요성은 아무리 강조해도 지나치지 않을 것입니다. 따라서, 이 책은 파생상품에 대한 기초이론을 잘 마스터하고, 보다 고급의 파생상품이론을 공부하고자 하는 학생들과 실무에서 파생상품을 다루는 실무자나 투자자들을 위해 필자의 다른 저서인 '파생상품투자론'(2021년, 법문사)을 보다 효과적으로 학습하기 위한 보완 교재로 집필되었습니다. 따라서, 이 책은 '파생상품투자론'으로 파생상품이론을 공부한 후, 제대로 이해했는지 확인하기 위한 연습으로 적합할 뿐만 아니라, 외국도서를 포함한 여러 파생상품 관련 교재, 각종 국가자격시험과 국가고시 등을 분석하고 연구하여 이들 시험을 준비하는데 도움이 되도록 구성되었습니다. 즉, 한국공인회계사(CPA), 미국공인회계사(AICPA), 한국과 미국의 증권분석사(CFA), 금융리스크관리사(FRM), 보험계리사, 선물거래사(AP) 및 투자상담사 등 파생상품 관련 전문자격증을 준비하는 수험생들에게도 도움이 되도록 문제를 구성하였고 자세한 해설을 통해 파생상품이론의 개념, 시장의 구성 및 작동원리, 가치평가방법론, 이론의 적용 및 응용 등을 깊이있고 체계적으로 이해하도록 쓰여졌습니다. 파생상품투자의 개념을 이해하기 위한 보통수준의 객관식문제부터 수준높은 이론을 알고 싶어하는 독자들을 위한 난이도 높은 고급 증명문제까지 다양한 문제들을 통해 파생상품이론에 대한 충분한 학습이 되도록 문제를 구성하고자 노력하였습니다.

이 책의 구성을 간략히 설명하면 다음과 같습니다.

제1부에서는 옵션의 개념, 거래시장, 그리고 가치평가 등과 관련된 문제들로써 옵션의 정의, 거래방법, 종류, 이항분포모형과 블랙-숄즈-머튼 모형을 이용한 옵션가격결정 방법과 옵션을 이용한 다양한 투자전략, 헷지방법, 특별한 형태의 옵션, 실물옵션, 한국의 옵션시장 등을 이해하는 데 도움이 되도록 문제들을 구성하였습니다.

제2부에서는 선물과 선도의 개념, 거래시장, 그리고 가치평가 등과 관련된 문제들로써, 선물거래소의 구조 및 기능, 청산소의 역할, 선물관련 규정 및 거래, 선물 및 선도가격 결정이론, 베이시스(basis)의 개념, 최소분산헷지 등 선물시장을 이용한 위험관리, 귀금속, 에너지, 곡물, 가축 등의 상품선물 소개, 단기, 중기, 장기 금리선물과 금리선물을 이용한 금리헷지방법, 환율의 개념, 환율 결정요인, 통화선물의 종류 및 통화선물을 이용한 환위험관리, 주가지수의 정의 및 계산방법, 주가지수선물을 이용한 주가위험의 헷지, 한국의 선물시장 등을 이해하는 데 도움이 되도록 문제들을 구성하였습니다.

제3부에서는 스왑의 개념, 종류, 가치평가, 그리고 최근 리스크 분야에서 널리 사용되고 있고 파생상품과 관련이 깊은 VaR(Value at Risk)와 관련된 문제들로써,

스왑의 정의, 개념, 가치평가, 거래 및 응용, 그리고 VaR를 이해하는 데 도움이 되도록 문제들을 구성하였습니다.

많은 분들의 도움이 있었기에 이 책이 가능했습니다.

필자에게 박사과정 중 이론적, 학문적으로 큰 힘이 되어주신 미국 University of Texas의 Larry J. Merville 지도교수님과 Ted E. Day 교수님, 박사논문지도에 흔쾌히 동참해 주신 미국 Southern Methodist University의 Andrew H. Chen 교수님, 석사과정 중 학문하는 자세를 가르쳐 주신 한국과학기술원(KAIST) 한민희 교수님, 정말 감사합니다. 그리고 선배로서, 동료로서 부족한 제게 늘 도전과 격려를 주시는 서강대 재무분야 교수님들과 경영학부 교수님들, 좋은 문제들을 만드는 데 토론과 통찰로 도와주신 동국대 이준서 교수님, 한양대 강형구 교수님과 한국외대 김솔 교수님, 수업 중 훌륭한 질문과 제언으로 이 책의 완성도를 크게 높여 준 서강대 경영학부 학생들과 대학원 원생들, 좋은 연구환경을 교수들에게 제공하기 위해 늘 애써 주시는 서강대 총장님, 그리고 이 책을 집필하도록 흔쾌히 승낙하고 여러모로 지원을 아끼지 않은 법문사 사장님께 이 자리를 빌어 깊은 감사를 드립니다. 특히 출판과 교정 작업 가운데 많은 도움을 주신 법문사의 권혁기님, 배은영님, 그리고 조교인 이동수군과 원영웅군에게도 깊은 고마움을 전합니다.

그리고 본 교재를 집필하는 동안 옆에서 변함없이 물심영(物心靈) 삼면(三面)으로 지원을 아끼지 않은 사랑하는 아내 은숙(殷淑)과 아빠와 함께 늘 대화하며 창의적 아이디어로 지적 영감을 불러일으켜 주고 좋은 학자가 되기 위해 불철주야 학문에 매진하고 있는 두 아들 영대(永大), 영웅(永雄)에게 깊은 고마움을 전하며, 부족한 필자를 위해 늘 기도해 주시는 장모님, 형님내외분들과 누님내외분들, 처형들과 동서들, 친척분들, 그리고 막내인 저를 아끼고 사랑하셨던 그리운 두 분 아버님, 어머님 영전에 이 책을 바칩니다.

2022년 3월 서강대 캠퍼스에서

저자 원 재 환

차례

PART 02 선물(futures)과 선도(forward)

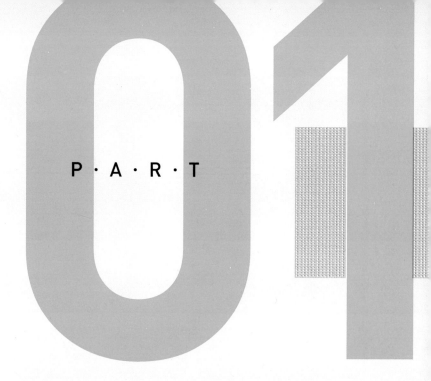

P·A·R·T

옵션(option)

practice on theory of derivatives

파생상품투자론연습

옵션의 개요

객관식

01. 파생상품 관련 다음 설명 중 옳지 않은 것은?

   A. 대표적인 기본자산으로는 주식, 채권, 선물 등이 있다.

   B. 파생상품의 가치는 기본자산의 가치에 전적으로 의존한다.

   C. 모든 파생상품의 가치의 합은 영(0)이어야 한다.

   D. 파생상품은 자본의 시차적 배분에 중요한 역할을 한다.

02. 다음 중 '내가격(in-the-money)' 상태에 있는 주식옵션은?

> Ⅰ. 행사가격이 35이고 주식가격이 32인 풋옵션
> Ⅱ. 행사가격이 35이고 주식가격이 32인 콜옵션
> Ⅲ. 행사가격이 15이고 주식가격이 15인 풋옵션
> Ⅳ. 행사가격이 15이고 주식가격이 18인 콜옵션

A. Ⅰ과 Ⅱ

B. Ⅰ과 Ⅳ

C. Ⅱ와 Ⅲ

D. Ⅲ과 Ⅳ

03. 다음 중 선물매도자와 비교할 때 풋옵션 매도자의 장점에 해당되는 것은?

> Ⅰ. 제한적 위험
> Ⅱ. 권리가 아닌 의무를 가짐
> Ⅲ. 증거금이 없음
> Ⅳ. 유동성이 더 풍부

A. Ⅰ

B. Ⅰ, Ⅱ와 Ⅲ

C. Ⅰ, Ⅱ와 Ⅳ

D. Ⅰ, Ⅱ, Ⅲ과 Ⅳ

04. 고객이 옵션을 사거나 팔고자 할 때, 그는 증거금을 내거나 마진콜(margin call)을 받을 필요가 없다.

A. 맞다.

B. 틀리다.

05. 옵션의 행사가격과 기초자산 가격과의 차이를 무엇이라 하는가?

    A. 시간가치

    B. 내재가치

    C. 등가격

    D. 내가격

06. 다음 중 어느 투자자가 옵션이 행사 될 때 기초자산을 반드시 구입해야 하는가?

> Ⅰ. 콜옵션 매입자
> Ⅱ. 풋옵션 매입자
> Ⅲ. 콜옵션 매도자
> Ⅳ. 풋옵션 매도자

    A. Ⅰ과 Ⅱ

    B. Ⅱ와 Ⅲ

    C. Ⅰ과 Ⅳ

    D. Ⅲ과 Ⅳ

07. 풋옵션을 매입한 투자자의 만기 시 손익분기점을 올바로 표시한 것은?

(단, $K=$ 행사가격, $P=$ 풋옵션 프리미엄, $S=$ 기초자산가격)

    A. $K-P$

    B. $P-K$

    C. $K-S$

    D. $S-K$

08. 다음 중 배당(dividend)이 없을 경우의 '유러피언 풋-콜 패리티'를 올바로 나타낸 것은?

    A. $p - c = Ke^{-rT} - S$

    B. $p - S = c - Ke^{-rT}$

    C. $p + c = -S + Ke^{-rT}$

    D. $p - c = S - Ke^{-rT}$

09. 옵션의 가격과 관련된 다음 설명 중 맞는 것은?

    A. 옵션의 이론적 가격은 0보다 작을 수 있다.

    B. 모든 조건이 일정하게 유지된다면 아메리칸 콜옵션 보유자는 만기전에 옵션을 행사하는 것이 최적 의사결정이다.

    C. 모든 조건이 동일하다면 아메리칸 옵션의 가치가 유러피언 옵션의 가치보다 항상 크거나 같다.

    D. 시간가치(외재가치)는 영(0)보다 작을 수 없다.

10. 다음 중 옵션의 가격결정에 직접적으로 영향을 미치는 변수가 아닌 것은?

    A. 무위험이자율(risk-free rate)

    B. 행사가격

    C. 기초자산 가격

    D. 물가상승률

11. 한 투자자가 만기가 10월인 설탕 콜옵션을 행사가격 8.25¢에 10개를 매입하였는데, 콜옵션 1개 당 가격은 1.25¢이다. 설탕가격이 '커피, 설탕, 코코아거래소(CSCE: Coffee, Sugar, and Cocoa Exchange)'에서 10.55¢에 거래되고 있다면, 이 콜옵션은?

    A. 2.30¢만큼 내가격(ITM; in−the−money)에 있다.
    B. 4.40¢만큼 내가격(ITM; in−the−money)에 있다.
    C. 2.10¢만큼 외가격(OTM; out−of−the−money)에 있다.
    D. 2.30¢만큼 외가격(OTM; out−of−the−money)에 있다.

12. 다음은 옵션에서 투자자가 취할 수 있는 4가지 포지션을 설명하고 있다.

    > I. 콜옵션 매입자(buyer of a call)
    > II. 콜옵션 매도자(writer of a call)
    > III. 풋옵션 매입자(buyer of a put)
    > IV. 풋옵션 매도자(writer of a put)

    위의 투자자들 중에서 약세시장(bear market)을 예상하고 포지션을 취한 사람들을 올바로 나열한 것은 다음 중 어느 것인가?

    A. I과 II
    B. I과 IV
    C. II와 III
    D. III과 IV

13. 시장에 차익거래기회가 없을 때, 다음 중 아메리칸 풋−콜 패리티를 가장 잘 표현한 것은?

    A. $S - K = P - C$
    B. $K - S \le C - P \le S - Ke^{-rT}$
    C. $S - K \le C - P \le S - Ke^{-rT}$
    D. $P - C = S - Ke^{-rT}$

14. 밀선물 매입포지션과 같은 의미를 갖는 옵션포지션은 다음 중 어느 것인가?

    A. 풋옵션 매입(long a put)

    B. 콜옵션 매입(long a call)

    C. 풋옵션 매도(short a put)

    D. 콜옵션 매도(short a call)

15. 어떤 회사가 가까운 장래에 채권을 발행하여 부채를 빌리고자 한다. 그 회사의 재무담당자로서 당신은 앞으로 발생하는 채무에 대해 금리옵션으로 헷지하고자 하는데, 다음 중 가장 적절한 전략은?

    A. 콜옵션 매입

    B. 콜옵션과 선물 매입

    C. 풋옵션 매입

    D. 풋옵션 매입과 선물 매도

16. 어떤 투자자가 금(gold)을 보유하고 있다. 만일 그 투자자가 가까운 장래에 금가격이 하락할 것으로 예상하고 있다면 그가 취해야 하는 헷지전략은?

    A. 풋옵션 매입

    B. 콜옵션 매입

    C. 풋옵션 매입 및 금선물 매도

    D. 콜옵션 매입 및 금선물 매도

17. 다음 중 주식콜옵션을 매입하는 이유로 적당하지 않은 것은?

    A. 대주 혹은 공매한 주식을 헷지하기 위해서

    B. 주가상승을 예상하고 이익을 얻기 위해

    C. 매입한 주식에서의 미실현 이익을 보호하기 위해

    D. 향후의 주식 매입가격을 고정시키기 위해

18. 옵션의 발행자(writer)는 매입자(buyer)에 비해 항상 불리한 위치에 있다.

    A. 맞다.

    B. 틀리다.

19. 콜옵션과 관련된 다음 설명 중 옳지 않은 것은?

    A. 콜옵션의 발행자(writer 혹은 seller)는 선물거래처럼 증거금을 납부해야 한다.

    B. 콜옵션 발행자의 이익은 콜옵션 가격(즉, 프리미엄)에 한정된다.

    C. 콜옵션 발행자의 손실도 콜옵션 가격(즉, 프리미엄)에 한정된다.

    D. 콜옵션 매입자(buyer)는 증거금을 납부할 필요가 없다.

20. 옵션가격에 영향을 주는 요인들과 옵션가격과의 관계를 나타내는 다음 내용 중 옳지 않은 것은? (단, (+) = 정(正)의 관계; (−) = 반(反)의 관계를 나타냄)

	콜옵션 가격	풋옵션 가격
A. 기초자산의 가격(S)	+	−
B. 행사가격(X)	−	+
C. 이자율(r)	+	−
D. 기초자산변동성(σ)	+	−

21. 다음은 옵션에서 투자자가 취할 수 있는 4가지 포지션을 설명하고 있다.

> Ⅰ. 콜옵션 매입자(buyer of a call)
> Ⅱ. 콜옵션 매도자(writer of a call)
> Ⅲ. 풋옵션 매입자(buyer of a put)
> Ⅳ. 풋옵션 매도자(writer of a put)

위의 투자자들 중에서 강세시장(bull market)을 예상하고 포지션을 취한 사람들을 올바로 나열한 것은 다음 중 어느 것인가?

A. Ⅰ과 Ⅱ

B. Ⅰ과 Ⅳ

C. Ⅱ와 Ⅲ

D. Ⅲ과 Ⅳ

22. 옵션발행자와 매입자의 관계를 설명한 다음 내용 중 옳지 않은 것은?

	발행자	매입자
A. 권리와 의무	의무	권리
B. 프리미엄	수취	지불
C. 증거금	납부의무	납부의무
D. 이익	프리미엄에 한정	무제한

23. 옵션의 일일정산(daily settlement) 및 청산 시 손익은 다음 중 어떤 것의 변화값으로 계산하는가?

A. 기초자산가격

B. 기초자산가격과 옵션 프리미엄

C. 옵션의 내재가치(intrinsic value)

D. 옵션의 시간가치(time value)

24. 다음 중 옵션이 행사될 가능성이 가장 큰 것은?

    A. 깊은 내가격(deep ITM)
    B. 내가격(ITM)
    C. 깊은 외가격(deep OTM)
    D. 외가격(OTM)

25. 옵션청산소(OCC: Option Clearing Corporation)와 관련한 다음 설명 중 틀린 것은?

    A. 옵션매입자가 옵션을 행사하려면 청산소를 상대로 계약이행을 요구한다.
    B. 옵션발행자의 계약이행을 보증한다.
    C. 옵션발행자는 청산소에 대해 의무이행의 책임을 진다.
    D. 옵션거래의 중개역할을 한다.

26. 옵션 만기 동안에 이자율이 변동하지 않고 배당도 지급하지 않는다고 가정하는 경우, 다음 중 무위험포지션을 창출하는 투자전략은? (단, S＝주식가격, c＝유러피언 콜옵션 가격, p＝유러피언 풋옵션 가격, (＋)＝매입, (－)＝매도 혹은 공매)

    A. $-S + c - p$
    B. $-S - c + P$
    C. $+S + p + c$
    D. $+S - p + c$

27. 옵션에 관한 다음 설명 중 옳은 것은?

A. 만기가 길수록 시간가치는 커진다.

B. 내재가치와 시간가치는 비례한다.

C. 옵션의 내재가치와 시간가치의 차이가 옵션의 프리미엄이다.

D. 내재가치는 외가격(OTM)상태에서 최대가 된다.

28. 다음 중 노출된 콜옵션(naked call option)을 가장 잘 표현하고 있는 것은? (단, C=콜옵션, P=풋옵션, S=기초자산, $(+)$=매입, $(-)$=매도를 각각 표시함)

A. $+C-S$

B. $+C+P$

C. $-C$

D. $-P$

29. 다음 중 옵션의 기능을 설명한 것으로 적절치 않은 것은?

A. 레버리지(leverage)

B. 포트폴리오 보험효과

C. 유동성제고 및 균형가격발견

D. 이익의 제한 및 무제한 손실가능성

30. 옵션에 관한 다음 설명 중 옳지 않은 것은?

A. 옵션의 내재가치는 0보다 작을 수 없다.

B. 옵션의 시간가치는 시간이 경과함에 따라 비선형으로 작아진다.

C. 옵션이 현재 외가격상태에 있다면 외재가치는 0이다.

D. 옵션의 외재가치는 옵션이 등가격상태에 있을 때 가장 크다.

31. 무배당 유러피언 풋-콜 패리티로 만들 수 있는 투자전략이 아닌 것은?

A. $p - c = Ke^{-rT} - S$

B. $c = p + Ke^{-rT} + S$

C. $S = c + Ke^{-rT} - p$

D. $Ke^{-rT} = p + S - c$

32. 다음 함수 중 잘못 표시된 것은?

A. $\max(A - B, \ 0) = \min(B - A, \ 0)$

B. $\min(A, \ B) = -\max(-A, \ -B)$

C. $\max(A, \ B) = -\min(B - A, \ 0) + B$

D. $\min(A, \ B) = -\max(0, \ A - B) + A$

33. 현재 파생상품시장에서 아메리칸 풋옵션의 가격이 \$5이고 행사가격이 \$10라 할 때 차익거래기회가 가능한 기초자산가격은 다음 중 어느것인가? 단, 배당은 없다고 가정한다.

A. \$9

B. \$8

C. \$6

D. \$4

34. 옵션가격의 성질에 관한 다음 설명 중 옳지 않은 것은? (단, c =유러피언 콜옵션 가격, C =아메리칸 콜옵션 가격, p =유러피언 풋옵션 가격, P =아메리칸 풋옵션 가격, S =기초자산가격, K =행사가격, r =무위험이자율)

A. $C \geq c$

B. $c \geq S - Ke^{-rT}$

C. $p \geq Ke^{-rT} - S$

D. $p \leq K$

35. 옵션의 시간가치에 관한 다음 설명 중 옳지 않은 것은?

A. 콜옵션의 시간가치는 내가격(ITM)보다 외가격(OTM)에서 크다.

B. 풋옵션의 시간가치는 내가격(ITM)보다 외가격(OTM)에서 크다.

C. 유러피언 풋옵션은 깊은 내가격(ITM)에서 음($-$)의 시간가치를 가질 수 있다.

D. 옵션의 시간가치는 등가격(ATM)일 때 가장 크다.

36. 옵션가격결정요인들 중에서 직접 관찰할 수 없는 것은 다음 중 어느 것인가?

A. 기초자산이 지급하는 배당

B. 잔존만기

C. 기초자산 시장가격

D. 기초자산의 변동성

01. 대두유(大豆油; soybean oil)가 현재 26¾에 거래되고 있다. 만기가 7월이고 행사가격이 26인 대두유 콜옵션이 프리미엄 2에 거래되고 있다면, 이 콜옵션의 시간가치(time value)는 얼마인가?

02. 만기가 7월이고 행사가격이 725 ₵ 인 대두선물의 풋옵션 가격이 부쉘 당 27½ ₵ 이다. 7월 물 대두선물이 거래소에서 부쉘 당 $7.22¼에 거래되고 있다면 이 옵션의 시간가치(time value)는 부쉘 당 얼마인가?

03. 현물 대두(soybean)가격이 현재 $8.00/bu.이고, 한 농부가 이 수준의 가격에서 그의 대두가격을 헷지하고자 행사가격이 $8.75인 3월 만기 풋옵션을 프리미엄 $0.20에 매입하였다. 대두현물 가격이 $7.50으로 하락하였을 때 가지고 있던 대두를 매도하고 동시에 매입한 풋옵션은 프리미엄 $0.80에 매도하였다. 계약 단위는 5,000bu.이다. 농부가 받게 되는 순가격(net price)은 부쉘 당 얼마인가?

04. 3월 현재 어떤 주식가격이 $800, 이 주식을 기초자산으로 하는 풋옵션의 행사가격이 $700, 만기는 5월이고 프리미엄이 $15이라면, 이 옵션의 시간가치와 내재가치는?

05. 생우(live cattle)의 현물가격이 60¢/lb.일 때, 가축업자가 보유하고 있는 40,000lb.의 생우를 헷지하기 위해 '3월 60 생우 풋옵션' 1계약을 1.10¢/lb.의 프리미엄에 매입하였다(1 계약 단위는 40,000lb.). 나중에 현물가격이 56¢/lb.일 때 생우를 매각하고 옵션은 2.90¢/lb.의 프리미엄에 매도하였다면, 헷징 결과 손익은?

06. 현재의 주가가 $500이고 이 주식을 기초자산으로 하는 유러피언 풋옵션의 현재 프리미엄이 $15이다. 이 옵션의 행사가격이 $500이고 이 행사가격을 현재가치로 환산하면 $470이다. 이 주식이 배당을 하지 않을 경우, 만기와 행사가격이 동일한 이 주식의 콜옵션 가격을 구하면 얼마인가?

07. 한 투자자가 노출된(naked) 콜옵션 4계약을 발행하였다. 현재 옵션가격은 $5, 행사가격은 $40, 기초자산인 주가는 $38이다. 이 옵션발행자에게 부과되는 개시증거금은 얼마인가?

08. 주식 1개를 $15에 팔 수 있는 풋옵션이 있다. 옵션 1계약 단위는 100주이며, 주식을 발행한 기업이 25%의 주식배당을 결정하였다. 풋옵션 계약은 어떻게 조정되는가?

09. 만기가 4개월, 현재주가는 $28, 행사가격은 $25, 무위험이자율은 연간 8%일 때, 이 주식을 기초자산으로 하는 무배당주식 콜옵션의 하한선은 얼마인가?

10. 만기가 1개월, 현재주가는 $12, 행사가격은 $15, 무위험이자율은 연간 6%일 때, 이 주식을 기초자산으로 하는 무배당주식 유러피언 풋옵션의 하한선은 얼마인가?

11. 배당을 지급하지 않는 주식의 가격이 $19이고, 이 주식을 기초자산으로 하고 만기가 3개월, 행사가격이 $20인 유러피언 콜옵션의 가격이 $1이다. 무위험 이자율이 연 4%라면, 콜옵션과 동일한 주식을 기초자산으로 하고 만기가 3 개월, 행사가격이 $20인 유러피언 풋옵션의 가격은 얼마이어야 하는가? (단, 시장에 차익거래기회가 없고 모든 이자계산은 연속복리로 한다고 가정한다)

12. 현재 주식의 가격이 $29이고, 이 주식을 기초자산으로 하고 만기가 6개월, 행사가격이 $30인 유러피언 풋옵션의 가격이 $2이다. 이 주식은 2개월과 5개월 후에 각각 주당 $0.50의 배당금지급이 예정되어 있다. 무위험이자율이 연 10%이고 수익률곡선이 수평이라면, 이 풋옵션과 동일한 주식을 기초자산으로 하고 만기가 6개월, 행사가격이 $30인 유러피언 콜옵션의 가격은 얼마이어야 하는가? (단, 시장에 차익거래기회가 없고 모든 이자계산은 연속복리로 한다고 가정한다)

13. 무배당주식에 대한 아메리칸 콜옵션 가격은 $4이다. 현재 주가는 $31, 행사가격은 $30, 만기는 3개월, 무위험이자율은 연간 8%이다. 기초자산, 만기, 행사가격이 동일한 아메리칸 풋옵션 가격의 상한선과 하한선은 각각 얼마인가? (단, 시장에 차익거래기회가 없고 모든 이자계산은 연속복리로 한다고 가정한다)

14. 배당이 있는 경우 아메리칸 풋−콜 패리티는 다음과 같이 조정된다. 이를 증명하라.

$$S - D - K \leq C - P \leq S - Ke^{-rT}$$

15. 임의의 t 시점($0 \leq t \leq T$)에 어떤 기업의 자산(A_t)은 자기자본(E_t)과 부채(L_t)인 무이표채권으로 구성되어 있다. 무이표채권의 만기 시 액면가(원금)는 K이고, 만기는 T이다. 만기까지 적용되는 무위험이자율은 r이고, 현재 시점은 $t = 0$라 하며, 모든 이자계산은 연속복리로 한다고 할 때, 다음 물음에 답하라.

(1) 만기 시 자기자본의 가치(E_T)를 옵션을 이용하여 표시하라.

(2) 만기 시 부채의 가치(L_T)를 옵션을 이용하여 표시하라.

(3) (1)과 (2)로부터 기업의 자산(A)에 대해 유러피언 풋−콜 패리티가 성립함을 증명하라.

16. 최근 을(乙)이라는 사람이 갑(甲)이라는 은행에 대출을 신청하였다. 은행 갑은 만기 시 대출원리금의 상환을 보장받기 위해 고객 을의 아파트를 담보로 설정하고 대출을 해주려고 한다. 대출금의 만기(T) 시 상환액(=원리금 합계)이 D이고, 고객이 담보물로 제공한 아파트의 현재($t=0$) 가치는 A_0이며, 만기 시 아파트의 가치는 A_T라 한다. 그리고 시장에서 적용되는 무위험이자율은 r이라 한다. 만기 전에 대출을 미리 되갚는 옵션이 없다고 가정하고, 이러한 담보부대출에 관한 다음 질문들에 답하라.

(1) 만기 시 이 담보부대출의 가치를 A_T와 D를 이용하여 수식으로 표시하고, x축을 만기 시 담보물의 가치, y축을 담보부대출의 가치로 하여 2차평면에 그래프로 표시하라.

(2) 차입자 을의 입장에서 담보부대출의 현재가치를 담보물과 콜옵션(call option)의 포트폴리오(portfolio)로 표현할 수 있음을 수식을 이용하여 설명하라.

(3) 채권자 갑의 입장에서 담보부대출의 현재가치를 대출과 풋옵션(put option)의 포트폴리오로 표현할 수 있음을 수식을 이용하여 설명하라.

(4) (2)와 (3)의 결과를 풋-콜 패리티(Put-Call Parity)의 관점에서 설명하고, 담보부대출의 현재가치의 경제적 의미를 설명하라.

17. 만기, 기초자산, 행사가격이 동일한 아메리칸 콜옵션(C)과 아메리칸 풋옵션(P)이 있다. 이 두 옵션의 행사가격이 3만원, 만기는 1년이다. 현재 기초자산인 주식의 가격은 2만 8천원이고 무위험이자율은 연간 5%라 한다. 옵션만기까지 기초자산인 주식에 배당이 없다고 가정하고 다음 질문에 답하라. (단, 모든 이자계산은 연속복리로 함)

(1) 시장에 차익거래기회가 없다고 가정하고, 두 아메리칸옵션 사이의 가격차이($P - C$)의 최대값과 최소값을 구하라.

(2) 현재 시장에서 차익거래기회가 생기기 위한 아메리칸 풋옵션가격의 범위를 그래프로 표시하라. (단, 2차평면 그래프에서 x축은 아메리칸 콜옵션가격을, y축은 아메리칸 풋옵션가격을 이용함)

18. 한 증권회사의 금융공학팀은 주식을 기초자산으로 하는 새로운 옵션상품을 개발하여 판매하고 있다. 시장에서는 현재 이 주식을 기초자산으로 하는 콜옵션 두 개가 거래되고 있는 데 행사가격이 K인 콜옵션의 가격이 $C1$, 행사가격이 $2K$인 콜옵션의 가격이 $C2$이고 기초자산의 가격은 S라 한다. 새로 개발된 콜옵션의 payoff함수가 $\max(0.5S,\ S-K)$라 할 때 다음 질문에 답하라.

(1) 새로운 콜옵션의 가격을 $C(new) = aS + hC1 + kC2$로 표시 할 때, a, h, k값을 구하라.

(2) 새로운 콜옵션의 payoff을 2차평면에 그래프로 표시하되, x축은 주가(S)로, y축은 payoff으로 하기로 한다. (단, payoff을 S를 기준으로 자세히 구하고 그래프로 표시하라)

정답해설 ────────────────────

객관식

01. A

선물은 스스로 존재할 수 없으므로 기본자산이 아니다.

02. B   **03.** A

04. B

계약자체가 의무적 이행을 포함하는 선물계약에서는 매입자나 매도자 모두에게 증거금이 부과되고 필요 시 마진콜이 있다. 그러나, 옵션의 경우 매입자는 옵션을 행사할 권리를 갖는 반면, 매도자는 행사된 옵션에 대해 매도해야할 의무를 가진다. 따라서, 옵션의 경우 매도자(발행자)에게는 증거금이 부과되지만, 매입자에게는 부과되지 않는다.

05. B   **06.** C

07. A

손익분기점(즉, 이익이 0이되는 점)이 되는 기초자산가격을 구해 보자.
＊콜옵션 매입자의 경우: 이익＝내재가치－프리미엄＝$(S - K) - C = 0$
   $\Rightarrow S = K + C$

* 풋옵션 매입자의 경우: 이익＝내재가치－프리미엄＝$(K-S)-P=0$
⇒ $S=K-P$
(단, S＝기초자산가격, K＝행사가격, C＝콜옵션 프리미엄, P＝풋옵션 프리미엄)

08. A

09. C

옵션의 이론적 가격은 0보다 작을 수 없으며, 배당이 없는 경우에는 아메리칸 콜옵션 소유자는 만기까지 행사하지 않는 것이 유리하다. 내재가치는 영(0)보다 작을 수 없으나 시간가치(외재가치)는 영(0)보다 작을 수 있는데 유러피언 풋옵션의 경우 그러하다.

10. D

11. A

기초자산가격(S)이 행사가격(K)보다 크므로 내가격상태(ITM; in-the-money)에 있다. 즉,

$$\text{콜옵션의 내재가치(intrinsic value)} = \max(S-K,\ 0)$$
$$= \max(10.55\ \text{¢}-8.25\ \text{¢},\ 0)$$
$$= \max(2.30\ \text{¢},\ 0) = 2.30\ \text{¢}$$

따라서, 주어진 옵션은 2.30 ¢만큼 내가격(ITM)상태에 있다.

12. C   **13.** C

14. B

가격이 상승할 것을 기대하고 취하는 포지션은 선물 매입포지션과 콜옵션 매입포지션을 들 수 있다. 따라서, 두 포지션은 서로 '평행(parallel)'하다고 말한다.

[참조] 풋옵션 매도포지션도 가격상승 시 유리하지만 일정이상의 이익을 얻을 수 없으므로 가격이 상승할수록 계속 이익이 증가하는 선물매입포지션과 parallel하다고 말하기 곤란하다.

15. C

채권을 발행할 예정이므로 금리상승(즉, 채권가격의 하락)으로 인한 이자비용상승에 대비한 헷지전략을 구사해야 한다. 채권가격의 하락에 대비해야 하므로 풋옵션을 매입하면 된다.

16. A

17. C

매입한 주식의 가격이 상승하여 미실현 이익 혹은 평가이익이 발생할 경우, 평가이익을 고정시켜 앞으로 주식을 매도 시 이익을 보려면 '풋옵션'을 매입해야 한다.

그리고, 공매한 주식의 경우에는 앞으로 주식을 되사서 갚아야 하므로 콜옵션 매입은 공매도의 헷지로서 적절한 전략이라 할 수 있다.

18. B

19. C

콜옵션 발행자의 이익(profit)＝프리미엄－이득(payoff)
$$= C - \max(S - K,\ 0)$$
즉, 이익의 최대값은 프리미엄(C)에 한정되지만, 손실은 주식가격(S)이 커지면 커질수록 커지게 되므로 제한이 없다. 따라서, 손실은 한정되고 이익은 제한이 없는 매입자에 비해 더 공격적인 포지션임을 알 수 있다.

20. D

기초자산의 변동성이 크면 클수록 미래에 기초자산가격이 아주 커지거나 아주 작아질 확률이 크므로 이익이 확대될 가능성이 커지며, 옵션의 가치도 커지게 된다. 따라서, 변동성은 콜옵션이든 풋옵션이든 모두 (+)의 영향을 준다.

21. B

22. C

옵션거래의 경우 발행자는 거래이행 의무를 가지므로 증거금을 납부할 의무가 있으나, 매입자의 경우 옵션행사 권리를 가지므로 납부할 의무가 없다.

23. B

선물의 경우 프리미엄이 없으므로 가격변동에 따라 일일정산을 하지만, 옵션의 경우 프리미엄과 기초자산가격의 변화 모두 일일정산에 영향을 준다.

24. A

옵션은 이득(payoff)이 0보다 클 때 행사되는데, 이득이 크면 클수록(즉, deep ITM) 행사될 가능성이 높다.

25. A

26. A

배당이 없는 경우의 '유러피언 풋−콜 패리티(put−call parity)' 공식을 이용하여 설명할 수 있다. 즉,

$$p + S = c + PV(K)$$

이 공식에서 시간의 경과에 따라 예측이 가능한 것은 $PV(K)$밖에 없다. 왜냐하면, $PV(K)$를 구할 때 필요한 것은 이자율과 만기까지의 시간인데, 이자율이 옵션 만기 동안 일정 하다고 하였고 만기까지의 기간은 아는 변수이

기 때문이다.

위의 공식을 변형시키면,

$PV(K) = +p + S - c$ 혹은 $-PV(K) = -p - S + c$

즉, (풋옵션 매입+주식 매입+콜옵션 매도)전략 혹은 (풋옵션 매도+주식 매도+콜 옵션 매입)전략 중 하나를 취하면 $PV(K)$ 혹은 $-PV(K)$의 거래 결과를 갖게 되고, 그 액수를 알고 있으므로 위험이 없다.

27. A

28. C

노출된 옵션(naked option)이란 헷지되지 않고 옵션만 발행된 경우를 말한다.

29. D

옵션은 선물과 달리 손실은 옵션가격으로 제한되고, 이익은 무제한 가능하다.

30. C

옵션이 외가격상태에 있다고 외재가치(시간가치)가 0인 것은 아니다. 외재가치는 만기까지 기초자산가격이 투자자에게 유리하게 변할 수 있다는 기대에 의해 형성되기 때문에 지금 비록 외가격이라 해도 외재가치는 0보다 크다. 그렇기 때문에 외가격상태에 있는 옵션가격이 0보다 크게 거래될 수 있는 것이다.

31. B

32. A

A를 올바르게 표시하면 다음과 같다.

$\max(A - B, \ 0) = -\min(B - A, \ 0)$

[참조] max함수와 min함수
$$* \max(A, B) = -\min(-A, -B)$$
$$* \max(A, B) = -\min(-A, -B) = -\min[(-A+A, -B+A)-A]$$
$$= -\min(0, A-B)+A$$

33. D

시장에 차익거래기회가 없다면 배당이 없는 경우 아메리칸 풋옵션의 상한선
과 하한선은 다음과 같다.

$$K - S_0 \leq P \leq K$$

따라서, 차익거래가 존재하기 위해서는

$$10 - S_0 > 5 \ \rightarrow \ S_0 < \$5.$$

34. D

$p \leq Ke^{-rT}$이어야 한다.

35. A   **36.** D

주관식

01. 옵션의 프리미엄＝내재가치(intrinsic value)＋시간가치(time value)
⇒ 시간가치(time value)＝프리미엄－내재가치(intrinsic value)
$$= 2 - \max(26\tfrac{3}{4} - 26, \ 0) = 2 - \tfrac{3}{4} = 1\tfrac{1}{4}$$

02. 옵션의 프리미엄＝내재가치(intrinsic value)＋시간가치(time value)
⇒ 시간가치(time value)＝프리미엄－내재가치(intrinsic value)
$$= 27\tfrac{1}{2}\cent - \max(X - S, \ 0)$$
$$= 27.50\cent - \max(725\cent - \$7.22\tfrac{1}{4}, \ 0)$$
$$= 27.50\cent - 2.75\cent = 24.75\cent/\text{bu.} = 24\tfrac{3}{4}\cent/\text{bu.}$$

26 **PART 01** 옵션(option)

03. 순가격(net price)

   $=$현물매도가격$+$옵션거래 손익(즉, 풋옵션 매도가격$-$매입가격)

   $=\$7.50+(\$0.80-\$0.20)$

   $=\$8.10$

04. 먼저, 풋옵션의 내재가치(intrinsic value)$=\max(K-S,\ 0)$

$$=\max(\$700-\$800,\ 0)=0$$

그런데, 옵션의 프리미엄$=$내재가치(intrinsic value)$+$시간가치(time value)
이므로,

시간가치(time value)$=$옵션의 프리미엄$-$내재가치(intrinsic value)

$$=\$15-\$0=\$15$$

즉, 시간가치는 $15이고, 내재가치는 $0이다.

05. 현물가격은 떨어졌으므로 손해이고, 옵션가격은 올랐으므로 이익이다. 즉,

현물포지션: $56\,¢/\text{lb.}(S)-60\,¢/\text{lb.}(L)=-4\,¢/\text{lb.}$(손실)

옵션포지션: $2.90\,¢/\text{lb.}(S)-1.10\,¢/\text{lb.}=+1.80\,¢/\text{lb.}$(이익)

거래결과 합계$=-4\,¢/\text{lb.}$(손실)$+1.80\,¢/\text{lb.}$(이익)$=-2.20\,¢/\text{lb.}$(손실)

따라서, 총손익$=-2.20\,¢/\text{lb.}$(손실)$\times 40,000\text{lb.}/$계약$\times 1$계약$=-\$880$(손실)

06. 배당이 없는 경우의 '유러피언 풋$-$콜 패리티(put$-$call parity)'공식을 이용하여 계산할 수 있다. 즉,

$p+S=c+PV(K)$

(단, $PV(K)=$ 행사가격의 현재가치(PV: present value))

따라서, $c=p+S-PV(X)=\$15+\$500-\$470=\$45$

[참조] 배당을 지급하는 주식의 경우 '풋-콜 패리티(put-call parity)'공식은 다음과 같다.

$p+S-D=c+PV(K)$

(단, $D=$ 옵션만기일까지 지급되는 총 배당액의 현재가치)

07. 콜옵션 개시증거금$=\max(C1,\ C2)$

$C1=N(c+0.2S-OTM)=400$개$(\$5+0.2\times\$38-\$2)=\$4,240$

$C2=N(c+0.1S)=400$개$(\$5+0.1\times\$38)=\$3,520$

따라서, 개시증거금$= \max(\$4,240, \$3,520) = \$4,240$

[참조] 콜옵션과 풋옵션 발행자의 개시증거금

　　　　개시증거금$= \max(A, B)$
　　　　단, $A =$ 옵션발행수입의 100% + 기초자산가격의 20% − 외가격(OTM)금액
　　　　　　$= N(c + 0.2S - OTM)$
　　　　　$B =$ 옵션발행수입의 100% + 기초자산가격의 10%
　　　　　　$= N(c + 0.1S)$
　　　　　$N =$ 발행옵션 수(옵션 1계약의 경우 100개)

08. 주어진 문제에서 $K = \$15$, 1계약단위$= N = 100$주이다.

25% 주식배당은 $125 - for - 100$ 주식분할과 동일하다. 즉, $n = 125$, $m = 100$.
따라서,
새로운 행사가격, $K^* = K(m/n) = \$15(100/125) = \$12$
새로운 계약단위, $N^* = N(n/m) = 100$주$(125/100) = 125$주
결과적으로, 25% 주식배당 때문에 콜옵션의 계약조건은 주식 125주를 주당 $12로 매도할 수 있는 조건으로 조정된다.

09. 무배당주식 콜옵션의 하한선(lower bound)
$$= S_0 - Ke^{-rT} = \$28 - \$25e^{-0.08(4/12)} = \$3.66$$

10. 무배당주식 유러피언 풋옵션의 하한선(lower bound)
$$= Ke^{-rT} - S_0 = \$15e^{-0.06(1/12)} - \$12 = \$2.93$$

11. 주어진 문제에서, $c = \$1$, $T = 3$개월$= (3/12)$년$= 0.25$년, $K = \$20$, $S_0 = \$19$, $r = 0.04/$년이다.
시장에 차익거래기회가 없다면, 무배당 유러피언 풋−콜 패리티가 성립해야 하므로,
$$p = c + Ke^{-rT} - S_0 = 1 + 20e^{-0.04(0.25)} - 19 = \$1.80.$$

12. 주어진 문제에서, $p = \$2$, $T = 6$개월$= (6/12)$년$= 0.5$년, $K = \$30$, $S_0 = \$29$, $r = 0.10/$년이다.

시장에 차익거래기회가 없다면, 유배당 유러피언 풋－콜 패리티가 성립해야 하며, 수익률곡선이 수평하므로 2개월 후나 5개월 후나 적용되는 무위험이자율은 10%로 동일하다.

먼저, 배당의 현재가치를 연속복리로 구하면 다음과 같다.

배당의 현재가치$= D = \$0.5e^{-0.1(2/12)} + \$0.5e^{-0.1(5/12)} = \$0.97$. 따라서,

$c = p + S_0 - Ke^{-rT} - D = 2 + 29 - 30e^{-0.1(0.5)} - 0.97 = \$1.49.$

13. 다음과 같은 아메리칸 풋－콜 패리티를 이용하면 된다.

주어진 문제에서, $C = \$4$, $K = \$30$, $S = \$31$, $T = $3개월$= (3/12)$년$= 0.25$년, $r = 8\%$/년. 따라서,

$S - K \leq C - P \leq S - Ke^{-rT}$

$\Rightarrow 31 - 30 \leq 4 - P \leq 31 - 30e^{-0.08(0.25)}$

$\Rightarrow 1 \leq 4 - P \leq 1.59$

$\Rightarrow -3.00 \leq -P \leq -2.41$

$\Rightarrow \$2.41 \leq P \leq \$3.00$

즉, 상한선$= \$3.00$, 하한선$= \$2.41$이다.

14. 유배당 아메리칸 풋－콜 패리티는 다음과 같다.

$S - D - K \leq C - P \leq S - Ke^{-rT}$

이를 증명해 보자.

▎증명▎

① 부등식의 우편(RHS: Right Hand Side): $C - P \leq S - Ke^{-rT}$

배당이 없는 경우 아메리칸 풋－콜 패리티에서 이미 다음 부등식을 증명한 바 있다.

$C - P \leq S - Ke^{-rT}$

그런데 배당이 지급되면, 동일한 비율로 C는 가격이 하락하고, P는 가격이 상승한다. 즉,

배당지급

$\Rightarrow \uparrow P, \downarrow C$

$\Rightarrow (C + \Delta C) - (P + \Delta P) = (C - P) - (\Delta C - \Delta P) = C - P$

(왜냐하면, $\Delta C = \Delta P$)

따라서, 배당이 지급되어도 배당으로 변화되는 ΔC와 ΔP가 서로 상쇄
되므로, 부등식에는 아무런 영향을 주지 않는다. 그러므로, 부등식의 우편
은 동일하다.

② 부등식의 좌편(LHS: Left Hand Side): $S - D - K \leq C - P$

부등식의 좌편을 증명하기 위해 다음과 같은 두 가지 투자전략을 이용한
다.

- 투자전략 I: $+ c + D + K =$ 유러피언 콜옵션(c) 1개 매입 + 현금
$\$(D + K)$를 무위험이자율 r로 예금

- 투자전략 J: $+ P + S =$ 아메리칸 풋옵션(P) 1개 매입 + 기초자산(S) 1개
매입

ⅰ) 아메리칸 풋옵션이 만기 전에 행사되지 않는 경우

투자전략 I의 만기 시 가치 $= \max(S_T - K,\ 0) + (D + K)e^{rT}$
$$= \max(S_T,\ K) - K + Ke^{rT} + De^{rT}$$

투자전략 J의 만기 시 가치 $= \max(K - S_T,\ 0) + S_T + De^{rT}$
$$= \max(S_T,\ K) + De^{rT}$$

그런데, $Ke^{rT} - K \geq 0$

⇒ 투자전략 I의 만기 시 가치 ≥ 투자전략 J의 만기 시 가치.

따라서, 시장에 차익거래기회가 없다면,

$+ c + D + K \geq P + S \Rightarrow + C + D + K \geq P + S.$

그러므로, $S - D - K \leq C - P.$

ⅱ) 아메리칸 풋옵션이 만기 전에 행사되는 경우

아메리칸 풋옵션이 행사되는 시점을 t라 하자($t < T$).

그러면, 행사시점(t)에서의 두 가지 투자전략의 가치는 다음과 같다.

투자전략 I의 가치(t) $= 0 + (D + K)e^{rt} = De^{rt} + Ke^{rt}$

(왜냐하면, t시점에 아메리칸 풋옵션이 행사되었다는 것은 K가 S_t보
다 훨씬 크다는 것, 즉 풋옵션이 깊은 내가격(deep ITM)에 있는 것이
고 역으로 콜옵션은 깊은 외가격(deep OTM)상태에 있는 것이므로
콜옵션의 가치는 0에 가깝다고 볼 수 있다)

왜냐하면,

$A_T > D$이면, 채무가 이행되어 대출의 가치는 D가 되며,

$A_T < D$이면, 채무가 이행되지 않아 대출의 가치는 A_T가 되기 때문이다.

2차 평면에 표시하는 것은 옵션(option)이론에서 통상 사용하는 1사분면 공간에 $\min(A_T,\ D)$를 꺾인 직선으로 표시하면 된다.

즉, D를 행사가격으로 보고 $A_T < D$인 구간에서는 기울기 45도의 1차 직선의 모양을, $A_T > D$인 구간에서는 D로 일정한 수평선을 그리면 된다.

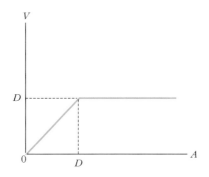

(2) 차입자의 입장에서는 담보물을 지금 은행 갑에게 양도(매도)하고, 갑으로부터 콜옵션을 취득한 것으로 볼 수 있다. 즉, 을이 담보부대출을 받는다는 것은 대출원금을 지금 받고 담보물을 채권자 갑에게 양도하는 동시에 만기일에 D의 행사가격을 지불하고 담보물을 되사는 콜옵션을 취득(매입)한 것으로 해석할 수 있다.

따라서, 차입자의 입장에서는 담보물매도와 콜옵션매입의 포트폴리오를 가진 것으로 해석할 수 있으며 이는 다음과 같이 수식으로 표현할 수 있다.

차입자 입장에서의 담보부대출 포트폴리오 $= -A_0 + C_0$

(단, C_0 = 콜옵션의 현재가치)

(3) 채권자 갑의 입장에서는 무위험대출을 해줌과 동시에 만기 시 담보물을 을에게 매도할 수 있는 풋옵션을 취득한 것으로 볼 수 있다. 즉, 담보부대출은 채권자가 D만큼 확실하게 회수되는 무위험대출을 해줌과 동시에 만기일에 D의 행사가격으로 담보물을 을에게 매도할 수 있는 풋옵션을 취득한 것으로 볼 수 있다.

따라서, 채권자의 입장에서는 대출과 풋옵션매입의 포트폴리오를 가진 것으로 해석할 수 있으며 이는 다음과 같이 수식으로 표현할 수 있다.

채권자 입장에서의 담보부대출의 포트폴리오 $= -D/(1+r)^T + P_0$

(단, $D/(1+r)^T =$ 대출원리금의 현재가치, $P_0 =$ 풋옵션의 현재가치)

(4) 위의 (2)와 (3)은 관점의 차이일 뿐 동일한 것이다.

즉, 차입자 을이 보는 대출의 가치가 (2)라면, 채권자 갑이 보는 대출의 가치가 (3)이다.

따라서, 두 개의 가치가 같을 때 다음과 같이 대출의 규모가 결정된다.

$+ A_0 - C_0 = D/(1+r)^T - P_0$

이는 중간에 배당이나 이자소득이 없는 경우의 유러피언 풋-콜 패리티와 동일하다.

한편, 위의 식 좌변이나 우변에 있는 담보부대출의 현재가치는 결국 차입자(자금수요자)와 채권자(자금공급자) 사이의 대출시장에서의 균형관계를 표시한다.

따라서, 대출의 현재가치는 경제적 분석의 관점에서 볼 때 차입자와 채권자 사이의 균형 대출규모를 의미한다고 볼 수 있다.

17. American Put-Call Parity이용: $S - K \leq C - P \leq S - Ke^{-rT}$

(1) $28000 - 30000 \leq C - P \leq 28000 - 30000(0.951229)$

$\Rightarrow 536.88(최소값) \leq P - C \leq 2000.00(최대값)$

(2) (1)로부터, $536.88 \leq P - C \leq 2000.00$

$\Rightarrow C + 536.88 \leq P \leq C + 2000$: 이 범위를 벗어나는 구간을 그래프로 표시하면 된다.

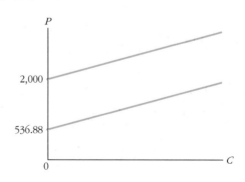

18. (1) 새로 개발된 옵션의 payoff함수는 다음과 같이 분해할 수 있다.

$$\max(0.5S, \ S-K) = 0.5S + \max(0, \ 0.5S-K)$$
$$= 0.5S + 0.5\max(0, \ S-2K)$$
$$= 0.5S + 0.5C2 = C(new)$$

따라서, $a = 0.5$, $h = 0$, $k = 0.5$.

(2) 먼저, (1)에서 구한 payoff을 S를 기준으로 구해 보기로 하자.

상품	$S < 2K$	$S \geq 2K$
S	S	S
$C2$	0	$S-2K$
$C(new) = 0.5S + 0.5C2$	$0.5S$	$0.5S + 0.5(S-2K)$

위 표에 있는 $C(new)$의 payoff을 그래프로 표시하면 다음과 같다.

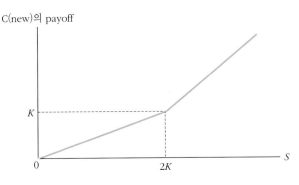

Chapter 02

옵션가격결정모형(1): 이항분포모형

객관식

01. 델타(delta)의 정의로 적절한 것은?

    A. 기초자산가격변화에 대한 옵션가격의 변화율

    B. 주식포트폴리오와 시장간의 상대적 변동성의 척도

    C. 주식 혹은 포트폴리오와 시장간의 헷지비율

    D. 과거 가격변화의 통계적 측정치

02. 다음 옵션 중 델타(delta)가 가장 큰 것은?

    A. 외가격 옵션

    B. 내가격 옵션

    C. 등가격 옵션

    D. 만기 근처(near−expiration) 옵션

03. 다음 중 이항분포모형으로 옵션의 가치를 결정할 때 고려해야 하는 것은?

    A. 알파(alpha)

    B. 베타(beta)

    C. 델타(delta)

    D. 오메가(omega)

04. 기초자산가격 변화에 대한 옵션프리미엄의 변화를 의미하는 것은?

    A. 적합성(suitability)

    B. 베타(beta)

    C. 스프레드 수준(spread level)

    D. 델타(delta)

05. 옵션델타에 관한 다음 설명 중 틀린 것은?

    A. 내가격(ITM)에서 값이 제일 크다.

    B. 옵션델타가 0.5일 경우 무위험헷지를 위해 5계약을 매입한다.

    C. 콜옵션의 델타는 음수(−)가 될 수 없다.

    D. 옵션델타란 옵션이 내재가치를 가질 확률을 나타낸다.

06. 투자자가 콜옵션 10계약을 매도하였다(옵션 1계약은 주식 100주를 살 수 있는 권리를 의미함). 현재 옵션가격은 $10, 주식가격은 $100, 옵션델타는 0.2이다. 투자자가 델타헷지(delta hedge)전략을 구사한다면 다음 중 적절한 것은?

    A. 주식 200주 매도

    B. 주식 200주 매입

    C. 풋옵션 10계약 매입

    D. 풋옵션 10계약 매도

07. 확률분포에 관한 다음 설명 중 옳지 않은 것은?

    A. 베르누이 시행을 n 번 i.i.d.로 시행하면 이항분포가 된다.

    B. 베르누이분포 $B(p)$를 따르는 확률변수의 평균은 p이다.

    C. 이항분포 $b(n,\ p)$를 따르는 확률변수의 표준편차는 $np(1-p)$이다.

    D. 이항분포 $b(n,\ p)$를 따르는 확률변수의 경우 n이 커지면 정규분포로 수렴한다.

08. 이항분포모형에 관한 다음 설명 중 옳은 것은?

    A. 위험중립세계에서 구한 주가상승확률(p)은 실제상승확률과 동일해야 한다.

    B. 거사노브정리(Girsanov Theorem)는 수익률을 일정하게 유지하면서 변동성을 변동시키는 데 유용한 방법이다.

    C. 통상 실제세계에서의 측도를 Q-측도, 위험중립세계의 측도를 P-측도라 부른다.

    D. 주식기대수익률은 차익거래모형공식에서 나타나지 않는다.

09. 기초자산별로 위험중립확률$\left(p = \dfrac{a-d}{u-d}\right)$을 구하는 다음 공식 중 연결이 잘 못된 것은?

    A. 무위험이자율 r_f를 지급하는 외국통화 − $a = e^{(r-r_f)\Delta t}$

    B. 선물(futures) − $a = K$(인도가격)

    C. 무배당 주식 − $a = e^{r\Delta t}$

    D. 연속배당률(q)을 지급하는 주가지수 − $a = e^{(r-q)\Delta t}$

10. 변동성으로 기초자산의 상승폭(u)과 하락폭(d)을 일치(match)시키는 모형으로 가장 적절한 것은? (단, r＝무위험이자율, σ＝기초자산의 변동성)

    A. $u = e^{r\sqrt{\Delta t}}$

    B. $d = e^{-\sigma\Delta t}$

    C. $u = e^{\sigma\sqrt{\Delta t}}$

    D. $d = e^{-r\sqrt{\Delta t}}$

주관식

01. 현재 주가는 $50, 6개월 후 주가는 $55 또는 $45가 되고, 무위험이자율은 연속복리기준 연간 10%이다. 만기가 6개월이고 행사가격이 $50인 유러피언 풋옵션의 가치를 위험중립모형으로 구하라.

02. 현재 주가는 $40이다. 1개월 후에는 주가가 $38 또는 $42가 된다고 예상된다. 무위험이자율은 연속복리 기준으로 연간 8%이다. 만기가 1개월이고 행사가격이 $39인 유러피언 콜옵션의 가치를 무차익거래모형으로 구하라.

03. 주식가격이 현재 6,000원, 주식의 연간 상승률과 하락률은 모두 30%, 무위험이자율은 10%, 이 주식의 유러피언 콜옵션의 만기는 1년, 행사가격이 6,000원인 경우, 이 콜옵션의 이론가격을 이항모형(binomial model)으로 구하면 얼마인가? (단, 이자계산은 이산복리(discrete compounding)로 한다)

04. 주식가격이 현재 6,000원, 주식의 연간 상승률과 하락률은 모두 30%, 무위험이자율은 10%, 이 주식의 유러피언 콜옵션의 만기는 1년, 행사가격이 6,000원인 경우, 이 콜옵션의 이론가격을 이항모형(binomial model)으로 구하면 얼마인가? (단, 이자계산은 연속복리(continuous compounding)로 한다)

05. 현재 어떤 주식의 가격이 10,000원이고, 1년 후에는 5,000원 혹은 15,000원이 된다고 한다. 현재 그 주식의 콜옵션이 등가격(ATM: at-the-money)상태에 있고 시장의 무위험이자율이 10%라 할 경우, 무위험 헷지포트폴리오를 이용하여 그 주식의 콜옵션가격을 구하면 얼마인가? (단, 이산복리로 계산함)

06. 현재 어떤 주식의 가격이 10,000원이고, 1년 후에는 5,000원 혹은 15,000원이 된다고 할 경우 무위험 헷지포트포리오를 구성하기 위해 그 주식 1주당 매도하여야 할 이 주식의 유러피언 콜옵션의 계약 수는 얼마인가? (단, 현재 옵션은 등가격(ATM: at-the-money)상태에 있다)

07. 어떤 회사의 주식 가격이 현재 $20, 주식이 오를 경우 $22가 되고 내릴 경우 $18이 된다면 이 주식을 기초자산으로 하는 콜옵션의 가격을 이항분포모형으로 계산하면 얼마인가? (단, 행사가격=$21, 만기=1년, 무위험이자율=연 12%이고, 이산복리로 계산함)

08. 만일 당신의 고객이 델타(delta)가 0.3인 콜옵션 60개를 매도하였다면 기초자산인 선물 몇 개를 거래해야 델타중립(delta-neutral)을 이룰 수 있는가?

09. 주가지수가 현재 810이고 변동성은 20%이며 배당수익률은 연간 2%이다. 무위험이자율이 연간 연속복리기준으로 5%라 할 때, 행사가격이 800이고 만기가 6개월인 이 주가지수를 기초자산으로 하는 유러피언 콜옵션의 가치를 2기간모형으로 구하라. (단, 지수상승폭(u)과 하락폭(d)은 변동성에 일치시키는 방법으로 구하라)

10. 현재 1호주달러는 0.6100미국달러의 가치를 가지며, 호주달러와 미국달러 사이의 변동성은 연간 12%이다. 호주의 무위험이자율은 연속복리기준으로 연간 7%, 미국의 무위험이자율은 연속복리기준으로 연간 5%이다. 만일 호주달러와 미국달러 사이의 환율을 기초자산으로 하는 아메리칸 콜옵션의 행사가격이 0.6000(US$/AUS$)이라면, 만기가 3개월인 이 아메리칸 콜옵션의 가치를 3기간 모형으로 구하라. (단, 환율상승폭(u)과 하락폭(d)은 변동성에 일치시키는 방법으로 구하라)

11. 서강주식의 1년 후 주가는 110원, 100원, 90원의 3가지 중 하나가 되리라 예상되며 확률은 각각 30%, 40%, 30%라 한다. 현재 KOSPI 옵션시장에서는 서강주식을 기초자산으로 하고 만기가 1년인 유러피언 옵션들이 다음과 같이 거래되고 있다.

옵션이름	옵션유형	행사가격	옵션 프리미엄
A	콜옵션	90원	7.2원
B	콜옵션	100원	1.6원
C	풋옵션	100원	2.4원

시장에 무위험 차익거래기회가 없다고 가정하고 다음 질문에 답하라.

(1) 1년 동안의 무위험이자율을 구하라.

(2) 서강주식의 현재가치를 구하라.

Hint 2항모형(binomial model)의 위험중립가치평가방법을 3항모형(trinomial model)으로 확장하면 된다.

---

01. A   02. B   03. C   04. D

05. B

델타가 0.5이면 무위험헷지를 위해 2계약 매입해야 한다.

06. B

델타중립(delta neutral)을 통해 무위험헷지를 하기 위해서는 델타중립의 의미를 먼저 이해해야 한다. 델타는 다음과 같이 정의된다.

$\text{delta}(\Delta) = dV/dS = $ 옵션가치의 변화/기초자산(주식)가격의 변화

$\Rightarrow dV = dS \times \Delta$

$\Rightarrow +dV - dS \times \Delta = 0$; 매입옵션 가치변화＋매도주식 가치변화×델타＝0

$\Rightarrow -dV + dS \times \Delta = 0$; 매도옵션 가치변화＋매입주식 가치변화×델타＝0

이러한 원리를 이용하여 델타헷지전략을 다음과 같이 단계별로 설계해 보자.

ⅰ) 투자자가 옵션을 매도하였으므로 주식은 옵션 1개당 Δ개를 매입해야 헷지된다.

ⅱ) 매입 주식 수＝(옵션 계약 수×계약 단위)×Δ

＝(10계약×100주/계약)×0.2＝200주

즉, '주식 200주를 매입'하는 것이 델타중립 무위험헷지가 된다.

왜 무위험인지 예를 들어 설명해 보기로 한다.

－ 주식가격이 $1 상승할 경우(옵션가격은 $0.20만큼 상승)

$\Rightarrow$ 매입한 주식 200주로부터 $200의 이익, 매도한 옵션에서 $0.20×1,000 ＝$200의 손실, 따라서 포트폴리오의 손실은 0(즉, 무위험!)이다.

- 주식가격이 $1 하락할 경우(옵션가격은 $0.20만큼 하락)

  ⇒ 매입한 주식 200주로부터 $200의 손실, 매도한 옵션에서 $0.20×1,000
  =$200의 이익, 따라서 포트폴리오의 손실은 0(즉, 무위험!)이다.

07. C

이항분포 $b(n,\ p)$의 분산= $V(X)=np(1-p)$

  ⇒ 표준편차 $=\sqrt{분산}=\sqrt{np(1-p)}$

08. D

A. 위험중립세계에서 구한 주가상승확률(p)은 실제상승확률과 항상 동일하
  지는 않다.

B. 거사노브정리(Girsanov Theorem)는 변동성은 일정하게 유지하면서 수익
  률을 변동시키는데 유용한 방법이다.

C. 통상 실제세계에서의 측도를 $P-$측도, 위험중립세계의 측도를 $Q-$측도
  라 부른다.

09. B

다음 표를 참조하기 바람.

기초자산별 위험중립확률(p)

기초자산	위험중립확률: $p=\dfrac{a-d}{u-d}$
무배당 주식	$a=e^{r\Delta t}$
연속배당률(q)을 지급하는 주가지수	$a=e^{(r-q)\Delta t}$
무위험이자율 r_f를 지급하는 외국통화	$a=e^{(r-r_f)\Delta t}$
선물(futures)	$a=1$

10. C

$$u=e^{\sigma\sqrt{\Delta t}}$$
$$d=1/u=e^{-\sigma\sqrt{\Delta t}}$$

01. i) $E(S_T) = pS_0u + (1-p)S_0d = S_0e^{rT}$

  $\Rightarrow p^* = 0.7564$

 ii) $E(f_T) = p^*f_u + (1-p^*)f_d = 0.7564(0) + (1-0.7564)(5) = \$1.218$

 iii) $f_0 = E(f_T)e^{-rT} = \$1.218e^{-0.10(6/12)} = \$1.16$

02. i) 무위험포트폴리오, $P = \Delta S - c \Rightarrow \Delta = 0.75$

 ii) 무차익거래조건: $P_0 = P_T e^{-rT} = (42 \times 0.75 - 3)e^{-0.08(1/12)} = 28.31$

 iii) $P_0 = 28.31 = \Delta S - c = 0.75 \times 40 - c$

  $\Rightarrow c = \$1.69$

03. 이산복리의 경우 콜옵션의 현재가치를 구하는 공식이 다음과 같이 변형되어야 한다.

$C = [pC_u + (1-p)C_d] / [(1+r)^T]$

(단, $p =$ 주가가 상승할 확률 $= [(1+r)^T - d] / (u-d)$

            $= [1.10^1 - 0.70] / (1.30 - 0.70)$

            $= 0.6667$

따라서, $C = [pC_u + (1-p)C_d] / [(1+r)^T]$

    $= [0.6667 \times 1,800 + 0.3333 \times 0] / (1+0.10) = 1,090.91$ 원

04. 연속복리로 이자계산을 할 경우 1기간 이항모형에서의 콜옵션가격(C)은 다음과 같다.

$C = e^{-rT}[pC_u + (1-p)C_d]$

(단, $p =$ 주가가 상승할 확률 $= (e^{rT} - d) / (u-d)$

            $= (e^{0.10 \times 1} - 0.70) / (1.30 - 0.70)$

            $= 0.6752;$

$u = 1.30$, $d = 0.70$, $r = 10\% = 0.10$, $T =$ 연간으로 환산한 만기,

$C_u =$ 주가 상승 시 옵션가치 $= \max(6{,}000 \times 1.3 - 6{,}000, \ 0) = 1{,}800$

$C_d =$ 주가 하락 시 옵션가치 $= \max(6{,}000 \times 0.7 - 6{,}000, \ 0) = 0$

따라서, $C = e^{-rT}[pC_u + (1-p)C_d]$

$$= e^{-0.10 \times 1}[0.6752 \times 1{,}800 + 0.3248 \times 0] = 1{,}099.84 \text{원}.$$

05. $t = 0$에서의 콜옵션의 이론가격을 C라 하자. 무위험이 되기 위해서는 $N = 2$이어야 한다.

$t = 0$: 포트폴리오의 가치 $= V_0 = S - N \times C = S - 2C = 10{,}000 - 2C$

$t = 1$: 포트폴리오의 가치 $= V_1 = S - N \times C = S - 2C$

$$= 15{,}000 - 2 \times 5{,}000 = 5{,}000$$

이 포트폴리오는 위험이 없으므로 수익률은 무위험수익률(10%)과 같아야 한다. 즉,

$$V_1 = V_0 \times (1 + 10\%) \Rightarrow 5{,}000 = (10{,}000 - 2C) \times (1 + 10\%)$$

$$\Rightarrow C = 2{,}727 \text{원}$$

06. 현재 옵션이 등가격(ATM)상태에 있다는 것은 $K - S = 0$, 즉, 행사가격과 현재 주가가 같다는 것이므로 행사가격은 10,000원임을 알 수 있다. 따라서, 주가의 변동에 따른 콜옵션의 가치는 다음과 같이 계산할 수 있다.

$t = 0$(현재)	$t = 1$(1년 후)	옵션가치($t = 1$)
주식가격 10,000원	5,000원(하락 시)	0원
	15,000원(상승 시)	5,000원

포트폴리오의 가치 $=$ +주식 1개(매입) $-$ 콜옵션 N개(매도)

$$= S - N \times C$$

→ 주가상승 시 포트폴리오의 가치 $= 15{,}000 - 5{,}000N$

→ 주가하락 시 포트폴리오의 가치 $= 5{,}000 - 0N = 5{,}000$

포트폴리오가 위험이 없다는 것은 만기 시($t = 1$)에 주가가 상승하든 하락하든 포트폴리오의 가치는 일정해야 함을 의미한다.

따라서, $15{,}000 - 5{,}000N$(상승 시)$= 5{,}000$(하락 시) $\Rightarrow N = 2$(계약)

07. 주어진 상황을 그림으로 묘사하면 다음과 같다.

$t=0$(현재) $\qquad\qquad\qquad\qquad\qquad$ $t=1$(1년 후)

$S_0 = \$20$ $\longrightarrow$ $\quad$ – 오를 때: $S_1 = \$22$ (콜옵션가격 $= S - K = \$1$)

$(K = \$21)$ $\qquad$ – 내릴 때: $S_1 = \$18$ (콜옵션가격 $= \$0$)

콜옵션 1개를 매도하고 주식 N개를 매입하여 위험이 없는 포트폴리오를 구성하는 전략을 생각해 보자.

주가가 $22로 상승 할 경우: 포트폴리오의 가치 $= 22N - 1$

주가가 $18로 하락 할 경우: 포트폴리오 가치 $= 18$

두 경우 포트폴리오의 가치가 같다면, 주가가 미래에 어떻게 변하든 포트폴리오의 가치는 같으므로 위험이 없다고 할 수 있다. 따라서,

$22N - 1 = 18N \Rightarrow N = 0.25$. 즉, 무위험포트폴리오는 주식을 0.25주 매입하고 콜옵션을 1개 매도하면 된다.

그런데 차익거래기회(arbitrage opportunity)가 존재하지 않는다면, 무위험포트폴리오의 수익률은 무위험자산의 수익률(R_F)과 같아야 한다.

따라서, $t = 1$시점에서의 포트폴리오 가치는 $22 \times 0.25 - 1 = 18 \times 0.25 = \$4.5$이고, 이것의 현재가치는 $\$4.5/(1 + 0.12) = \$4.0179$.

현재의 콜옵션가격을 c 라 하면,

포트포리오의 현재가치 $= 0.25 \times \$20 - c = 5 - c = \$4.0179$

$\rightarrow c = \$0.9821$

08. 델타중립을 이루기 위한 선물의 수는, 델타에 옵션계약수를 곱하면 된다. 즉,

선물계약수 $=$ 옵션계약수 $\times$ 델타 $= 60 \times 0.3 = 18$계약.

그런데 헷지가 되기 위해서는 반대방향으로 포지션을 취해야 한다. 옵션에 매도포지션을 취했으므로 선물에는 매입포지션을 취해야 한다.

09. 주어진 자료로부터,

$S = 810$, $K = 800$, $r = 5\%$, $\Delta t = 3$개월 $= 3/12 = 0.25$년, $\sigma = 0.2$, $T = 6$개월 $= 0.5$년, $q =$ 배당수익률(연간) $= 2\%$.

$\rightarrow u = e^{\sigma \sqrt{\Delta t}} = 1.1052$, $d = 1/u = 0.9048$

$$\rightarrow p = \frac{e^{(r-q)\Delta t}-d}{u-d} = 0.5126$$

따라서 2기간모형의 공식을 적용하면, $c = 53.39$.

10. 주어진 자료로부터,

$K = 0.6000$, $S = 0.6100$, $\Delta t = $ 1개월$=1/12=0.08333$년, $\sigma = 0.12$,

$r = 5\%$, $r_f = 7\%$

$\Rightarrow u = e^{\sigma\sqrt{\Delta t}} = 1.0352$, $d = 1/u = 0.9660$

$\Rightarrow p = \dfrac{e^{(r-q)\Delta t}-d}{u-d} = 0.4673$

이상의 결과를 3기간 모형으로 구하면 다음 그림과 같다. 단, 그림에서 위의
숫자는 기초자산가격이고 아래 숫자는 옵션가치이다.

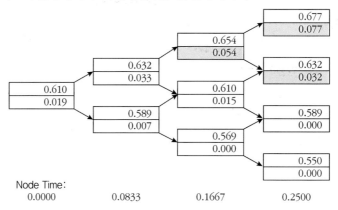

따라서, 이 아메리칸 콜옵션의 현재가치는 $0.019이다.

11. (1) 3항모형을 이용하면 위험중립확률은 3개가 가능하다. 즉, 1년 후 서강주
    식 가격이 110원, 100원, 90원이 될 위험중립확률을 각각 $p1$, $p2$, $p3$라
    하면 차익거래기회가 없는 균형상태에서 각 옵션들의 시장가격은 무위험
    이자율을 이용하여 다음과 같이 평가할 수 있다. (단, $r = $ 만기 1년의 무
    위험이자율)

옵션A의 현재가격$=\dfrac{\text{1년 후 옵션}A\text{의 기대가치}}{1+r}$

$$=\dfrac{\max(100-90,\ 0)p1+\max(100-90,\ 0)p2+\max(90-90,\ 0)p3}{1+r}$$

$$=\dfrac{20p1+10p2}{1+r}=7.2 \qquad\qquad (\text{i})$$

옵션B의 현재가격$=\dfrac{\text{1년후 옵션}B\text{의 기대가치}}{1+r}$

$$=\dfrac{\max(110-100,\ 0)p1+\max(100-100,\ 0)p2+\max(90-100,\ 0)p3}{1+r}$$

$$=\dfrac{10p1}{1+r}=1.6 \qquad\qquad (\text{ii})$$

옵션C의 현재가격$=\dfrac{\text{1년 후 옵션}C\text{의 기대가치}}{1+r}$

$$=\dfrac{\max(100-110,\ 0)p1+\max(100-100,\ 0)p2+\max(100-90,\ 0)p3}{1+r}$$

$$=\dfrac{10p3}{1+r}=2.4 \qquad\qquad (\text{iii})$$

그리고, 확률의 정의에 의해, $p1+p2+p3=1$ $\qquad\qquad$ (iv)

연립방정식 (ⅰ) ~ (ⅳ)에서 식이 4개, 미지수가 4개(즉, $p1$, $p2$, $p3$, r)이므로 유일한 해를 구할 수 있다. 식들을 다시 간단하게 정리하면,

$20p1+10p2=7.2(1+r)$

$\rightarrow\ p2=(7.2/10)(1+r)-(20/10)(1.6/10)(1+r)=(4/10)(1+r)$

$10p1=1.6(1+r)\ \rightarrow\ p1=(1.6/10)(1+r)$

$10p3=2.4(1+r)\ \rightarrow\ p3=(2.4/10)(1+r)$

이상의 $p1$, $p2$, $p3$를 식(ⅳ)에 대입하면,

$(8/10)(1+r)=1\ \rightarrow\ r=2/8=1/4.\ (=25\%)$

[참조] 위에서 구한 r을 이용하면, $p1=0.20$, $p2=0.50$, $p3=0.30$.

02. 다음 중 위너과정(WP)에 대한 설명으로 옳은 것은?

    A. 정규분포를 따른다.

    B. 변수의 변화기간이 서로 다르면 독립적이지 않다.

    C. 겹치는 기간에 대해 변수의 변화가 상호 독립적이다.

    D. 위너과정을 따른다면 평균은 0이고 분산은 1이다.

03. 일반화된 위너과정(GWP)에 대한 설명으로 옳지 않은 것은?

    A. 평균율은 성장률로 해석할 수 있다.

    B. 분산율이란 단위시간당 변동성이다.

    C. 평균율이 3이면, GWP의 평균은 $3dt$ 이다.

    D. 변화기간이 긴 경우에는 적용할 수 없다는 단점이 있다.

04. 다음 중 일반화된 위너과정으로 보기 어려운 것은? (단, dW = 위너과정)

    A. $dS = 2dt + 0.2dW$

    B. $dS = 3Sdt + 0.5SdW$

    C. $dS = 5dt + 0.7dW$

    D. $dS = dt + dW$

05. 주식가격을 모형화하는 데 가장 적절한 확률과정은?

    A. 산술브라운과정(ABM)

    B. 기하브라운과정(GBM)

    C. 일반화된 위너과정(GWP)

    D. 평균회귀과정(MRP)

06. 다음 중 평균회귀과정(MRP)을 적용하기에 가장 무난한 확률변수는?

    A. 주식가격

    B. 주식수익률

    C. 부동산가격

    D. 환율

07. 다음 중 'Ornstein-Uhlenbeck과정'을 표시하고 있는 확률과정은?

    A. $dX = k(\mu + X)dt + \sigma X^3 dW$

    B. $dX = k(\mu - X)dt + \sigma X dW$

    C. $dX = k(\mu + X)dt + \sigma X^2 dW$

    D. $dX = k(\mu - X)dt + \sigma \sqrt{X} dW$

08. 몬테카를로 시뮬레이션에 관한 다음 설명 중 옳지 않은 것은?

    A. 모수 시뮬레이션이다.

    B. 미래 가격도 예측가능하게 한다.

    C. 분포를 가정하지 않고 과거자료를 이용한다.

    D. 난수(random number)를 이용한다.

09. 이토정리에 관한 다음 설명 중 옳지 않은 것은?

    A. 테일러시리즈를 이용하여 도출할 수 있다.

    B. 확률변수의 함수의 확률과정을 도출하는데 유용하다.

    C. 확률변수의 수가 2개 이상이어도 적용가능하다.

    D. 지수함수, 로그함수 등 복잡한 함수에는 적용할 수 없다.

10. 확률과정에 관한 다음 설명 중 옳지 않은 것은?

A. 기하브라운운동을 따르는 주식을 기초자산으로 하는 선물의 가격은 산술 브라운운동을 따른다.

B. 기하브라운운동을 따르는 주식에 자연로그를 취한 함수는 정규분포를 따른다.

C. 확률변수(S)의 분포와 확률변수 변화(dS)의 분포는 다를 수 있다.

D. 주식가격이 대수정규분포를 따르면, 주식수익률은 정규분포를 따른다.

주관식

01. 확률변수 X가 마코브과정을 따른다고 한다. 변수의 현재값이 10이고 1년 동안의 가치변화는 표준정규분포를 따른다. 2년간 변수변화(dX)는 어떤 분포를 따르는가?

02. 서강기업의 현금보유량(단위: 억원)은 연간 20의 평균율(a)과 30의 분산율(b)을 갖는 일반화된 위너과정(GWP)을 따른다. 현재 서강기업의 현금보유량($C0$)은 50이다. 다음 질문에 답하라.
   (1) 6개월 후의 현금보유량은 어떤 확률분포를 따르는가?
   (2) 현금보유량(C)이 음($-$)의 값을 가진다면, 이것의 의미는?

03. 세종기업의 무배당주식이 연속복리기준으로 연간 15%의 기대수익률을 가지며, 연간변동성은 30%이다. S를 현재시점의 세종주식의 가격이라 할 때, 1주일 동안의 이 주식가격의 변동(ΔS)을 기하브라운운동(GBM)모형으로 표시하라.

04. ㈜고려의 현금보유량(단위: 억원)이 분기당 0.5의 평균율(a)과 2.0의 분산율(b)을 갖는 일반화된 위너과정(GWP)을 따른다. 이 회사의 1년 후 현금보유량이 음($-$)을 가질 확률이 5%보다 작기 위해서 이 회사는 현재 얼마의 현금을 보유해야 하는가? (단, 필요 시 [부록]의 표준정규분포표를 활용하기 바람)

05. 확률변수 S가 다음과 같은 확률과정을 따른다고 하자.

$$dS = a\,dt + b\,dZ$$

처음 4년간 $a = 2$, $b = 3$이고, 그 다음 4년간은 $a = 3$, $b = 4$이다. 만일 변수의 초기값이 10이라면, 8년도 말 변수(X)의 확률분포는 무엇인가?

06. G는 주가S와 시간t의 함수이고, b_G와 b_S는 각각 G와 S의 변동성이라 하자. 만일 S의 기대수익률이 kb_S만큼 증가하면, G의 성장률은 얼마만큼 증가하는가? (단, $k = $ 상수, S는 기하브라운운동(GBM)을 따른다고 가정한다)

07. 주가가 다음과 같이 기하브라운운동(GBM)을 따른다고 한다.

$$dS = \mu S\,dt + \sigma S\,dW$$

(1) 변수 S^n은 어떤 확률과정을 따르는가?
(2) $E(S_T)$를 구하라.
(3) $E(S_T^{\,n})$을 구하라.
(단, $n = $ 상수, $S_0 = $ 현재주가, 이자계산은 연속복리를 적용함)

08. R은 만기(T)시점에 액면가 \$1를 지급하는 무이표채(zero coupon bond)의 연속복리로 측정된 만기수익률(YTM: yield to maturity)이다. R은 다음과 같은 평균회귀과정(MRP)을 따른다고 한다.

$$dR = k(\mu - R)dt + \sigma R dW$$

이 무이표채권의 현재(t) 가격을 B라 할 때, B는 어떤 확률과정을 따르는가? (단, k, μ, σ는 모두 양($+$)의 상수이고, dW는 위너과정(WP)이다)

09. 확률변수 X와 Y가 다음과 같이 기하브라운운동(GBM)을 따른다.

$$dX = aXdt + sXdW_X$$
$$dY = bYdt + vYdW_Y$$

두 위너과정(WP) dW_X와 dW_Y 사이의 상관계수가 ρ라 할 때, 다음 질문에 답하라.

(1) $V = XY$라 하면, V는 어떤 확률과정을 따르는가?

(2) $G = \dfrac{X}{Y}$라 하면, G는 어떤 확률과정을 따르는가?

10. 주식 X와 주식 Y는 둘 다 기하브라운운동(GBM)을 따른다. 어떤 짧은 기간의 주가변화(dX, dY)에 대해서도 두 주식은 상호 독립적이라 한다. X주식 1개와 Y주식 1개로 구성된 포트폴리오의 가치(V)도 GBM을 따르는지 설명하라. 두 주식가격은 다음과 같은 GBM을 따른다고 하자.

$$dX = aXdt + sXdW_X$$
$$dY = bYdt + vYdW_Y$$

11. 확률과정(stochastic process)에 관한 다음 질문에 답하라.

(1) 이자율이 다음과 같은 확률과정을 따른다고 하자.

$$dr_t = 0.9(0.01 - r_t)dt$$

이자율(r_t)과 시간(t)의 함수인 $Z(r_t, t)$가 있다. 이토정리(Ito's lemma)를 이용하면 $dZ_t = J(r_t, t)dt$와 같이 표현할 수 있다.

이 때 $J(r_t, t)$를 구하라.

(2) 이자율이 다음과 같은 확률과정을 따른다고 하자.

$$dr_t = 0.02\,r_t\,dt + 0.2\,r_t\,dW_t$$

$f(r_t) = \ln r_t$일 때, $df(r_t)$를 구하라.

(단, dW_t는 위너과정(Wiener process)임)

12. 건축목재로 사용되는 나무를 재배하여 판매하는 업자가 있다고 하자. 이 나무는 시간이 지나면 성장하며, t 시점의 나무 길이를 X_t라 할 때, X_t는 다음과 같이 산술브라운운동(ABM: arithmetic Brownian motion)을 따른다고 한다.

$$dX_t = \mu dt + \sigma dW_t$$

이 나무의 가치는 길이에 의해서만 결정되며 단위 길이 당 $1의 가치를 갖는다. 시간 τ에 X_τ의 길이를 가질 때 이 나무를 잘라서 판매하면 이 나무의 현재가치(V)는 다음과 같이 표현할 수 있다. (단, r = 무위험이자율)

$$V = e^{-r\tau}X_\tau$$

이 나무의 거래에 관련된 시장참가자들이 위험중립적이라 가정할 때, 이 나무의 가치(V)를 평가하는 과정에서 V가 만족해야 하는 미분방정식(DE: differential equation)을 이토정리(Ito's lemma)를 이용하여 도출하라. (단, 차익거래기회는 없다고 가정함)

Hint Total Return=Dividend Yield+Capital Gains Yield

13. 자동차를 운전하는 사람들은 때때로 자동차사고에 직면한다. 평균적으로 발생하는 단위시간당(dt) 사고건수(Y)가 다음과 같이 포아송(Poisson)분포를 따른다고 가정하자.

$$\Pr(Y = y) = \frac{e^{-\lambda}\lambda^{y}}{y!}, \quad y = 0, \ 1, \ 2, \ 3, \ 4, \ \cdots$$

포아송분포에서 평균발생건수와 관련된 모수 λ 는 운전자의 노력에 의해 결정된다고 한다. 한편, 교통사고가 1건 발생하면 손실금액(X)은 다음과 같이 기하브라운운동(GBM: Geometric Brownian Motion)를 따른다고 한다.

$$dX = aXdt + \sigma XdW$$

또한, 운전자가 단위시간당 평균사고발생건수를 λ 로 유지하기 위해서 추가적으로 지출해야 하는 비용은 $C(\lambda)$ 라 할 때, 다음 질문에 답하라.

(1) 만일 운전자가 위험중립적(risk neutral)이라면, 이 운전자가 평생 사고관련 총비용의 기대현재가치(V)를 최소화하기 위한 목적함수(objective function)를 적분과 연속복리를 이용하여 표시하라. (단, 운전자의 수명은 T, 현재시점은 $t = 0$, 무위험이자율은 r 로 표시함)

(2) (1)에서 정의한 V가 만족해야 하는 편미분방정식(PDE)을 도출하라. (단, PDE의 경계조건(boundary condition)은 생략하기로 한다)

  Hint 총수익률(TR) = 기대배당수익률(EDY) + 기대자본이익률(ECG)

(3) (1)에서 제시된 목적함수를 달성하기 위해 운전자가 선택해야 하는 최적 운전전략은 무엇인지 식으로 표시하라.

  Hint 운전자의 최적전략은 사고방지노력에 따른 사고건수(λ)와 직결됨

14. 주식 S의 현재가격(S_0)은 40,000원이고, 1년 후 이 주식가격은 평균 40,000, 분산 10,000의 정규분포를 따른다고 가정하자. 즉, 1년 후 주식가격(S_1)은 확률분포 $N(40,000, 10,000)$을 따른다. 만일 위너과정(Wiener process)을 W로 표시한다고 할 때, 다음 질문에 답하라. (단, 주식가격의 변화량은 ΔS, 위너과정의 변화량은 ΔW, 시간의 변화량은 Δt로 표기하기로 함)

(1) 이 주식가격은 drift rate(연평균변화량)이 0인 마코브과정(Markov process)을 따른다고 한다. 이 주식가격의 변화량(ΔS)을 위너과정을 이용하여 식으로 표시하라.

(2) 이 주식가격의 drift rate(연평균변화량)이 2,000원이라고 하자. 이 주식가격의 변화량(ΔS)이 따를 확률과정을 위너과정을 이용하여 식으로 표시하고, 1년 후 주가(S_1)의 확률분포를 구하라.

15. 채권가격에 로그를 취하면 다음과 같다.

$$\ln P(N,\ r) = A(N) - B(N)r$$

N은 잔존만기(time to maturity), r은 이자율이다. 이자율이 Vasicek모형을 따를 때 위 채권가격은 다음과 같은 편미분방정식을 만족한다.

$$\frac{\partial P}{\partial r}\phi(\bar{r}-r) + \frac{1}{2}\frac{\partial^2 P}{\partial r^2}\sigma_r{}^2 - \frac{\partial P}{\partial N} - rP = \frac{\partial P}{\partial r}\sigma_r\sigma_\Lambda$$

Λ는 할인요인(discount factor)이다. 다음 질문에 답하라.

(1) $B(N)$에 관한 상미분방정식(ODE: ordinary differential equation)을 도출하라.

(2) dW는 위너과정(Wiener process)이다. $d\Lambda$와 dr은 다음의 확률과정을 따른다.

$$\frac{d\Lambda}{\Lambda} = -rdt - \sigma_\Lambda dW$$

$$dr = \phi(\bar{r}-r)dt + \sigma_r dW$$

이때 $E[d(\Lambda P)] = 0$을 이용하여 채권가격 $P(N,\ r)$이 위의 편미분방정식을 만족함을 증명하라.

Hint $d(\Lambda P)$에 이토정리(Ito's lemma)를 적용할 수 있음.

16. 시간 t에 어떤 주식의 수익률 R_t가 다음과 같이 대수정규분포(log−normal distribution)를 따른다고 한다:

$$\log R_t \sim N(\mu,\ \sigma^2).$$

$\log R_t$의 확률밀도함수(probability density function)를 편의상 $f(x)$라 표시할 때, 다음 질문에 답하라.

(1) 확률밀도함수 $g(x)f(x)$하에서 평균이 무위험이자율(r)이 되도록 함수 $g(x)$를 구하라.

(2) 확률밀도함수 $h(x)f(x)$하에서 평균이 0이 되도록 함수 $h(x)$를 구하라.

(3) (1)번과 (2)번에서 분산은 각각 얼마인지 계산하라.

17. $\widetilde{x_i}$를 미래의 현금흐름이라고 하고, 해당 현금 흐름의 현재 가격을 p_i라고 하자. 이때 다음을 만족하는 확률변수 $\widetilde{m}$이 존재한다고 하자(즉, $E[\widetilde{m}\,\widetilde{x_i}] = p_i$). $\widetilde{R_i} \equiv \widetilde{x_i}/p_i$를 '총 수익률'(gross return)이라고 하고, $\widetilde{r_i} \equiv \widetilde{R_i} - 1$를 '순 수익률'(net return)이라 하자. 비슷하게 R_f는 총 무위험 수익률, r_f는 순 무위험 수익률이다.

(1) $E[\widetilde{m}]$을 R_f를 이용하여 최대한 간단히 표현하라.

(2) (1)을 이용하여 $E[\widetilde{R_i}]$을 $cov(\widetilde{m},\ \widetilde{R_i})$이 x축인 좌표평면에 그리시오. (단, x절편과 y절편을 명확히 표현하라)

(3) $\widetilde{R_i}$의 샤프비율이 달성할 수 있는 가장 큰 값을 $\widetilde{m}$의 평균 $E[\widetilde{m}]$과 표준편차 σ_m으로 표현하라.

> *Hint* (1)번 답을 활용하고, 상관계수는 항상 절대값이 1보다 작거나 같음을 이용

18. t 시점에서 A_t는 여유자금, B_t는 부채가치, π_t는 소득, δ_t는 총부채원리금 상환비율(DSR: debt−service ratio)($\delta_t \equiv B_t/\pi_t$), m_t는 여유자금비율($m_t \equiv A_t/B_t$)이다. 시간에 따라 변하지 않는 변수들은 r(여유자금의 운용수익률)과 ρ(부채증가율)이다. 다음이 성립한다고 하자.

$$dA_t = rA_t dt + \pi_t dt$$
$$dB_t = \rho B_t dt$$

다음 질문에 답하라.

(1) $dB_t^{-1} = -K_1 dt$일 때, K_1을 구하라.

(2) (1)을 이용하면 $1/\delta_t = dm_t/dt - K_2$가 성립한다. 이때 K_2를 구하라.

(3) $\delta_t = \overline{\delta}$로 일정하다고 하자. m_∞가 수렴하는 유한한 값일 때 m_∞를 구하라.

(4) 장기적 목표 DSR이 δ_{target}이 되도록 하는 여유자금의 목표 운용수익률을 도출하고 이를 설명하라.

19. t시점에서 어떤 자산의 가격이 $S(t)$이고, 다음의 확률미분방정식을 만족한다고 한다.

$$dS(t) = 0.5dt + 0.9dW(t) \quad (\text{단, } dW(t)\text{는 위너과정임})$$

$S(0) = 20$으로 주어졌을 때, 확률 $\Pr\{S(2) > 22\}$를 구하라.

20. 주식가격(S_t)가 다음과 같은 확률과정을 따른다고 한다.

$$S_{t+1} - S_t = \mu S_t + \sigma S_t \varepsilon_t$$

$$\varepsilon_t = \begin{cases} +1, & with \ \ p \\ -1, & with \ \ 1-p \end{cases}$$

(단, ε_t는 서로 다른 시간 사이에는 상호 독립적이다)

만일 위 확률과정에서 $\mu = r$이고 주가 S_t에 차익거래기회가 없다고 할 때 확률 p를 구하라.

21. S는 임의의 확률변수로서 기대값은 다음과 같이 유한하다고 한다.

$$E(S) < \infty .$$

만일 t시점의 확률변수 X_t가 다음과 같이 S에 대해 t시점의 모든 가능한 정보(I_t)의 조건부기대값으로 정의될 때, X_t가 마팅게일(martingale)이 됨을 증명하라.

$$X_t = E(S|I_t)$$

22. W_t 가 위너과정(Wiener process)을, t 는 시간을 표시한다고 할 때, 다음 질문에 답하라.

(1) $Y_t = 2W_t + t$ 는 마팅게일을 따르는가?

(2) $Y_t = W_t^2$ 은 마팅게일을 따르는가?

(3) $Y_t = W_t^2 - t$ 는 마팅게일을 따르는가?

23. W_t 가 위너과정(Wiener process)을 따른다고 할 때, 이토정리를 이용하여 다음 Y_t 의 확률미분방정식(SDE)을 구하라.

(1) $Y_t = t^2 + e^{W_t}$

(2) $Y_t = e^{t^2 + W_t}$

24. W_t 가 위너과정(Wiener process)을 따르며, Y_t 는 다음과 같은 확률과정을 따른다고 할 때 아래 질문에 답하라.

$$Y_t = Y_0 e^{\left(\mu - \frac{1}{2}\sigma^2\right)t + \sigma W_t}$$

(1) dY_t 를 구하라.

(2) Y_t 의 단위시간(dt)당 기대변화율(expected rate of change)은 얼마인가?

25. Y_t 는 정규분포 $N(\mu t,\ \sigma^2 t)$ 를 따르고, $X_t = e^{Y_t}$ 라 할 때 다음 질문에 답하라.

(1) $s < t$ 라 할 때, $E(X_t | X_s)$ 를 구하라.

> *Hint* 정규분포의 m.g.f.(moment generating function)를 이용하면 수월하다.

(2) $e^{-rt}X_t$ 가 마팅게일이 되기 위한 조건을 $\mu,\ \sigma,\ r$ 을 이용하여 표시하라.

정답해설

객관식

01. C

마코브과정은 약형 효율적 시장가설(weak−form EMH)과 일치한다.

02. A

B, C, D는 다음과 같이 수정되어야 한다.
B. 변수의 변화기간이 서로 다르면 독립적이다.
C. 겹치지 않는 기간에 대해 변수의 변화가 상호 독립적이다.
D. 위너과정을 따른다면 평균은 0이고 분산은 dt이다.

03. D

변화기간이 긴 경우에도 적용할 수 있다. 긴 기간을 여러 개의 겹치지 않는 작은 구간들의 합으로 표시하면, 마코브과정의 성질에 의해 독립적인 구간들의 합으로 만들 수 있고, 이를 이용하여 긴 기간 동안에도 적용 가능하다.

04. B

B는 GWP가 아니고 이토과정 중 GBM이다.

05. B

06. D

평균회귀과정(MRP)을 적용하기에 가장 무난한 확률변수들은 이자율(금리), 물가상승률(인플레이션), 환율 등 어떤 목표치(장기 평균)를 중심으로 국가 경제정책으로 상승과 하락을 반복하는 경제변수들이다.

07. B

다음과 같은 평균회귀과정(MRP) 중에서, $\beta = 1$인 확률과정을 'Ornstein – Uhlenbeck과정'이라 한다.

MRP: $dX = k(\mu - X)dt + \sigma X^{\beta} dW$

08. C

분포를 가정하여야 하며, 그래서 모수 시뮬레이션이라 부른다.

09. D

이토정리는 지수함수, 로그함수 등 복잡한 함수에도 적용할 수 있다. 즉, 함수가 미분가능하기만 하면 적용가능한데, 지수함수, 로그함수는 미분가능하므로 적용가능하다.

10. A

기하브라운운동을 따르는 주식을 기초자산으로 하는 선물의 가격도 기하브라운운동을 따른다.

01. X가 마코브과정을 따르므로 2년간의 변수변화는 두 개의 독립적인 1년 변화의 합이다.

따라서, 2년간의 변수변화는 정규분포의 선형성에 의해 $N(0, 1) + N(0, 1) = N(0, 2)$의 분포를 따른다. 즉, 2년간의 변수변화는 평균이 0, 분산이 2인 정규분포를 따른다.

02. (1) 연간 평균율이 20(억원), 분산율이 30(억원), $C0 = 50$, $\Delta t = 0.5$년이므로 GWP는 다음과 같이 표시된다.

$\Delta C = C1 - C0 = a\Delta t + b\Delta W = 20\Delta t + 30\Delta W$ (단, $C0 =$ 현재현금보유량, $C1 =$ 6개월 후 현금보유량)

$\rightarrow C1 = C0 + 20\Delta t + 30\Delta W = (50 + 20\Delta t) + 30\Delta W$

$\rightarrow E(C1) = 50 + 20(0.5) = 60$, $V(C1) = 30^2(0.5) = 450$

$\rightarrow$ 6개월 후 현금보유량($C1$)은 평균이 60억원, 표준편차 $= \sqrt{450} = 21.21$억원인 정규분포를 따른다.

(2) GWP는 정규분포를 따르므로 음($-$)의 값이 가능하며, 따라서 서강기업의 현금보유량도 음($-$)의 값이 가능하다. 음($-$)의 현금보유량은 '자금을 차입하는 상황'으로 해석이 가능하다.

03. 평균율이 연간 15%, 분산율이 연간 30%인 기하브라운운동(GBM)으로 ΔS를 표현하면 다음과 같다.

$\Delta S / S = 0.15\Delta t + 0.30\Delta W$

$\rightarrow \Delta S = 0.15S\Delta t + 0.30SZ\sqrt{\Delta t}$

$\rightarrow \Delta t = 1$주일 $= (1/52)$년 $= 0.0192$이므로,

$\Delta S = 0.15(0.0192)S + 0.30SZ\sqrt{0.0192}$

$\rightarrow \Delta S = 0.00288S + 0.0416SZ$

(단, $S =$ 현재주가, $Z \sim N(0, 1)$)

04. 문제에서 주어진 자료는 분기자료이므로, 연간자료로 전환하면 다음과 같은 GWP를 얻는다.

즉, 1년간 변화는 평균$=4(0.5)=2$, 분산율$=b\sqrt{\Delta t}=2\sqrt{4}=4$.

따라서, $\Delta t=1$년, 현재 현금보유량을 C, 1년 후 현금보유량을 $C1$, 1년간 현금변화를 ΔC라 하면 연간 GWP는 다음과 같다.

$$\Delta C=2\Delta t+4dW$$

그런데, $\Delta C=C1-C=2\Delta t+4dW$

따라서, $C1=(C+2)+4dW$. 즉, 1년 후 현금보유량 $\sim n(C+2,\ 4^2)$.

㈜고려의 1년 후 현금보유량이 음$(-)$이 될 확률은,

$$\Pr(C1<0)=\Pr\left(\frac{C1-(C+2)}{4}<\frac{0-(C+2)}{4}\right)=\Pr\left(Z<\frac{-(C+2)}{4}\right)$$
$$=N\left[\frac{-(C+2)}{4}\right].$$

따라서, 1년 후 현금보유량이 음$(-)$이 될 확률이 5%$(=0.05)$보다 작기 위해서는, $N\left[\frac{-(C+2)}{4}\right]=N(-z)<0.05$ 이어야 한다.

표준정규분포표에서 이를 만족하는 z 값을 찾으면, $z=1.6449$.

그러므로, $\frac{(C+2)}{4}=1.6449\Rightarrow C=4.5796$(억원).

05. *처음 4년간의 S변화의 분포: 평균$=2\times4=8$, 표준편차$=3\times\sqrt{4}=6$인 정규분포

*그 다음 4년간의 S변화의 분포: 평균$=3\times4=12$, 표준편차$=4\times\sqrt{4}=8$인 정규분포

→ 두 기간의 합의 분포: 평균$=8+12=20$, 표준편차$=\sqrt{6^2+8^2}=10$인 정규분포

따라서 초기값이 10이라면, 8년 후 변수값의 분포는 다음과 같다.

평균$=10+20=30$, 표준편차는 10인 정규분포, 즉, $n(30,\ 10^2)$.

06. S가 GBM을 따르므로 다음과 같이 표시할 수 있다.

$$dS=\mu Sdt+bSdW$$

* 평균율=기대수익률 $= -k(\mu - R)(T - t) + R + \dfrac{1}{2}\sigma^2 R^2 (T - t)^2$

* 분산율=변동성 $= -\sigma R(T - t).$

09. $dX = aXdt + sXdW_X$

$dY = bYdt + vYdW_Y$

(1) $V = XY = V(X, \ Y)$

확률변수 X, Y의 함수인 $V(X, \ Y)$에 대한 이토정리를 활용하면,

$$dV = \frac{\partial V}{\partial X}dX + \frac{\partial V}{\partial Y}dY + \frac{1}{2}\left(\frac{\partial^2 V}{\partial X^2}dX^2 + 2\frac{\partial^2 V}{\partial X \partial Y}dXdY + \frac{\partial^2 V}{\partial Y^2}dY^2\right)$$

(a)

그런데,

$$\frac{\partial V}{\partial X} = Y, \ \frac{\partial^2 V}{\partial X^2} = 0, \ \frac{\partial V}{\partial Y} = X, \ \frac{\partial^2 V}{\partial Y^2} = 0, \ \frac{\partial^2 V}{\partial X \partial Y} = 1 \qquad \text{(b)}$$

그리고,

$$dX^2 = s^2 X^2 dt, \ dY^2 = v^2 Y^2 dt, \ dXdY = svXY\rho dt \qquad \text{(c)}$$

따라서, (b)와 (c)를 (a)에 대입하면,

$$dV = Y(aXdt + sXdW_X) + X(bYdt + vYdW_Y) + \frac{1}{2}(2svXY\rho dt)$$

$$= (a + b + sv\rho)XYdt + sXYdW_X + vXYdW_Y$$

$$= (a + b + sv\rho)Vdt + V(sdW_X + vdW_Y) \qquad \text{(d)}$$

식(d)를 다음과 같이 GBM모형으로 간략하게 표시해 보자.

$$dV = \beta Vdt + \sigma VdW_V \qquad \text{(e)}$$

그러면 식(d)와 (e)로부터,

$$\beta = a + b + sv\rho, \ dW_v = \frac{(s)dW_X + (v)dW_Y}{\sigma}.$$

따라서, V는 평균율$= \beta$, 분산율$= \sigma$를 갖는 GBM을 따른다.

[참조] 위에서 σ 구하는 방법:

$V = XY \Rightarrow$ 양변에 자연로그를 취하면, $\ln V = \ln X + \ln Y$

그런데, X와 Y는 GBM(대수정규분포)을 따르므로, $\ln X$, $\ln Y$는 모두 정규분포를 따른다. 따라서,

$V(\ln V) = V(\ln X + \ln Y) \Rightarrow \sigma^2 = s^2 + 2\rho sv + v^2.$

(2) $G = X / Y = G(X, \ Y)$

위의 (1)번과 같은 방법으로 풀 수 있다.

$$dG = \frac{\partial G}{\partial X}dX + \frac{\partial G}{\partial Y}dY + \frac{1}{2}\left(\frac{\partial^2 G}{\partial X^2}dX^2 + 2\frac{\partial^2 G}{\partial X \partial Y}dXdY + \frac{\partial^2 G}{\partial Y^2}dY^2\right)$$

(f)

그런데,

$$\frac{\partial G}{\partial X} = \frac{1}{Y}, \ \frac{\partial^2 G}{\partial X^2} = 0, \ \frac{\partial G}{\partial Y} = \frac{-X}{Y^2}, \ \frac{\partial^2 G}{\partial Y^2} = \frac{2X}{Y^3},$$

$$\frac{\partial^2 G}{\partial X \partial Y} = \frac{-1}{Y^2}$$

(g)

그리고,

$$dX^2 = s^2 X^2 dt, \ dY^2 = v^2 Y^2 dt, \ dXdY = svXY\rho dt$$

(h)

따라서, (g)와 (h)를 (f)에 대입하면,

$$dG = \frac{1}{Y}(adt + sXdW_X) + \frac{-X}{Y^2}(bYdt + vYdW_Y)$$

$$+ \frac{1}{2}\left(\frac{-2}{Y^2}svXY\rho dt + \frac{2X}{Y^3}v^2 Y^2 dt\right)$$

$$= (a - b - sv\rho + v^2)\frac{X}{Y}dt + (s\frac{X}{Y}dW_X - v\frac{X}{Y}dW_Y)$$

$$= (a - b - sv\rho + v^2)Gdt + G(sdW_X - vdW_Y)$$

(i)

식(i)에 있는 dG를 다음과 같이 간략히 표시해보자.

$$dG = \theta Gdt + \lambda GdW_G$$

(j)

식 (i)와 (j)로부터,

$$\theta = a - b - sv\rho + v^2, \ dW_G = \frac{(s)dW_X - (v)dW_Y}{\lambda}.$$

따라서, V는 평균율$= \theta$, 분산율$= \lambda$를 갖는 GBM을 따른다.

[참조] 위에서 λ구하는 방법:

　　　$V = XY \Rightarrow$ 양변에 자연로그를 취하면, $\ln V = \ln X - \ln Y$

　　　그런데, X와 Y는 GBM(대수정규분포)을 따르므로 $\ln X$, $\ln Y$는 모두 정규분포를 따른다. 따라서,

　　　$V(\ln V) = V(\ln X - \ln Y) \Rightarrow \lambda^2 = s^2 - 2\rho sv + v^2.$

10. $dX = aXdt + sXdW_X, \ dW_X = Z_X\sqrt{dt}$

$dY = bYdt + vYdW_Y, \ dW_Y = Z_Y\sqrt{dt}$

포트폴리오의 가치, $V = X + Y$이므로,

$dV = dX + dY = (aXdt + sXdW_X) + (bYdt + vYdW_Y)$

$\quad = (aX + bY)dt + (sXZ_X\sqrt{dt} + vYZ_Y\sqrt{dt})$

$\quad = (aX + bY)dt + (sXZ_X + vYZ_Y)\sqrt{dt}$ \hfill (a)

그런데, 식(a)는 다음과 같이 V에 관한 GBM형태로 표시할 수 없다.

$dV = \mu Vdt + \sigma VdW_V$

따라서, 포트폴리오 가치 V는 기하브라운운동(GBM)을 따르지 않는다.

11. (1) Ito's lemma를 사용하면 다음과 같다.

$$J(r_t, \ t) = \frac{\partial Z}{\partial t} + \frac{\partial Z}{\partial r}0.9(0.01 - r_t)$$

(2) Ito's lemma를 사용하면 drift term이 0이 되어 다음과 같이 된다.

$$df(r_t) = d\ln r_t = 0.2dW_t$$

12. 나무의 가치는 시간과는 무관하고 나무의 길이에만 의존하므로, $V = V(X)$로 표현된다.

$TR = DY + CGY = DY + E(CG)$인데,

$TR = rVdt, \ DY = 0dt, \ CGY = V_XdX + \frac{1}{2}V_{XX}dX^2$이고, dX는 ABM을 따르므로,

$CGY = V_X(\mu dt + \sigma dW) + \frac{1}{2}V_{XX}(\sigma^2 dt)$.

그러므로, $E(CG) = CGY = \mu V_X dt + \frac{1}{2}\sigma^2 V_{XX}dt$.

따라서, $rVdt = 0dt + (\mu V_X + \frac{1}{2}\sigma^2 V_{XX})dt$이므로, V가 만족해야 하는 미분방정식은

$rV - \mu V_X - \frac{1}{2}\sigma^2 V_{XX} = 0$ 또는 $\mu V_X - \frac{1}{2}\sigma^2 V_{XX} - rV = 0$.

13. (1) 목적함수: $Min_{\{\lambda\}} V = E\int_0^T e^{-rs}[\lambda X + C(\lambda)]ds$

(2) $rVdt = EDY + ECG = [\lambda X + C(\lambda)]dt + E[V_X dX + \frac{1}{2}V_{XX}dX^2]$

$\Rightarrow rV = \lambda X + C(\lambda) + V_x \alpha X + \frac{1}{2}\sigma^2 X^2$

$\Rightarrow V_x \alpha X + \frac{1}{2}\sigma^2 X^2 - rV + \lambda X + C(\lambda) = 0.\text{(PDE)}$

(3) $0 = dV/d\lambda \Rightarrow X + dC(\lambda)/d\lambda = 0.$

14. (1) Markov Process(MP): $\Delta S = a\Delta t + b\Delta W$

(단, $a =$drift rate, $b =$diffusion rate=standard dev.)

주어진 조건에서, $a = 0$, $b = 100$이므로,

$\Delta S = 100 \times \Delta W.$

(2) 주어진 조건에서, $a = 2,000$, $b = 100$, $\Delta t = 1$년 이므로,

$\Delta S = S_1 - S_0 = 2,000 \times 1 + 100 \times \Delta W$

$\Rightarrow S_1 = S_0 + 2,000 + 100 \times \Delta W.$

그런데, $\begin{cases} E(S_1) = 42,000 \ (\because E(\Delta W) = 0) \\ V(S_1) = 100^2 \times (1) = 10,000 \ (\because V(\Delta W) = \Delta t = 1) \end{cases}$

$\rightarrow S_1 \sim N(42,000, \ 10,000)$ (즉, 정규분포)

15. (1) $P(0, r) = 1$ for all r. 그래서 $A(0) = B(0) = 0.$

따라서,

$\dfrac{\partial P}{\partial r} = -PB(N)$

$\dfrac{\partial^2 P}{\partial r^2} = -(-PB(N))B(N) = PB(N)^2$

$\dfrac{\partial P}{\partial N} = P(A' - B'r)$

$-B\phi(\bar{r} - r) + \frac{1}{2}B^2\sigma_r^2 - (A' - B'r) - r = -B\sigma_r\sigma_\Lambda$

$(B\phi + B' - 1)r = A' + (\phi\bar{r} - \sigma_r\sigma_\lambda)B - \frac{1}{2}B^2\sigma_r^2$

따라서

$B_N = 1 - B\phi$ 혹은 $B\phi + B' - 1 = 0.$

[참조] $A_N = \frac{1}{2}B^2\sigma_r^2 - (\phi\bar{r} - \sigma_r\sigma_\Lambda)B$

$\left(\dfrac{dB}{1-B\phi}\right) = dN$ 또는 $-\phi^{-1}d\ln(1-B\phi) = dN.$

양쪽을 0에서 N까지 적분하면,

$-\phi^{-1}\ln(1-B(N)\phi) = N.$

따라서,

$B(N) = (1-e^{-\phi N})/\phi$ (＊ 이렇게 풀어도 가능함)

(2) ┃증명┃ 이토정리(Ito's lemma)를 이용하면,

$dP = -P_N dt + P_r dt + P_{rr}\sigma_r^2 dt/2$

$d\Lambda dP = -\sigma_\Lambda\sigma_r\Lambda P_r$

$d(\Lambda P) = Pd\Lambda + \Lambda dP + dPd\Lambda = \Lambda\left(P\dfrac{d\Lambda}{\Lambda} + dP + dP\dfrac{d\Lambda}{\Lambda}\right).$

$E[d(\Lambda P)] = 0$을 이용하면,

$-rP - P_N + P_r\phi(\bar{r}-r) + P_{rr}\sigma_r^2/2 - \sigma_\Lambda\sigma_r P_r = 0$

이 식을 정리하면

$P_r\phi(\bar{r}-r) + P_{rr}\sigma_r^2/2 - P_N - rP = P_r\sigma_\Lambda\sigma_r.$

Q.E.D.

16. Girsanov Theorem(거사노브 정리)을 활용하면 된다.

(1) 정규분포를 따르므로, $f(x) = \dfrac{1}{\sqrt{2\pi}\,\sigma}e^{-\frac{(x-\mu)^2}{2\sigma^2}}$

$g(x) = e^{\frac{1}{2\sigma^2}[-(x-r)^2 + (x-\mu)^2]}$ 를 선택하면 평균이 r이 된다.

(2) $h(x) = e^{\frac{1}{2\sigma^2}[-x^2 + (x-\mu)^2]}$ 를 선택하면 평균이 0이 된다.

(3) 평균만 변화하고 분산은 σ^2으로 일정하게 유지된다.

17. (1) $E[\widetilde{m}R_f] = 1.$ $\therefore E[\widetilde{m}] = 1/R_f.$

(2) $1 = E[\widetilde{m}\widetilde{R}_i] = cov(\widetilde{m}, \widetilde{R}_i) + E[\widetilde{m}]E[\widetilde{R}_i] = cov(\widetilde{m}, \widetilde{R}_i) + E[\widetilde{R}_i]/R_f$

$\therefore E[\widetilde{R}] = R_f - R_f cov(\widetilde{m}, \widetilde{R}_i)$

즉, $E[\widetilde{R}]$ 를 y 축, R_f를 y 축 절편, 1을 x 축 절편, $cov(\widetilde{m}, \widetilde{R})$를 x 축으로 하는 그래프임

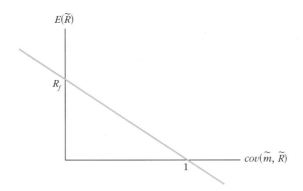

(3) $1 = E[\widetilde{m}\widetilde{R}_i] = cov(\widetilde{m}, \widetilde{R}_i) + E[\widetilde{R}_i]/R_f$

$\Rightarrow 1 = corr(\widetilde{m}, \widetilde{R}_r)\sigma_m\sigma_{R_i} + E[\widetilde{R}_i]/R_f$

$\Rightarrow E[\widetilde{R}] - R_f = -\rho\sigma_m\sigma_R R_f$

$\Rightarrow \dfrac{E[\widetilde{R}] - R_f}{\sigma_m} = -\rho\sigma_m R_f = -\rho\dfrac{\sigma_m}{E[\widetilde{m}]}$

$\therefore \dfrac{E[\widetilde{R}] - R_f}{\sigma_m} \leq \dfrac{\sigma_m}{E[\widetilde{m}]}$.

18. (1) $dB_t^{-1} = -B_t^{-2}dB_t = -\rho B_t^{-1}dt$.

(2) $(r-\rho)m_t$.

$$dm_t = d(A_t B_t^{-1}) = dA_t B_t^{-1} + A_t dB_t^{-1}$$
$$= (r \cdot m_t + \delta^{-1} - \rho \cdot m_t)dt$$
$$= (m_t(r-\rho) + \delta^{-1})dt$$

(3) $m_\infty \rightarrow ((\rho-r)\delta)^{-1}$

$$m_t = m_0 e^{-(\rho-r)t} + \frac{1}{\delta(\rho-r)}$$

(4) $r_{target} = \rho - (m_{target}\delta_{target})^{-1} = \rho - (\pi_t/A_t)_{target*}$

19. 주어진 $dS(t)$는 평균 $= \mu = 0.5$, 표준편차 $= \sigma = 0.9$인 산술브라운운동(ABM)을 따른다.

따라서, $t = 2$ 시점에의 분포는 다음과 같다.

$dS(2) = S(2) - S(0) = 0.5dt + 0.9dW(t)$

$\rightarrow E[S(2)] = S(0) + 0.5(2) + 0.9(0) = 21$

표준편차 $[S(2)] = 0.9$

즉, $S(2) \sim N(21, \ 2 \times 0.9^2)$

따라서, $\Pr(S(2) > 22) = \Pr(\dfrac{S(2) - 21}{0.9\sqrt{2}} > \dfrac{22 - 21}{0.9\sqrt{2}})$

$\qquad\qquad = \Pr(Z > 0.78567) = 1 - N(0.78567) = 0.2160.$

[참조] 표준정규분포의 누적확률($N(x)$)값은 Excel을 이용하거나 [부록]에 있는 표준정규분포표에서 근사적으로 구할 수 있다.

20. 만일 $\mu = r$ 이라면, 주식가격(S_t)은 성장율 r로 증가하므로 다음과 같이 표시할 수 있다.

$E(S_{t+1}|S_t) = S_t(1 + r)$ \hfill (1)

한편, 주어진 주식가격(S_t)에 대한 확률과정으로부터,

$S_{t+1} = S_t + rS_t + \sigma S_t \varepsilon_t = S_t(1 + r + \sigma \varepsilon_t)$ \hfill (2)

그런데, (2)로부터

$E(S_{t+1}|S_t) = S_t(1 + r + \sigma(+1))p + S_t(1 + r + \sigma(-1))(1 - p)$ \hfill (3)

따라서, (1)과 (3)을 비교하면,

$S_t(1 + r + \sigma(+1))p + S_t(1 + r + \sigma(-1))(1 - p) = S_t(1 + r)$

위 식을 간략히 하면,

$S_t(\sigma)p + S_t(-\sigma)(1 - p) = 0$

즉, $p - (1 - p) = 0 \rightarrow p = \dfrac{1}{2}$

21. $X_t = E(S|I_t)$ 라면, 임의의 $s > 0$ 에 대해

$E(X_{t+s}|I_t) = E[E(S|I_{t+s})|I_t] = E(S|I_t) = X_t$

즉, $E(X_{t+s}|I_t) = X_t$.

따라서, X_t는 마팅게일(martingale)이다.

[참조] 이러한 결과는 증가하는 정보집합(즉, $I_0 \subseteq I_1 \subseteq I_2 \subseteq \cdots I_t \subseteq I_{t+1} \cdots$)에 대한 모든 조건부기대값은 마팅게일을 따름을 보여준다.

22. (1) $Y_t = 2W_t + t$ 이면, 임의의 $s > 0$ 에 대해 $Y_{t+s} = 2W_{t+s} + (t+s)$가 되므로

$$E(Y_{t+s}|I_t) = E(2W_{t+s} + (t+s)|I_t) + 2W_t + (t+s) \neq 2W_t + t$$

즉, $E(Y_{t+s}|I_t) \neq Y_t$ 이므로 $Y_t = 2W_t + t$는 마팅게일이 아니다.

[참조] W_t가 위너 과정이면, $dW = W_{t+s} - W_t \sim N(0, \; dt)$가 된다.
$$\rightarrow \; E(dW) = 0 = E(W_{t+s} - W_t)$$
$$\rightarrow \; E(W_{t+s}) = W_t$$

(2) $Y_t = W_t^2$ 이면, 임의의 $s > 0$ 에 대해 $Y_{t+s} = W_{t+s}^2$가 되므로

$$E(Y_{t+s}|I_t) = E(W_{t+s}^2|I_t) = W_t^2 + s \neq W_t^2$$

즉, $E(Y_{t+s}|I_t) \neq Y_t$ 이므로 $Y_t = W_t^2$는 마팅게일이 아니다.

[참조] $(W_{t+s} - W_t)^2 = W_{t+s}^2 - 2W_{t+s}W_t + W_t^2$
$$\rightarrow \; W_{t+s}^2 = (W_{t+s} - W_t)^2 + 2W_{t+s}W_t + W_t^2$$
$$\rightarrow \; E(W_{t+s}^2) = E(W_{t+s} - W_t)^2 + 2E(W_{t+s})W_t - W_t^2$$
$$\rightarrow \; E(W_{t+s}^2) = Var(W_{t+s} - W_t) + 2W_tW_t - W_t^2$$
$$\rightarrow \; E(W_{t+s}^2) = s + W_t^2$$

(3) $Y_t = W_t^2 - t$ 이면, 임의의 $s > 0$ 에 대해 $Y_{t+s} = W_{t+s}^2 - (t+s)$가 되므로

$$E(Y_{t+s}|I_t) + E(W_{t+s}^2 - (t+s)|I_t) + W_t^2 + s - (t+s) = W_t^2 - t$$

즉, $E(Y_{t+s}|I_t) = Y_t$ 이므로 $Y_t = W_t^2 - t$는 마팅게일이다.

23. (1) $\dfrac{\partial Y_t}{\partial t} = 2t$

$$\frac{\partial Y_t}{\partial W_t} = \frac{\partial^2 Y_t}{\partial W_t^2} = e^{W_t}$$

이제 Ito정리를 이용하면,

$$dY_t = \frac{\partial Y_t}{\partial t}dt + \frac{\partial Y_t}{\partial W_t}dW_t + \frac{1}{2}\frac{\partial^2 Y_t}{\partial W_t^2}dW_t^2$$

$$= (2t)dt + (e^{W_t})dW_t + \frac{1}{2}(e^{W_t})dt = \left(2t + \frac{1}{2}e^{W_t}\right)dt + e^{W_t}dW_t$$

[참조] 위너과정의 곱셈법칙에 의해 $dW_t^2 = dt$

(2) $\dfrac{\partial Y_t}{\partial t} = 2tY_t$

$\dfrac{\partial Y_t}{\partial W_t} = \dfrac{\partial^2 Y_t}{\partial W_t^2} = Y_t$

이제 Ito정리를 이용하면,

$$dY_t = \frac{\partial Y_t}{\partial t}dt + \frac{\partial Y_t}{\partial W_t}dW_t + \frac{1}{2}\frac{\partial^2 Y_t}{\partial W_t^2}dW_t^2$$

$$= (2tY_t)dt + (Y_t)dW_t + \frac{1}{2}(Y_t)dt = \left(2t + \frac{1}{2}\right)Y_t dt + Y_t dW_t$$

24. (1) $\dfrac{\partial Y_t}{\partial t} = \left(\mu - \dfrac{1}{2}\sigma^2\right)Y_t$

$\dfrac{\partial Y_t}{\partial W_t} = \sigma Y_t$

$\dfrac{\partial^2 Y_t}{\partial W_t^2} = \sigma^2 Y_t$

이제 Ito정리를 이용하면,

$$dY_t = \frac{\partial Y_t}{\partial t}dt + \frac{\partial Y_t}{\partial W_t}dW_t + \frac{1}{2}\frac{\partial^2 Y_t}{\partial W_t^2}dW_t^2$$

$$= \left(\left(\mu - \frac{1}{2}\sigma^2\right)Y_t\right)dt + (\sigma Y_t)dW_t + \frac{1}{2}(\sigma^2 Y_t)dt$$

$$= \mu Y_t dt + \sigma Y_t dW_t$$

[참조] $dY_t = \mu Y_t dt + \sigma Y_t dW_t$로부터, Y_t는 기하브라운운동(GBM)을 따름을 알 수 있다.

(2) 위의 GBM으로부터 Y_t의 단위시간(dt)당 기대변화율(expected rate of change)은 μ이다. 왜냐하면, 위 GBM으로부터,

$$\frac{E\left(\dfrac{dY_t}{Y_t}\right)}{dt} = E(\mu) + \sigma E(dW_t)/dt = \mu$$

[참조] W_t가 위너과정을 따르면, $E(dW_t) = 0$이다.

25. (1) $E(X_t | X_s) = E(e^{Y_t} | Y_s)$

$$= E(e^{Y_t - Y_s + Y_s} | Y_s)$$

$$= e^{Y_s} E(e^{Y_t - Y_s} | Y_s)$$

($\because Y_s$는 확률변수가 아니므로) (a)

Y_t가 정규분포 $N(\mu t, \sigma^2 t)$를 따르므로, $(Y_t - Y_s)$는

정규분포 $\sim N[\mu(t-s), \sigma^2(t-s)]$ (b)

한편, 정규분포 $N(\mu, \sigma^2)$의 m.g.f. 함수는 $M(\tau) = e^{\mu\tau + \frac{1}{2}\sigma^2\tau^2}$이므로, (b)의 $(Y_t - Y_s)$에 대한 정규분포 m.g.f.로부터 (a)의 기대값을 다음과 같이 쉽게 구할 수 있다. 즉,

$$E(X_t | X_s) = e^{Y_s} E(e^{Y_t - Y_s} | Y_s)$$

$$= e^{Y_s} e^{(\mu + \frac{1}{2}\sigma^2)(t-s)}$$

$$= X_s e^{(\mu + \frac{1}{2}\sigma^2)(t-s)}$$ (c)

(2) $e^{-rt} X_t$가 마팅게일이 되기 위해서는 다음 식이 성립해야 한다.

$$E(e^{-rt} X_t | X_s) = e^{-rs} X_s$$ (d)

식 (c)에 있는 결과를 식 (d)에 대입하면 다음과 같다.

$$E(e^{-rt} X_t | X_s) = e^{-rt} X_s e^{(\mu + \frac{1}{2}\sigma^2)(t-s)}$$

$$= e^{-rs} e^{-r(t-s)} X_s e^{(\mu + \frac{1}{2}\sigma^2)(t-s)} = e^{-rs} X_s$$ (e)

식 (e)가 성립하기 위해서는 다음 식이 만족되어야 한다.

$$e^{-r(t-s)} e^{(\mu + \frac{1}{2}\sigma^2)(t-s)} = 1$$

$$\rightarrow e^{(-r + \mu + \frac{1}{2}\sigma^2)(t-s)} = 1$$

$$\rightarrow (-r + \mu + \frac{1}{2}\sigma^2)(t-s) = 0$$

$$\rightarrow \mu = r - \frac{1}{2}\sigma^2.$$

[참조] 식 (d)로부터, $X_s = E(e^{-r(t-s)}X_t|X_s)$. 즉, 현재시점이 s 라면 현재가치 X_s 는 미래가치 X_t 의 기대값을 무위험이자율 r 로 할인하면 된다는 것을 의미함.

Chapter 04

옵션가격결정모형(2): 블랙-숄즈-머튼모형

연습문제

01. 블랙-숄즈-머튼의 유러피언 콜옵션모형에서 "σ(sigma)"가 의미하는 것은?

    A. 옵션가격의 변동성(volatility)

    B. 기초자산의 변동성

    C. 행사가격의 변동성

    D. 이자율의 변동성

02. 다음 중 블랙-숄즈-머튼모형의 가정으로 사용되지 않은 것은?

    A. 기초자산의 미래 어느 시점에서의 가격은 대수정규분포를 따른다.

    B. 무위험 차익거래기회가 존재하지 않는다.

    C. 기초자산변동성은 정규분포를 따른다.

    D. 단기 무위험이자율은 일정하다.

03. 정규분포에 관한 다음 설명 중 옳지 않은 것은?

    A. $X \sim N(1, 4)$일 경우, $Y = (X-1)/2 \sim n(0, 1)$이 성립한다.

    B. 주식의 수익률을 모형화 할 때 많이 이용된다.

    C. X가 정규분포를 따르면, $\ln X$는 대수정규분포를 따른다.

    D. 정규분포를 갖는 확률변수는 임의의 실수값을 가질 수 있다.

04. 위험중립가치평가에 관한 다음 설명 중 옳지 않은 것은?

    A. 할인률로 무위험이자율을 사용한다.

    B. 투자자들을 위험중립적이라 간주하고 옵션가치를 구한다.

    C. 실제로 기초자산의 수익률을 사용하여 옵션가치를 구한다.

    D. 기초자산의 기대수익률은 무위험이자율이라 간주한다.

05. 확률분포에 관한 다음 설명 중 옳은 것은?

    A. 산술브라운운동은 대수정규분포를 따른다.

    B. 기하브라운운동은 정규분포를 따른다.

    C. 정규분포와 대수정규분포는 좌우 대칭이므로 왜도(skewness)가 0이다.

    D. 대수정규분포는 주식가격을 모형화하는데 적합하다.

06. 다음 중 블랙-숄즈-머튼의 유러피언 콜옵션에 대한 특징으로 옳지 않은 것은?

    A. $N(d_2)$는 콜옵션이 만기에 외가격(OTM)이 될 확률이다.

    B. $N(d_1)$은 옵션의 델타(민감도)와 같다.

    C. 기초자산가격(S)이 아주 커지면, $N(d_2)$는 1에 접근한다.

    D. 기초자산의 변동성(σ)이 매우 작아지면, 옵션의 가치는 항상 $\max(S - Ke^{-rT}, 0)$이다.

07. 정규분포(normal distribution)에 관한 다음 설명 중 옳은 것은?

    A. 왜도(skewness)가 -5이다.

    B. 첨도(kurtosis)가 3이다.

    C. 평균을 중심으로 좌우 1σ안에 속할 확률은 약 95%이다.

    D. (정규분포 확률변수)$\times$(정규분포 확률변수)도 정규분포를 따른다.

08. 주가(S)가 평균 μ, 표준편차 σ인 기하브라운운동(GBM)을 따른다고 할 때, 다음 설명 중 옳지 않은 것은? (단, 현재주가는 S, $r =$ 무위험이자율, $V(S)$는 S의 분산이다)

    A. $E(\ln S_T) = \ln S + (\mu - \dfrac{\sigma^2}{2})T$

    B. $E(S_T) = Se^{rT}$

    C. $V(\ln S_T) = \sigma^2 T$

    D. $\ln[E(S_T)] = \ln S + \mu T$

09. 대수정규분포를 따르는 주식의 기대수익률에 관한 다음 설명 중 옳지 않은 것은?

A. $\mu = \frac{1}{T} \ln E\left(\frac{S_T}{S_0}\right)$

B. $(\mu - \frac{\sigma^2}{2})$은 수익률의 산술평균$(AA)$과 같은 개념이다.

C. μ는 매우 짧은 기간(dt) 동안의 기대수익률이다.

D. $(\mu - \frac{\sigma^2}{2})$은 긴 기간$(T)$ 동안의 기대수익률이다.

10. 정규분포와 대수정규분포에 관한 다음 설명 중 옳지 않은 것은?

A. Y가 대수정규분포를 따르면, $X = e^Y$는 정규분포를 따른다.

B. X가 대수정규분포를 따르면 X값은 항상 0보다 크다.

C. 대수정규분포는 우편향(skewed to the right)분포를 갖는다.

D. 대수정규분포는 GBM(기하브라운모션)과 동일한 확률모형이다.

11. Black-Scholes-Merton의 유러피언옵션 공식에 관한 다음 설명 중 옳지 않은 것은?

A. $N(-d1)$는 풋옵션의 델타이다.

B. $N(-d2)$는 풋옵션이 내가격이 될 확률이다.

C. $N(d1)$은 콜옵션의 델타이다.

D. $N(d2)$는 콜옵션이 내가격이 될 확률이다.

12. 변동성 미소(volatility smile)와 관련된 다음 설명 중 옳은 것은?

A. 통화옵션의 경우, 내재변동성이 등가격에서 가장 작고 내가격과 외가격으로 갈수록 커진다.

B. 유러피언 풋 – 콜 패리티에 의하면 콜옵션과 풋옵션의 변동성 미소는 동일하다.

C. 통화옵션의 내재분포는 대수정규분포에 비해 꼬리부분 확률이 더 작다.

D. 주식옵션의 내재변동성은 행사가격이 증가함에 따라 증가한다.

주관식

01. 어떤 기업 주식의 수익률은 일일평균이 0.1%이고, 표준편차가 2%인 정규분포를 따른다고 한다. 이 주식의 하위 5%에 해당하는 수익률은 얼마인가?

02. 어떤 주식 수익률의 18개월 표준편차가 35%이다. 만일 이 주식의 월간수익률이 정규분포를 따르며 각각의 1개월 수익률이 독립이라 하면, 12개월 표준편차는 얼마인가?

03. 어떤 주식의 가격이 대수정규분포를 따른다고 한다. 이 주식의 기대수익률이 연간 17%이고, 주가의 변동성은 연간 20%이다. 이 주식이 3년동안 실현한 수익률(연속복리기준)의 95% 신뢰구간(CI: confidence interval)을 구하라.

04. 현재 주가가 $40이고 대수정규분포를 따르는 어떤 주식의 기대수익률이 연간 16%이며 변동성은 연간 20%이다. 95% 신뢰수준 아래에서 $T=6$개월 후 이 주식가격(S_T)의 변동범위를 구하라.

05. 현재 주가가 $20, 기대수익률이 연 20%, 변동성이 연 40%인 주식의 1년 후 기대되는 주가는 얼마인가?

06. 배당이 없는 주식을 기초자산으로 하는 주식선도의 t시점의 가치가 블랙-숄즈-머튼의 편미분방정식을 만족함을 증명하라. 단, 이 선도의 인도가격은 K, 만기는 T, 무위험이자율은 r이다.

07. 확률변수 X가 대수정규분포(lognormal distribution)를 따르면, $Y=\ln X$는 평균이 0이고 표준편차가 0.2인 정규분포를 따른다고 한다. 이 때 X의 기대값, $E(X)$를 구하면 얼마인가?

08. 다음과 같은 자료를 갖는 유러피언 콜옵션과 풋옵션의 현재가치를 블랙-숄즈-머튼모형으로 구하라.

$S=\$42,\ K=\$40,\ r=10\%(연간),\ 변동성(연간)=20\%,\ T=6개월,\ 배당=0$

09. 무배당주식에 대한 유러피언 콜옵션의 시장가격이 $2.5, 현재주가는 $15, 행사가격은 $13, 만기는 3개월, 무위험이자율은 연간 5%이다. 시장에서 현재 차익거래기회가 없다고 가정하고 내재변동성(implied volatility)을 구하라.

10. 다음과 같은 자료를 갖는 유러피언 콜옵션이 있다.

$$S = \$40, \; K = \$40, \; r = 9\%(\text{연간}), \; \text{변동성(연간)} = 30\%, \; T = 6\text{개월}$$

만일 기초자산에 대해 2개월, 5개월후 2회의 현금배당이 각각 $0.50지급되는 경우, 이 콜옵션의 현재가치를 블랙−숄즈−머튼모형으로 구하라.

11. 현재 어떤 기업의 자산의 시장가치가 V, 자기자본의 시장가치는 E, 그리고 부채의 시장가치는 D라 한다. 자기자본은 자산가치를 기초자산으로 하고 부채를 행사가격으로 하는 콜옵션으로 볼 수 있으므로 Black−Scholes−Merton모형을 이용하여 자기자본의 가치를 평가할 수 있다. 이렇게 구한 자기자본의 가치는 다음과 같다고 하자.

$$E = 0.66V - 073De^{-rT}$$

만일 시장에서 V가 D보다 작아지는 순간 이 기업이 부도가 발생한다고 할 때, 이 기업의 위험중립 부도확률을 구하시오.
(단, 이 기업은 배당을 지급하지 않으며, 부채 D는 일정하다고 가정함)

정답해설 ━━━━━━━━━━━━━━━

객관식

01. B

02. C

블랙-숄즈-머튼모형에서는 기초자산의 변동성이 일정하다고 가정하고 있다. 그 외에 사용된 가정은 다음과 같다.

(가정1) 주가는 기하브라운운동(대수정규분포)을 따른다.

(가정2) 증권의 공매가 허용되며, 공매대금은 전액 사용 가능하다.

(가정3) 거래비용과 세금이 없다.

(가정4) 파생상품 만기까지 기초자산에 배당이 없다.

(가정5) 증권의 거래는 연속적으로 이루어진다.

(가정6) 무위험이자율(r)은 변하지 않으며, 모든 만기에 대해 일정하다.

(가정7) 증권은 완전히 분할될(perfectly divisible) 수 있다.

(가정8) 시장에 차익거래기회가 존재하지 않는다(no arbitrage opportunity).

03. C

X가 정규분포를 따를 때 $Y = e^X$는 대수정규분포를 따른다.

04. C

위험중립가치평가에서는 실제 주가가 상승할 확률이나 실제 주가의 수익률은 사용되지 않는다. 그 이유는 옵션가치를 산출하는 이항모형공식이나 편미분방정식에 실제 확률이나 수익률이 포함되지 않기 때문이다.

05. D

유한책임회사의 주식가격은 0보다 작을 수 없으므로 주식가격을 모형화하는
데는 대수정규분포가 주로 사용된다. 나머지 부분은 다음과 같이 수정되어야
한다.

A. 산술브라운운동은 정규분포를 따른다.

B. 기하브라운운동은 대수정규분포를 따른다.

C. 정규분포는 좌우 대칭이므로 왜도(skewness)가 0이다.

06. A

$N(d_2)$는 콜옵션이 만기에 내가격(ITM)이 될 확률, 즉, 콜옵션이 행사될 확
률이다.

07. B

정규분포의 왜도는 0이고, 첨도는 3이다. 그리고 정규분포의 합은 정규분포
이지만, 정규분포의 곱은 정규분포가 아니다.

08. B

$$E(S_T) = Se^{\mu T}$$

09. B

$(\mu - \dfrac{\sigma^2}{2})$은 수익률의 기하평균(GA)과 같은 개념이다.

다음과 같은 기대수익률 비교를 참조하기 바란다.

기대수익률	계산식	의미	평균의 종류
μ	$\mu = \dfrac{1}{T}\ln E\left(\dfrac{S_T}{S_0}\right)$	매우 짧은 기간(dt) 동안의 기대수익률	산술평균 (AA)
$\mu - \dfrac{\sigma^2}{2}$	$\mu - \dfrac{\sigma^2}{2} = \dfrac{1}{T}E\left[\ln\left(\dfrac{S_T}{S_0}\right)\right]$	긴 기간(T) 동안의 기대수익률	기하평균 (GA)

10. A

Y가 대수정규분포를 따르면, $X = \ln Y$가 정규분포를 따르게 된다.
즉, X가 정규분포를 따르면, $Y = e^X$는 대수정규분포를 따르게 된다.

11. A

풋옵션의 델타$= -N(-d1) = -[1 - N(d1)] = N(d1) - 1$.

12. B

통화옵션의 경우, 내재변동성이 등가격에서 가장 크고 내가격과 외가격으로 갈수록 작아지며, 통화옵션의 내재분포는 대수정규분포에 비해 꼬리부분이 더 두터워 확률이 더 커진다. 주식옵션의 내재변동성은 행사가격과 반비례하므로 행사가격이 증가함에 따라 감소한다.

주관식

01. 표준정규분포에서 하위 5%에 해당하는 값은 -1.65이다. 즉,

$$-z = -1.65 = \frac{X - \mu}{\sigma} = \frac{X - 0.1}{2}$$

$$\rightarrow x = 0.1 - 1.65 \times 2 = -3.2\%$$

02. 정규분포의 '선형성'에 의해, 정규분포+정규분포=정규분포이다.

따라서, 월간수익률이 정규분포이면 12개월 수익률은 12개 정규분포의 합이며,

12개월 분산= 12×월간분산

그런데, 18개월분산= $0.35^2 = 18 \times$ 월간분산

$\Rightarrow$ 월간분산= $0.35^2/18 = 0.0068$

따라서, 12개월 분산= $12 \times$ 월간분산= $12 \times 0.0068 = 0.0816$ 이고,

12개월 표준편차= $\sqrt{0.0816} = 0.2856$.

03. 현재주가= S, T기간 후 주가= S_T, T기간 동안 실현한 연속복리수익률을 R 이라 하면, R은 다음과 같은 분포를 따른다.

$$R = \frac{1}{T}\ln\left(\frac{S_T}{S_0}\right) \sim n\left(\mu - \frac{\sigma^2}{2}, \frac{\sigma^2}{T}\right) \tag{1}$$

주어진 자료에서, $\mu = 0.17$, $\sigma = 0.20$, $T = 3$년 $\qquad\qquad$ (2)

식 (2)를 (1)에 대입하면,

$$R \sim n\left(\mu - \frac{\sigma^2}{2}, \frac{\sigma^2}{T}\right) = n\left(0.17 - \frac{0.2^2}{2}, \frac{0.2^2}{3}\right)$$

$$= n(0.15, 0.1155^2)$$

즉, 3년동안 실현될 연속복리 R은 평균이 15%, 표준편차 11.55%인 정규분포를 따른다.

그런데 평균이 μ, 표준편차가 σ인 정규분포를 따르는 확률변수 R의 95% 신뢰구간은 다음과 같다.

$\mu - 1.96\sigma < R < \mu + 1.96\sigma$

$\rightarrow 15 - 1.96(11.55) < R < 15 + 1.96(11.55)$

$\rightarrow -7.6\% < R < 37.6\%$

04. 주가가 대수정규분포를 따르므로, $\ln S_T$는 다음과 같이 정규분포를 따른다.

$$\ln S_T \sim n\left[\ln S + \left(\mu - \frac{\sigma^2}{2}\right)T, \ \sigma^2 T\right] \tag{1}$$

그런데, $\mu = 0.16$, $\sigma = 0.20$, $T = 0.5$년, $S = \$40$ $\qquad$ (2)

식 (2)를 (1)에 대입하면,

$\ln S_T \sim n(3.759,\ 0.02)$

그런데 평균이 μ, 표준편차 σ를 따르는 정규분포를 따르는 확률변수 $\ln S_T$의 95% 신뢰구간은 다음과 같다.

$\mu - 1.96\sigma < \ln S_T < \mu + 1.96\sigma$

$\rightarrow 3.759 - 1.96\sqrt{0.02} < \ln S_T < 3.759 + 1.96\sqrt{0.02}$

$\rightarrow 3.4826\% < \ln S_T < 4.0354\%$

$\rightarrow e^{3.4826\%} < S_T < e^{4.0354\%}$

$\rightarrow \$32.55 < S_T < \$56.56$

(즉, 6개월 주가(S_T)가 $32.55와 $56.56 사이에 포함될 확률은 95%이다.)

05. 1년후 기대주가, $E(S_T) = Se^{\mu T} = \$20e^{0.2(1)} = \$24.43$

06. t시점의 선도계약의 가치$= f = S - Ke^{-r(T-t)}$ $\qquad\qquad$ (1)

편미분방정식: $\dfrac{\partial f}{\partial t} + rS\dfrac{\partial f}{\partial S} + \dfrac{1}{2}\sigma^2 S^2 \dfrac{\partial^2 f}{\partial S^2} = rf$ $\qquad\qquad$ (2)

식(1)로부터, $\dfrac{\partial f}{\partial t} = -rKe^{-r(T-t)}$, $\dfrac{\partial f}{\partial S} = 1$, $\dfrac{\partial^2 f}{\partial S^2} = 0$ $\qquad\qquad$ (3)

식(3)을 (2)에 대입하면,

좌변$= -rKe^{-r(T-t)} + rS(1) + \dfrac{1}{2}\sigma^2 S^2(0) = r[S - Ke^{-r(T-r)}] = rf =$ 우변.

따라서 선도계약의 가치는 블랙-숄즈-머튼의 편미분방정식을 만족한다.

07. $Y = \ln X \sim N(0,\ 0.2^2)$이므로, $X = e^Y$는 대수정규분포를 따른다.

따라서, $E(X = e^Y) = e^{\mu + \frac{\sigma^2}{2}} = e^{0 + \frac{0.2^2}{2}} = 1.02$

[참조] $Y \sim N(\mu,\ \sigma^2)$이면, $E(X = e^Y) = e^{\mu + \frac{\sigma^2}{2}}$

08. 주어진 자료로부터,

$d_1 = 0.7693, \; d_2 = 0.6278$

그리고 표준정규분포표로부터,

$N(0.7693) = 0.7791, \; N(-0.7693) = 1 - N(0.7693) = 0.2209$

$N(0.6278) = 0.7349, \; N(-0.6278) = 1 - N(0.6278) = 0.2651$

따라서,

$c = SN(d_1) - Ke^{-rT}N(d_2) = 42(0.7791) - 40e^{-0.1(0.5)}(0.7349)$

$\quad = \$4.76,$

$p = Ke^{-rT}N(-d_2) - SN(-d_1) = 40e^{-0.1(0.5)}(0.2651) - 42(0.2209)$

$\quad = \$0.81$

09. 내재변동성을 구하기 위해서는 반복탐색법이나 시행착오법을 사용해야 한다. 다음과 같이 시행착오법을 이용해보자.

우선, 변동성의 초기값으로 20%부터 시작해 보자.

$\sigma = 0.2 \Rightarrow c = \$2.20 <$ 시장옵션가격 $= \$2.5$. 따라서 변동성을 증가시켜야 한다.

$\sigma = 0.3 \Rightarrow c = \$2.32 <$ 시장옵션가격 $= \$2.5$. 따라서 변동성을 증가시켜야 한다.

$\sigma = 0.4 \Rightarrow c = \$2.507 >$ 시장옵션가격 $= \$2.5$. 따라서 변동성을 감소시켜야 한다.

$\sigma = 0.39 \Rightarrow c = \$2.487 <$ 시장옵션가격 $= \$2.5$.

따라서, $0.39 <$ 내재변동성 < 0.40.

보간법(interpolation)으로 내재변동성을 구하면,

$(\$2.507 - \$2.487) : (\$2.5 - \$2.487) = (0.4 - 0.39) : (x - 0.39)$

$\Rightarrow x = 0.3965$

즉, 내재변동성 $\approx 39.65\%$(연간).

10. $S = \$40, \; K = \$40, \; r = 9\%$(연간), 변동성(연간) $= 30\%, \; T = 6$개월.

2개월 후, 5개월 후 받을 각 배당 $0.50를 현재가치로 구하면,

$D = \$0.50e^{-0.09(2/12)} + \$0.50e^{-0.09(5/12)} = \$0.9741$

이제 다음 공식을 사용하면 된다.

$$d_1 = \frac{\ln\left(\dfrac{S-D}{K}\right) + \left(r + \dfrac{\sigma^2}{2}\right)T}{\sigma\sqrt{T}} = \frac{\ln\left(\dfrac{40-0.9741}{40}\right) + \left(0.09 + \dfrac{0.3^2}{2}\right)(0.5)}{0.3\sqrt{0.5}}$$

$$= 0.2017$$

$$d_2 = d_1 - \sigma\sqrt{T} = 0.2017 - 0.3\sqrt{0.5} = -0.0104$$

$$N(d_1) = N(0.2017) = 0.5800$$

$$N(d_2) = N(-0.0104) = 1 - N(0.0104) = 0.4959$$

따라서, 현재 콜옵션의 가치는,

$$c = (S-D)N(d_1) - Ke^{-rt}N(d_2)$$

$$= (40 - 0.9741)(0.5800) - 40e^{-0.09(0.5)}(0.4959) = \$3.67$$

11. Black $-$ Scholes $-$ Merton모형에 의하면,

$E = VN(d1) - De^{-rT}N(d2)$ 이어야 하므로,

주어진 식에서 $N(d2) = \Pr(V > D)$는 0.73이다. 따라서,

$$부도확률 = \Pr(V < D)$$

$$= 1 - \Pr(V > D)$$

$$= 1 - N(d2) = 1 - 0.73 = 0.27.$$

Chapter 05

주요 옵션

객관식

01. 한 투자자가 행사가격이 86인 5월만기 식용 생우 풋선물옵션을 3.56에 매도하였다. 선물 가격이 84.27이라면 이 풋선물옵션의 _____.

   A. 내재가치는 없다.

   B. 시간가치는 없다.

   C. 내재가치는 1.73이다.

   D. 시간가치는 2.29이다.

02. 다음 중 선물옵션에서 "할당(assignment)"의 의미를 가장 잘 설명하고 있는 것은?

    A. 옵션매입자가 옵션을 행사하면 매입자는 기초선물에 상응하는 포지션을 가져야 한다.

    B. 옵션매도자가 옵션을 행사하면 매도자는 기초선물에 매입 혹은 매도포지션을 가져야 한다.

    C. 옵션매입자가 옵션을 행사하면 매도자는 기초선물에 한 포지션을 가져야 한다.

    D. 위의 세 가지 어느 것도 아니다.

03. 선물 콜옵션매입자가 옵션을 행사할 때, 그 결과는?

    A. 콜옵션판매자는 기초선물계약의 매입포지션에 할당(assign)된다.

    B. 콜옵션판매자는 기초선물계약의 매도포지션에 할당된다.

    C. 콜옵션보유자는 기초선물계약의 매도포지션에 할당된다.

    D. 위의 세 가지 어느 것도 아니다.

04. 한 투자자가 금선물 콜옵션을 매입하고 옵션을 행사하기로 결정하였다. 그 옵션매도자에게 할당되는 일은?

    A. 행사가격으로 금괴를 구입

    B. 행사가격으로 금괴를 매도

    C. 기초자산에 대한 매도포지션

    D. 기초자산에 대한 매입포지션

05. 한 보석회사는 현재 금화를 다소 보유하고 있고 금선물 옵션을 통해 금값의 하락을 헷지하고자 한다. 가장 적절한 투자전략은?

    A. 내가격상태에 있는 콜옵션 매도

    B. 내가격상태에 있는 풋옵션 매입

    C. 외가격상태에 있는 풋옵션 매도

    D. 외가격상태에 있는 콜옵션 매입

06. 선물옵션(option on futures 혹은 futures option)에 관한 설명 중 옳은 것은?

    A. 선물옵션은 옵션을 매매하는 선물거래를 말한다.

    B. 선물옵션을 행사하면 선물계약이 생긴다.

    C. 선물옵션 발행자는 선물포지션을 취할 권리가 있다.

    D. 선물옵션 매입자는 선물포지션을 취할 의무가 있다.

07. 어떤 기금관리자가 $2,500,000 상당의 주식포트폴리오를 운영하고 있으며 포트폴리오의 베타(β)는 1.10이다. S&P500지수가 현재 280포인트(1포인트는 $250와 같음)라 할 때 다음 중 가장 적절한 헷징전략은?

    A. 20개의 S&P500 콜옵션 매도

    B. 20개의 S&P500 선물 매도 및 20개의 S&P500 풋옵션 매도

    C. 40개의 S&P500 풋옵션 매입

    D. 40개의 S&P500 선물 매입

08. 다음 중 시장이자율이 낮아질수록 대출자에게 유리해지는 옵션은?

    A. 금리스왑션(interest rate swaption)

    B. 금리칼러(interest rate collar)

    C. 금리캡(interest rate cap)

    D. 금리플로어(interest rate floor)

09. 연속배당율(continuous dividend yield) q를 지급하는 주가지수를 기초자산으로 하는 유러피언 콜옵션과 풋옵션 사이의 '풋-콜 패리티(put-call parity)'를 정확히 표현한 식은 다음 중 어느 것인가? (단, c=유러피언 콜옵션 가격, p=유러피언 풋옵션 가격, K=옵션의 행사가격, S=현재 주가지수, 이자는 연속복리(continuous compounding)로 계산함)

    A. $c - Ke^{-qT} = p - Se^{-rT}$

    B. $p + Ke^{-qT} = c + Se^{-rT}$

    C. $c + Ke^{-rT} = p + Se^{-qT}$

    D. $c + p = Ke^{-rT} - Se^{-qT}$

10. 포트폴리오의 베타(β)가 1.00이고 현재 가치는 1,000만 달러이다. S&P100의 현재 지수는 250포인트이다. 포트폴리오 보험전략을 구사하기 위해서 행사가격이 240인 주가지수 풋옵션을 이용할 경우 다음 중 가장 적절한 투자전략은? (단, 포트폴리오의 배당수익률과 지수의 배당수익률이 같다고 가정한다)

    A. 풋옵션 400계약 매입

    B. 풋옵션 400계약 매도

    C. 콜옵션 200계약 매입

    D. 콜옵션 200계약 매도

11. NYSE에서 거래가 가장 활발한 주식 50개를 포트폴리오로 보유하고 있는 한 투자자가 주가하락에 대비하여 S&P500지수옵션을 이용하여 헷지하고자 한다. 2월 15일 현재 S&P500지수가 1,325포인트이고, 포트폴리오의 시가는 3백만 달러이며, 포트폴리오의 베타는 1.54이다. 이 투자자가 보유하고 있는 포트폴리오를 보호하기 위해 가장 적절한 헷지전략은? (단, S&P500지수옵션의 지수승수는 포인트 당 $250이다)

   A. S&P500지수 콜옵션 7계약 매도

   B. S&P500지수 콜옵션 14계약 매입

   C. S&P500지수 풋옵션 14계약 매입

   D. S&P500지수 풋옵션 7계약 매도

12. 한 투기자가 행사가격이 92인 12월 만기 T-bond선물콜옵션을 1-14에 매도하였다. 만기 시에 이익과 손실이 없는 손익분기점(break-even point)의 T-bond선물가격은?

   A. 90−07

   B. 90−18

   C. 93−07

   D. 93−14

13. 행사가격이 94.50이고 만기가 9월인 유로달러 콜선물옵션이 프리미엄 0.24에 거래되고 있다. 기초자산인 9월물 유로달러선물 가격은 94.57이며 계약 당 매매호가단위(tick)는 $25라고 할 때 이 옵션의 시간가치(time value)는?

   A. $850

   B. $425

   C. $285

   D. $652.25

14. T-bill콜옵션은 콜옵션가격이 어떤 상태에 있을 때 행사될 가능성이 가장 큰가?

    A. 내가격(ITM; in-the-money)

    B. 외가격(OTM: out-of-the-money)

    C. 깊은 내가격(deep ITM; deep-in-the-money)

    D. 깊은 외가격(deep OTM: deep-out-of-the-money)

15. 한 회사의 재무담당자(treasurer)로서 당신은 회사의 부채와 투자를 관리해야 한다. 당신의 회사는 2개월 안에 $6,000,000어치의 채권을 발행할 예정인데 중간에 금리가 불리하게(adversely) 변동할 것을 염려하고 있다. 따라서, T-bond선물옵션을 이용하여 헷지하고자 한다(액면가는 $100,000). 이러한 전략은 교차헷지(cross hedge)이기 때문에 당신은 회사채권과 정부증권(즉, 재무성 채권)의 변동성이 다르다는 사실을 고려해야 한다. 통계분석 결과 두 증권 사이에 회귀계수(regression coefficient) 혹은 가중요인(weighting factor)이 0.9569였다면, 다음 중 가장 적절한 헷지전략은?

    A. T-bond선물 풋옵션 57개 매입

    B. T-bond선물 풋옵션 58개 매도

    C. T-bond선물 콜옵션 57개 매입

    D. T-bond선물 콜옵션 58개 매도

16. 어떤 기업이 3개월 후에 LIBOR+0.05%의 금리로 변동금리채권을 발행하고자 하는데, LIBOR가 상승할 조짐이 있다. 다음 중 가장 적당한 헷지전략은 무엇인가?

    A. 유로달러 콜옵션 매입

    B. 유로달러 콜옵션 매도

    C. 유로달러 풋옵션 매입

    D. 유로달러 풋옵션 매도

17. 어떤 미국 수출업자가 상품을 독일에 수출한 대가로 2개월 내에 2,000,000유로를 받을 예정이다. 그는 유로(EUR)화에 대해 헷지하고자 한다. 유로선물의 계약단위가 125,000유로라 하면 헷지를 위해 그가 해야 할 것은?

    A. 유로선물 매입

    B. 유로콜옵션 매입

    C. 유로풋옵션 매도

    D. 유로풋옵션 매입

18. 주식옵션의 가치를 계산하는 모형을 통화옵션의 가치를 계산할 수 있도록 변형한 모형을 무엇이라 하는가?

    A. 블랙−숄즈 옵션가격 결정모형

    B. CRR(Cox−Ross−Rubinstein) 옵션가격 결정모형

    C. 가먼−콜하겐(Garman−Kohlhagen) 옵션가격 결정모형

    D. 머튼(Merton) 옵션가격 결정모형

19. 다음 통화옵션에 관한 설명 중 옳지 않은 것은?

    A. 미국에서 옵션가격은 외국통화를 1단위 매입 혹은 매도하는데 필요한 미국달러로 표시된다.

    B. 한국에는 현재 통화선물은 거래되고 있으나 통화옵션은 상장되어 있지 않다.

    C. 미국에서 일본엔화 옵션가격은 100분의 1센트로 표시된다.

    D. 미국에서 일본엔화를 제외한 다른 통화들은 옵션가격을 1센트단위로 표시한다.

20. 향후 스위스프랑(SF)차관 상환예정 기업에서 SF콜옵션을 매입하면 그 효과는?

    A. SF차관 최고 상환단가 고정효과

    B. SF차관 상환단가 고정효과

    C. SF차관 최저 상환단가 고정효과

    D. SF환차손 고정효과

주관식

01. 한 투자자가 행사가격이 160인 6월물 S&P500선물 풋옵션을 1.15가격에 매입하였는데 이 때 기초선물가격은 152.50포인트였다(선물1포인트＝$250). 옵션만기직전 선물가격이 158.50에 거래되고 있다면 투자자의 이익은? (단, 수수료는 $50임)

02. 다음은 월 스트리트 저널(WSJ)에 게재된 S&P100지수옵션 공시가격의 일부이다.

Exp.	Strike	Vol.	Price
Oct.	635c	4	36
Oct.	635p	2,347	2⅞
Nov.	635p	17	6½
Dec.	635p	65	10¼

만기가 10월이고 행사가격이 635인 콜옵션 1계약을 매입한 투자자가 S&P100지수가 660.35일 때 옵션을 행사하였다면, 투자 수익률은 얼마인가? (단, S&P100지수옵션의 지수승수는 포인트 당 $100임)

03. 2월 25일 현재 S&P100지수가 225포인트이고, 거래소에서 행사가격이 250포인트, 만기가 5월인 S&P100지수 풋옵션이 프리미엄 22.45로 거래되고 있다. 이 지수옵션을 매입하고 난 후 주가지수가 235포인트로 상승하였다면 옵션 매입자의 손익은 얼마인가? (단, S&P100지수옵션의 지수승수는 포인트 당 $100임)

04. 한 투기자가 행사가격이 90인 12월 만기 T-bond선물 풋옵션을 3-08에 5계약을 매입하였다. T-bond 선물가격이 87-16일 때 내재가치로 포지션을 마감하였다. 수수료를 무시할 경우 이익 혹은 손실은 얼마인가?

05. 어떤 투자자가 행사가격이 92이고 만기가 3월인 T-bond선물 콜옵션을 프리미엄 0-42/64에 3개 매입하였다(액면가는 $100,000). 만일 T-bond선물 가격이 96-00/32로 상승하여 옵션을 행사하였다면 그의 이익은?

06. 시카고상품거래소(CBOT)에서 T-bond선물옵션의 매도포지션에 요구하는 최소 증거금요구액(minimum margin requirement)은 다음의 A와 B 중 큰 것으로 결정한다.

> A＝옵션프리미엄＋선물개시증거금－0.5×외가격(OTM)금액
> B＝옵션프리미엄＋0.5×선물개시증거금

만일 어떤 고객이 행사가격이 72이고 만기가 3월인 T-bond선물 콜옵션을 3-40에 발행(write)하였는데, 이 때의 T-bond선물가격이 75-20이고, T-bond 선물의 개시증거금은 $3,000이며 유지증거금은 $2,000이라면, 콜옵션을 발행한 이 고객에게 부과되는 증거금은 얼마인가?

07. 현재는 2월이고 6월 만기 유로달러 선물가격이 93.82이다. 행사가격이 94.00 인 유로달러선물 콜옵션의 가격은 0.20으로 공시되어 있다. 단기 이자율이 100bp(베이시스 포인트) 하락하고 투자자가 유로달러 선물가격이 94.78일 때 옵션을 행사하였다면 투자자의 손익은 얼마인가?

08. 계약단위가 125,000SF(스위스프랑)이고 행사가격이 76￠인 콜옵션 4계약을 옵션당 1.29￠에 매도한 투자자는 옵션 만기 때 기초자산인 SF선물가격이 76 ￠가 되었다면 이익 혹은 손실은 얼마인가?

09. 원유에 대한 유러피언 선물 풋옵션의 만기는 4개월, 현재 원유선물가격은 $20, 행사가격도 $20, 무위험이자율은 연간 9%, 그리고 선물가격의 변동성은 연간 25%이다. 시장에 차익거래기회가 없다고 가정하고 이 선물 풋옵션의 이론적인 가격을 구하라.

10. 만기가 2개월 남은 S&P500지수에 대한 유러피언 콜옵션의 행사가격은 900, 현재 주가지수는 930, 무위험이자율은 연간 8%, 지수의 변동성은 연간 20% 이다. 처음 1개월 동안의 배당수익률은 0.2%, 그 다음 1개월 동안의 배당수 익률은 0.3%로 기대된다. 시장에 차익거래기회가 없다고 가정하고 이 주가지 수 콜옵션의 이론적인 가격을 구하라.

정답해설

객관식

01. C

풋옵션의 내재가치 $= K - S =$ \$86 $-$ \$84.27 $=$ \$1.73
(단, $K =$ 행사가격; $S =$ 기초자산가격)

02. C   **03.** B   **04.** C

05. B

보유하고 있는 자산의 가격하락을 헷지하기 위해서는 풋옵션 매입포지션을 취해야 한다.

06. B

선물옵션은 선물을 기초자산으로 하는 옵션으로서 옵션이 행사되면 선물계약이 생기게 된다. 선물옵션의 매입자는 옵션을 행사할 권리가 있으므로 선물포지션을 취할 권리가 있는 것이며, 발행자는 옵션이 행사될 경우 기초자산, 즉 선물포지션을 취할 의무가 있다.
선물콜옵션 매입자가 옵션을 행사하면 선물매입포지션을 갖게 되고, 선물풋옵션 매입자가 옵션을 행사하면 선물매도포지션을 갖게 된다. 물론 매도자는 반대의 포지션을 갖게 된다.

07. C

S&P500의 계약가치= $280 \times \$250 = \$70,000$

그러므로 계약수=(포트폴리오 가치/지수가치)×베타(β)

$$= (\$2,500,000/\$70,000) \times 1.1 = 39.29$$

따라서, 포트폴리오 가격하락에 따른 손실을 보호(cover)하기 위해 40개의 풋옵션매입 계약을 체결해야 한다.

08. D

한국에서 거래되고 있는 주가지수옵션에는 유럽형만 있으며, 콜옵션과 풋옵션 모두 상장되어 있다. 미국형은 아직 상장되어 있지 않다. 기초자산은 주가지수선물과 마찬가지로 KOSPI200지수이다.

09. C

현물옵션의 풋-콜 패리티: $p + S = c + Ke^{-rT}$

위의 현물옵션의 풋-콜 패리티 공식에 배당률이 q인 주가지수를 고려하여 S대신 Se^{-qT}를 대입하면 다음과 같은 주가지수옵션의 풋-콜 패리티 공식을 도출할 수 있다.

주가지수옵션의 풋-콜 패리티: $p + Se^{-qT} = c + Ke^{-rT}$

10. A

행사가격이 240포인트인 풋옵션을 매입하면, 주가지수가 240포인트 이하로 떨어지면 이익이 발생한다. 따라서, 주가지수하락에 따른 포트폴리오 가치하락으로 발생하는 손실을 일정부분으로 제한할 수 있다. 즉, 지수가 250에서 240으로 하락하면, 포트폴리오의 가치는 960만 달러로 하락한다(왜냐하면, 1,000만 달러×240/250 = 960만 달러).

따라서, 지수가 240 이하로 떨어지는 경우 풋옵션에서의 이익이 포트폴리오의 가치하락을 상쇄하므로 포트폴리오의 가치는 960만 달러 이하로 떨어지지 않는다.

다음에, 풋옵션을 몇 계약 매입해야 하는지 계산해 보자.

매입 계약 수＝포트폴리오의 가치/(주가지수×100)

    ＝ $10,000,000/(250×100)＝400 계약.

11. C

먼저, 헷지를 위해 필요한 계약 수를 계산해 보자.

계약 수＝ N ＝(펀드가치/옵션계약단위)×펀드의 베타

  ＝[$300만/(1,325×$250)]×1.54＝13.94 (즉, 약 14계약)

포트폴리오의 가치하락을 헷지하고자 하므로 주가지수 풋옵션에 '매입포지션'을 취해야 한다.

따라서, 가장 적절한 헷지전략은 S&P500지수 풋옵션 14계약을 매입하는 것이다.

12. C

콜옵션의 손익분기점은 '0＝내재가치－콜프리미엄'일 때 성립하므로,

내재가치＝ $S-K$ ＝프리미엄

⇒ $S=K$ ＋프리미엄

  ＝92＋(1－14)＝93＋14/64＝93＋7/32＝93－07.

13. B

콜옵션의 내재가치＝ $S-K$ ＝94.57－94.50＝0.07(포인트)

콜옵션프리미엄＝0.24포인트

그런데, (옵션프리미엄＝내재가치＋시간가치)이므로,

시간가치＝옵션프리미엄－내재가치＝0.24－0.07＝0.17포인트＝17틱.

1틱(0.01)은 $25이므로 시간가치를 달러로 환산하면, 17×$25＝$425.

14. C

일반적으로 옵션은 '깊은 내가격(deep ITM)'상태에 있을 때 이익이 가장 커지므로 이 때 행사될 확률이 가장 높다.

15. A

회사가 $600만의 회사채를 발행할 예정이므로, 금리상승에 따른 채권가격의 하락을 헷지하여야 한다. 따라서 채권가격이 하락할 때 이익이 되는 풋옵션을 매입하는 것이 적절한 헷지전략이다. T-bond선물옵션을 이용해 헷지하고자 하는데, T-bond의 액면가가 $100,000이므로,

총 계약수=(채권발행예정액/액면가격)×(사채와 T-bond사이의 상관계수(ρ))

=($6,000,000/$100,000)×0.9569=57.414계약

따라서, 발행예정인 회사채($600만)를 적절히 헷지하기 위해서는 57개의 T-bond선물 풋옵션을 매입해야 한다.

16. C

LIBOR가 상승하면 LIBOR금리에 연계하여 발행하고자 하는 채권가격이 하락하게 된다. 따라서, 매도할 채권의 가격하락에 대비한 헷지전략을 사용해야 하며, 콜옵션보다는 풋옵션이 적절하다. 채권가격이 하락할 때 이득이 되는 것은 매입포지션이므로, 결과적으로 '유로달러 풋옵션 매입' 전략이 가장 적절한 헷징방법임을 알 수 있다.

17. D

2개월후 유로(EUR)를 보유하게 되면 유로의 가치하락을 헷지해야 하므로 유로선물을 매도하거나 유로풋옵션을 매입해야 한다.

18. C

가먼-콜하겐(Garman-Kohlhagen) 옵션가격 결정모형은 주식옵션의 가치를 계산하는 모형을 통화옵션의 가치를 계산할 수 있도록 변형한 모형으로써, 자세한 내용은 다음의 논문을 참조하면 된다.

Garman, Mark B. and Steven W. Kohlhagen, "Foreign Currency Option Values", *Journal of International Money and Finance*, 2(December 1983), 231-237.

19. B

한국거래소(KRX)에는 1999년 4월 23일 개장 때부터 미국달러옵션이 거래되고 있다.

20. A

콜옵션을 매입하면 행사가격 이상의 환율은 걱정할 필요가 없다.
즉, 행사가격(즉, 행사환율)이 최대 상환단가가 된다.

주관식

01. 풋옵션의 내재가치$=\max(K-S,\ 0)=\max(160-158.50,\ 0)=1.50$포인트
풋옵션의 이익$=$내재가치$-$풋옵션프리미엄$=1.50-1.15=0.35$포인트(이익)
따라서 이를 달러로 환산하면, 1포인트는 $250이므로 $0.35\times\$250=\$87.50$.
수수료가 있으므로 이를 공제하면, 순이익$=$이익$-$수수료

$$=\$87.5-\$50=\$37.5$$

02. 옵션 1개 당 행사이득$=\max(S-K,\ 0)=\max(660.35-635,\ 0)=25.35$포인트
그런데, S&P100지수옵션 1포인트당 가치는 $100이므로,
총이득$=25.35$포인트$\times\$100/$포인트$=\$2,535$
한편, 만기가 10월이고 행사가격이 635인 콜옵션 가격은 36포인트로 공시되어 있으므로,
주식 매입비용$=$옵션가격$\times100=36\times100=\$3,600$
따라서, 투자수익률$=$이익$/$투자$=(\$2,535-\$3,600)/\$3,600=-0.2958$
　　　　혹은 -29.58%

[참조] 주가지수옵션 시세표 읽는 방법
　＊첫 번째 열의 'Exp.'는 옵션의 만기(Expiration)를 의미한다.
　＊두 번째 열의 'Strike'은 행사가격을, 행사가격 옆의 c는 call옵션을, p는 put 옵션을

각각 나타낸다.

*세 번째 열의 'Vol.'은 거래량을 의미한다.

*마지막 열의 'Price'는 옵션의 프리미엄(가격)을 의미한다.

03. 총이익＝지수변동으로 인한 이득×계약단위

$$=\max(K-S,\ 0)\times\$100/포인트$$

$$=\max(250-235,\ 0)\times\$100/포인트=\$1,500(이익)$$

총비용＝옵션프리미엄×계약단위＝22.45×100＝\$2,245

따라서, 순손익＝총이익－총비용＝\$1,500－\$2,245＝－\$745(순손실)

04. 내재가치＝$K-S=(90-00)-(87-16)=2-16$.

이를 달러로 환산하면, $2-16=(2+16/32)\times\$100,000=\$2,500(이익)$.

비용＝옵션프리미엄＝$3-08=(3+8/64)\%\times\$100,000=\$3,125$

따라서 계약당 손익＝이익－비용＝\$2,500－\$3,125＝－\$625.

총 5계약이므로, 총손익＝－\$625×5＝－\$3,125(손실)

[참조] T-bond선물가격에서 $xx-yy$는 1/32을 단위로 하며, 옵션의 프리미엄은 1/64을 기본단위로 한다.

05. 콜옵션의 이득(payoff)＝$S-K=(96-00)-(92-00)=4-00$

콜옵션의 이익(profit)＝이득－프리미엄

$$=(4-00)-(0-42/64)$$

$$=3-22/64=3+22/64=3.34375포인트$$

T-bond의 액면가격이 \$100,000이므로 3.34375포인트를 \$로 환산하면,

콜옵션의 이익(profit)＝3.34375포인트×\$1000/포인트×3(계약)

$$=\$10,031.25$$

[참조] 1포인트는 액면가의 1%를 의미하므로, 1포인트 = \$100,000×0.01 = \$1,000

06. 선물은 계약을 이행할 의무가 있으므로 모든 포지션(즉, 매입과 매도)에 대해 증거금이 부과된다. 반면, 옵션의 경우는 선물과 달리 옵션매입자(option buyer)는 의무는 없고 행사할 권리만 가지므로 증거금이 필요 없고, 옵션발행자(option writer)는 행사된 옵션을 이행할 의무를 가지므로 증거금이 부과

된다. 따라서, 이 문제는 옵션발행자의 개시증거금을 구하는 문제이다. 문제에서 설명된 대로 증거금을 구해보면 다음과 같다.

A＝옵션프리미엄＋선물개시증거금－0.5×외가격(OTM)금액

  ＝(3－40)＋$3,000－0.5×[(75－20)－(72－00)]

  ＝(3－40)＋$3,000－0.5×(3－20)

  ＝(3－40/64)＋$3,000－0.5×(3－20/32)

  ＝(3.625포인트×$1,000/포인트)＋$3,000－0.5×(3.625포인트

    ×$1,000/포인트)

  ＝$3,625＋$3,000－$1,812.50＝$4,812.50

B＝옵션프리미엄＋0.5×선물개시증거금

  ＝(3－40)＋0.5×$3,000

  ＝(3－40/64)＋0.5×$3,000

  ＝(3.625포인트×$1,000/포인트)＋$1,500

  ＝$3,625＋$1,500＝$5,125

옵션의 개시증거금은 위의 A와 B 중에서 큰 값으로 하므로, 정답은 $5,125이다.

[참조] T-bond선물가격과 T-bond옵션가격의 공시 방법이 다름에 유의해야 한다.
  ⅰ) T-bond선물가격: 소숫점 이하의 숫자는 1/32을 의미
    보기 98-07 = 98＋07/32 = 98＋0.2188 = 98.2188포인트
  ⅱ) T-bond옵션가격: 소숫점 이하의 숫자는 1/64을 의미
    보기 98-07 = 98＋07/64 = 98＋0.1094 = 98.1094포인트
  (단, 두 경우 모두 1포인트의 $가치 = $액면가격×1% = $액면가격×0.01임)

07. 콜옵션 행사 시 이득＝$\max(S-K,\ 0)$＝$\max(94.78-94.00,\ 0)$＝0.78 혹은 78bp.

유로달러선물옵션에서 1bp(basis point)는 $25의 가치를 가지므로,

이득＝78bp×$25/bp＝$1,950

그런데, 옵션매입 비용＝20bp×$25/bp＝$500

따라서, 손익＝옵션행사 이득－옵션매입 비용＝$1,950－$500＝＋$1,450(이익)

08. 행사가격과 기초자산가격이 동일하기 때문에 등가격(at－the－money)상태에 있고, 따라서 옵션매입자는 프리미엄만큼 손실을, 매도자는 이익을 보게 된

다. 즉, 매도자는

1.29 ¢/SF×125,000SF×4계약=645,000 ¢ =$6,450(이익)

09. 주어진 자료를 정리하면,

$F = 20$, $K = 20$, $r = 0.09$, $T = 4/12$, $\sigma = 0.25$,

$\ln(F/K) = \ln(20/20) = 0$.

따라서, $d_1 = \dfrac{\sigma\sqrt{T}}{2} = 0.07216$,

$\qquad d_2 = \dfrac{-\sigma\sqrt{T}}{2} = -0.07216$

$\rightarrow N(-d_1) = 0.4712$, $N(-d_2) = 0.5288$

$\rightarrow p = e^{-rT}[KN(-d_2) - FN(-d_1)] = e^{-0.09\left(\frac{4}{12}\right)}[20(0.5288) - 20(0.4712)]$

$\qquad\qquad = \$1.12$

10. 우선 연간 배당수익률을 계산해 보자.

2개월간 총 배당수익률=0.2%+0.3%=0.5%.

따라서 연간 배당수익률=0.5%×6=3.0%=0.03=q.

또한 주어진 자료들은 $S = 930$, $K = 900$, $r = 0.08$, $T = 2/12$, $\sigma = 0.2$.

주가지수 콜옵션 가격결정모형으로부터,

$$d_1 = \frac{\ln\left(\dfrac{S}{K}\right) + \left(r - q + \dfrac{\sigma^2}{2}\right)T}{\sigma\sqrt{T}} = \frac{\ln\left(\dfrac{930}{900}\right) + \left(0.08 - 0.03 + \dfrac{0.2^2}{2}\right)\left(\dfrac{2}{12}\right)}{0.2\sqrt{\dfrac{2}{12}}}$$

$$= 0.5444$$

$$d_2 = d_1 - \sigma\sqrt{T} = 0.5444 - 0.2\sqrt{\frac{2}{12}} = 0.4628$$

$\rightarrow N(d_1) = 0.7069$, $N(d_2) = 0.6782$

$\rightarrow c = Se^{-qT}N(d_1) - Ke^{-rT}N(d_2)$

$$= 930e^{-0.03\left(\frac{2}{12}\right)}(0.7069) - 900e^{-0.08\left(\frac{2}{12}\right)}(0.6782) = \$51.83$$

Chapter 06

옵션을 이용한 거래전략

연습문제

객관식

(※ 아래 문제를 푸는 과정에서 수수료와 돈의 시간적 가치 등은 만기가 짧은 경우 무시하기로 가정한다)

01. 만일 한 투자자가 행사가격 410인 7월 만기 금선물 콜옵션을 매입하고 행사가격이 440인 다른 7월 만기 금선물 콜옵션을 매도하였다면 이 전략은?

  A. 캘린더스프레드(Calendar spread)

  B. 박스스프레드(Box spread)

  C. 비율스프레드(Ratio spread)

  D. 강세스프레드(Bull spread)

02. 다음 중 합성콜(synthetic call) 포지션을 올바로 설명한 것은?

A. 선물 매도, 풋옵션 매입

B. 선물 매입, 콜옵션 매도

C. 선물 매도, 콜옵션 매입

D. 선물 매입, 풋옵션 매입

03. 한 거래자가 옥수수옵션 스프레드를 이용해 이익을 볼 수 있는 기회가 있다고 생각하고 있다. 시장이 약세로 역조(inverted)되고 있어 약세 풋스프레드(bear put spread)가 적절한 전략이라고 생각하고 있다면 다음 중 적절한 매매전략은?

A. 행사가격 230인 5월 옥수수풋옵션 매입 및 행사가격 230인 9월 옥수수풋옵션 매도

B. 행사가격 230인 9월 옥수수풋옵션 매입 및 행사가격 230인 5월 옥수수풋옵션 매도

C. 행사가격 240인 9월 옥수수풋옵션 매입 및 행사가격 220인 9월 옥수수풋옵션 매도

D. 행사가격 230인 9월 옥수수풋옵션 매입 및 행사가격 240인 9월 옥수수풋옵션 매도

04. '콤비네이션(combination)' 매입포지션이 의미하는 것은?

A. 행사가격이 서로 다른 콜옵션과 풋옵션을 동시에 매입함

B. 행사가격이 서로 다른 콜옵션을 매도하고 동시에 풋옵션을 매입함

C. 행사가격이 같은 콜옵션을 매입하고 동시에 콜옵션을 매도함

D. 행사가격이 서로 다른 콜옵션을 매도하고 동시에 풋옵션을 매도함

05. 선물을 매입하고 동시에 선물풋옵션을 매입하는 것을 무엇이라 하는가?

    A. 콤비네이션(combination)

    B. 보호(covering)

    C. 합성풋(synthetic put)

    D. 합성콜(synthetic call)

06. 옵션 스트래들(straddle)의 보기로 적당한 것은?

    A. 행사가격 450인 12월 금콜옵션 매도/행사가격 470인 12월 금콜옵션 매입

    B. 행사가격 450인 12월 금콜옵션 매도/행사가격 450인 12월 금풋옵션 매도

    C. 행사가격 450인 12월 금풋옵션 매입/행사가격 470인 12월 금풋옵션 매입

    D. 행사가격 470인 12월 금풋옵션 매도/행사가격 450인 12월 금풋옵션 매입

07. 다음 중 현금유입 스프레드(credit spread)가 아닌 것은?

    A. 행사가격 35인 11월 풋옵션 매도/행사가격 30인 11월 풋옵션 매입

    B. 행사가격 40인 4월 콜옵션 매입/행사가격 30인 4월 콜옵션 매도

    C. 행사가격 50인 7월 콜옵션 매입/행사가격 60인 7월 콜옵션 매도

    D. 행사가격 50인 1월 풋옵션 매입/행사가격 60인 1월 풋옵션 매도

08. 한 투자자가 행사가격 8.5¢인 3월 설탕콜옵션을 프리미엄 0.50¢에 2개 매입하고, 동시에 행사가격 8.5¢인 3월 설탕풋옵션을 프리미엄 0.95¢에 2개 매입하였다면 이 옵션전략은?

    A. 스프레드(spread)

    B. 스트래들(straddle) 매입

    C. 스트립(strip)

    D. 스트래들(straddle) 매도

09. 다음 중 합성풋(synthetic put)을 잘 설명하고 있는 것은?

    A. 선물매입, 콜옵션매도

    B. 선물매도, 콜옵션매입

    C. 선물매입, 풋옵션매입

    D. 선물매도, 풋옵션매도

10. 당신의 고객이 행사가격 420인 4월 금콜옵션을 2개 매입하고, 동시에 행사가격 440인 4월 금콜옵션을 2개 매도하였다면 이 전략은?

    A. 스트래들(straddle)

    B. 수평스프레드(horizontal spread)

    C. 수직스프레드(vertical spread)

    D. 대각스프레드(diagonal spread)

11. 스트랭글(strangle)을 판매하기 위해 당신의 고객에게 권유해야 할 매매전략은?

    A. 외가격 콜옵션 매입과 외가격 풋옵션 매도

    B. 외가격 콜옵션 매도와 외가격 풋옵션 매입

    C. 외가격 콜옵션 매입과 외가격 풋옵션 매입

    D. 외가격 콜옵션 매도와 외가격 풋옵션 매도

12. 다음 중 스트랭글(strangle)을 잘 설명하고 있는 것은?

A. 행사가격이 425인 1월 금콜옵션을 12에 매입, 행사가격이 415인 1월 금풋옵션을 9에 매입

B. 행사가격이 425인 1월 금콜옵션을 12에 매도, 행사가격이 425인 1월 금풋옵션을 9에 매도

C. 행사가격이 425인 1월 금콜옵션을 12에 매입, 행사가격이 425인 1월 금풋옵션을 9에 매입

D. 행사가격이 415인 1월 금콜옵션을 12에 매입, 행사가격이 475인 1월 금콜옵션을 12에 매입

13. 한 투자자가 10월물 옥수수선물을 265에 매도하고 동시에 10월만기 행사가격이 265인 옥수수선물 콜옵션을 프리미엄 18에 매입하였다. 이러한 투자전략은 합성포지션(synthetic position)인데, 다음의 어느 옵션전략과 동등한 의미를 갖는가?

A. 행사가격 265인 10월 만기 옥수수선물 콜옵션을 프리미엄 18에 매입

B. 행사가격 265인 10월 만기 옥수수선물 콜옵션을 프리미엄 18에 매도

C. 행사가격 265인 10월 만기 옥수수선물 풋옵션을 프리미엄 18에 매입

D. 행사가격 265인 10월 만기 옥수수선물 풋옵션을 프리미엄 18에 매도

14. 어떤 고객이 뉴욕 상품거래소(COMEX)에서 행사가격이 310인 6월 만기 금선물 풋옵션을 매입하고 행사가격이 300인 6월 만기 금선물 풋옵션을 2개를 매도하였다. 동시에 행사가격이 290인 6월 만기 금선물 풋옵션을 매입하였다. 이 때 6월물 금선물가격은 온스(oz.)당 $310이었다. 이러한 투자전략을 무엇이라 하는가?

    A. 강세약세 스프레드(bull bear spread)
    B. 콜풋 스프레드(call put spread)
    C. 강세 풋 스프레드(bull put spread)
    D. 나비형 풋 스프레드(butterfly put spread)

15. 한 투자자가 행사가격이 7.5∅인 3월 만기 설탕콜옵션을 프리미엄 0.40∅에 2개를 매입하고, 동시에 행사가격이 7.5∅인 3월 만기 설탕풋옵션을 프리미엄 0.90∅ 2개를 매입하였다. 이러한 옵션투자전략을 무엇이라 하는가?

    A. 스프레드(spread)
    B. 스트래들 매입(long straddle)
    C. 콤비네이션(combination)
    D. 스트래들 매도(short straddle)

16. 옵션의 기초자산 가격이 크게 변동할 가능성이 작으면서, 횡보할 것으로 예상되는 경우 가장 적절한 전략은 무엇인가?

    A. 스트래들 매도
    B. 스트래들 매입
    C. 스프레드 매도
    D. 스프레드 매입

17. 옵션스프레드전략에 관한 다음 설명 중 옳지 않은 것은?

   A. 수직강세 스프레드는 풋옵션의 행사가격이 높은 것을 매도하고, 행사가격이 낮은 것을 매입하는 전략이다.

   B. 수직 스프레드는 만기일이 같으면서 행사가격이 다른 옵션을 하나는 매입하고 동시에 다른 하나는 매도하는 전략이다.

   C. 수평 스프레드는 만기일이 멀면서 행사가격이 높은 옵션을 매입하고 만기일이 가까우면서 행사가격이 낮은 옵션을 매도하는 전략이다.

   D. 수직약세 스프레드는 행사가격이 높은 것을 매입하고, 행사가격이 낮은 것을 매도하는 전략이다.

18. 선물에 매입포지션을 취하고, 선물콜옵션을 매도함과 동시에 선물풋옵션을 매입하는 전략을 무엇이라 하는가?

   A. 전환(conversion)

   B. 반전(reversal)

   C. 나비형스프레드(butterfly spread)

   D. 콘돌(condor)

19. 주가지수가 향후 크게 변동할 것으로 예상되며, 특히 주가지수가 상승할 확률이 하락할 확률보다 크다고 판단될 때 적합한 주가지수옵션의 투자전략은?

   A. 주가지수 콜옵션과 풋옵션을 2:1의 비율로 동시에 매입

   B. 주가지수 콜옵션과 풋옵션을 1:2의 비율로 동시에 매입

   C. 주가지수 콜옵션과 콜옵션을 1:1의 비율로 동시에 매입

   D. 주가지수 풋옵션과 풋옵션을 2:1의 비율로 동시에 매입

20. 다음 중 콜옵션과 풋옵션을 동시에 매입하거나 매도하여 구성하는 거래전략은?

    A. calendar spread

    B. bull spread

    C. ratio spread

    D. strip

21. 매입 또는 매도하는 옵션의 비율을 달리하되 매입하는 옵션수 보다 매도하는 옵션수가 더 많은 스프레드를 무엇이라 하는가?

    A. reverse ratio spread

    B. ratio spread

    C. box spread

    D. back spread

22. 행사가격이 5만원인 콜옵션 1개를 2천원에 매도하고, 만기는 같으나 행사가격이 4만 5천원인 풋옵션 1개를 3천원에 매도한 투자자가 있다. 만기에 기초자산 가격이 5만 4천원이 되었다면 이 투자자의 손익은 얼마인가?

    A. 4,000원 이익

    B. 4,000원 손실

    C. 1,000원 이익

    D. 1,000원 손실

23. 행사가격이 45,000원인 콜옵션 1개를 7,000원에 매입하고, 만기는 같으나 행사가격이 55,000원인 콜옵션 1개를 2,000원에 매도한 투자자가 만기 시 얻을 수 있는 이익의 최대값은 얼마인가?

   A. 2,000원
   B. 3,000원
   C. 4,000원
   D. 5,000원

24. 다음 중 기초자산가격의 변동성이 커질 것으로 예상되는 경우 가장 적합하지 않은 거래전략은?

   A. 매입 스트랭글
   B. 매입 스트립
   C. 매입 스트래들
   D. 매입 나비형스프레드

25. 다음 중 같은 수의 거래전략을 구성하기 위해 가장 많은 옵션이 필요한 것은?

   A. 캘린더스프레드
   B. 박스스프레드
   C. 스트래들
   D. 스트립

26. 다음 중 손실의 제한이 없는 거래전략은?

   A. 약세 스프레드
   B. 스트래들 매도
   C. 풋옵션 매입
   D. 나비형스프레드 매입

27. 다음 거래전략 중 기초자산변동성이 커질 것이라 예상되는 경우 적합하지 않은 것은?

    A. 스트랭글 매입

    B. 스트립 매입

    C. 나비형스프레드 매입

    D. 스트래들 매입

주관식

01. 만기가 3개월이고 행사가격이 15,000원인 콜옵션 1개를 4,000원에 매입하고, 같은 만기에 행사가격이 17,500원인 콜옵션 2개를 1개당 2,000원에 매도하며, 같은 만기에 행사가격이 20,000원인 콜옵션 1개를 500원에 매입하였다. 만기에 기초자산가격이 18,000원이 되었다면 이 옵션투자자의 손익은 얼마인가?

02. 어떤 투자자가 만기가 3월이고 행사가격이 7.5¢인 설탕콜옵션을 프리미엄 0.40¢에 2개를 매입하고 동시에 만기와 행사가격이 같은 설탕풋옵션을 프리미엄 0.90¢에 2개를 매입하였다. 이 옵션 투자자가 이익을 얻게 되는 기초자산 가격의 범위를 구하라.

03. 당신의 고객이 은(silver) 강세풋스프레드(bull put spread)전략을 구사하고자
한다. 행사가격이 615인 9월 은선물풋옵션의 프리미엄이 59.5¢/온스(oz)이
고, 행사가격이 645인 9월 은선물콜옵션의 프리미엄이 80¢/온스(oz)라면 이
러한 옵션을 이용한 강세풋스프레드 전략으로부터 가능한 최대 손실은? (단,
1계약=5,000온스(oz)임)

04. 한 투자자가 행사가격이 파운드당 6.75¢인 5월만기 설탕상품콜옵션을 12.45
¢에 매입하는 동시에 행사가격이 파운드당 11.25¢인 5월만기 설탕상품콜
옵션을 9.85¢에 매도하였다면 투자자가 얻을 수 있는 파운드당 최대 이익
은?

05. 행사가격이 9,000원이고 만기가 3개월인 유러피언 콜옵션과 풋옵션이 있고,
기초자산과 만기가 동일하지만 행사가격이 10,000원인 또 다른 유러피언 콜
옵션과 풋옵션이 있다고 하자. 현재 시장에서 무위험이자율이 연속복리로 연
간 12%라 할 때, 차익거래기회가 발생하지 않기 위한 초기 현금유출입(즉,
옵션매입 및 매도비용)은 얼마이어야 하는지 현금유입 박스(credit box)와
현금유출 박스(debit box)로 나누어 구하라.

정답해설

객관식

01. D

만기가 같고 행사가격이 낮은 콜옵션을 매입하고 행사가격이 높은 콜옵션을 매도하였으므로 강세콜스프레드(bull call spread)전략이다.

02. D

$F + P = C$이므로 콜옵션을 합성하기 위해 선물과 풋옵션의 매입이 필요하다.

03. C

약세스프레드(bear spread)는 인도월이 같은 두 가지 동일한 옵션 중 행사가격이 높은 옵션을 매입하고 낮은 옵션을 매도하는 전략이다.

04. A   **05.** D

06. B

스트래들(straddle) 매입 혹은 매도는 행사가격과 만기가 같은 콜옵션과 풋옵션을 동시에 매입하거나 매도하는 전략을 말한다.

07. C

현금유입 스프레드(credit spread)란 가격이 높은 옵션을 발행하고 가격이 낮은 옵션을 매입하므로 초기에 현금유입(credit)이 되는 전략이다. 반면에, 현금유출 스프레드(debit spread)란 가격이 낮은 옵션을 발행하고 가격이 높은 옵션을 매입하므로 초기에 현금유출(debit)이 되는 전략이다.

08. B

09. B

$P+F=C$로부터, $P=C-F$, 즉, 합성풋은 콜옵션 매입, 선물매도임을 알 수 있다.

10. C   **11.** D

12. A

스트랭글(strangle)이란 만기는 같고 행사가격이 서로 다른 외가격(OTM) 콜옵션과 풋옵션을 둘 다 매입하거나(스트랭글 매입), 둘 다 매도하는(스트랭글 매도)전략이다.

13. C

합성포지션(synthetic position)을 구성하는 원리는 다음과 같다. 즉,
$+F+P=+C$
(+: 매입, −: 매도, F: 선물, P: 풋옵션, C: 콜옵션을 각각 의미)
이 식을 적절히 변형시키면 다양한 합성포지션을 만들 수 있다.
예컨대, 위 식의 양변에 (−)를 곱하면,
$-F-P=-C$ 즉, 선물과 풋옵션을 동시에 매도하면 콜옵션 매도포지션을 만들 수 있다.
마찬가지로, 다음과 같은 다양한 합성포지션을 만들 수 있다.

$$+ F - C = - P,$$
$$- F + C = + P,$$
$$+ C - P = + F,$$
$$- C + P = - F$$

주어진 문제의 경우, 선물을 매도(즉, $-F$)함과 동시에 콜옵션을 매입(즉, $+C$)하였으므로, $-F+C=+P$, 즉, 풋옵션을 매입한 것과 같다.

14. D

행사가격이 서로 다른 3개의 풋옵션을 이용하였으므로 나비형 풋 스프레드 (butterfly put spread) 전략이다.

15. B

행사가격과 만기가 동일한 콜옵션과 풋옵션을 이용하므로 스트래들(straddle) 전략이고, 둘 다 매입하였으므로 스트래들 매입포지션(long straddle)이다.

16. A

스프레드는 시장이 강세가 되거나 약세가 될 것을 예상하는 투자전략으로서 가격변동이 예상대로 클 경우에 이익이 커진다. 스트래들 매입도 기초자산 가격의 변동이 양방향으로 커질수록, 이익이 극대화 된다.

17. C

만기일이 멀면서 행사가격이 높은 옵션을 매입하고 만기일이 가까우면서 행사가격이 낮은 옵션을 매도하는 전략은 대각 스프레드(diagonal spread)라 한다.

18. A

전환(conversion)이란 차익거래(arbitrage)전략의 하나로써 선물가격을 고정시키고, 지급한 프리미엄 보다 더 많은 프리미엄을 획득하기 위해 사용되는 전략이다.

19. A

기초자산의 가격이 크게 변동할 것으로 예상되는 경우에는 콜옵션과 풋옵션을 동시에 매입함으로써 상승하면 콜옵션이, 하락하면 풋옵션이 헷지역할을 하도록 만드는 것이 좋은 전략이다. 그런데 특히 상승확률이 하락확률보다 높을 것이라 예상되면 콜옵션을 풋옵션보다 더 많이 매입함으로써 가격상승 시 이익을 극대화하는 것이 바람직한데 이러한 전략을 '매입 스트랩'이라 한다.

20. D   **21.** B

22. C

이 포지션은 매도 스트랭글로서 다음과 같이 구할 수 있다. $S_T = 54,000$원.

옵션포지션	초기 비용	만기 시 수익	만기 시 손익
$-C(K_1 = 50,000)$	$-2,000$원	$K_1 - S_T = -4,000$원	$-2,000$원
$-P(K_2 = 45,000)$	$-3,000$원	0원(미행사)	$+3,000$원
합계	$-5,000$원	$-4,000$원	$+1,000$원

단, 만기 시 손익(profit) = 만기 시 수익(payoff) − 비용(costs)

23. D

이 투자자의 포지션은 강세 콜스프레드이다.

그런데 강세스프레드의 최대이익은 기초자산 가격이 매도한 콜옵션의 행사가격 이상일 때 발생하며, 이 경우 최대이익은 상수로서,

$$(K_2 - K_1) + (C_2 - C_1) = (55,000 - 45,000) + (2,000 - 7,000)$$
$$= 10,000 - 5,000 = 5,000 \text{원}.$$

24. D

매입 나비형스프레드의 경우 기초자산이 크게 상승하거나 하락하면(즉, 변동성이 크면) 손실이 발생하고, 변동성이 작으면 이익이 발생한다.

25. B

박스 스프레드는 4개의 옵션이 필요하고, 나머지는 2개의 옵션이 필요하다.

26. B

27. C

나비형스프레드 매입의 경우 기초자산의 변동성이 커지면 손실이 발생하고, 변동성이 작은 경우 이익이 발생한다.

주관식

01. 이 포지션은 매입 나비형스프레드로서 다음과 같이 구할 수 있다.

$S_T = 18,000$원.

옵션포지션	초기 비용	만기 시 수익	만기 시 손익
$+C_1(K_1=15,000)$	+4,000원	$S_T - K_1 = +3,000$원	−1,000원
$-2C_2(K_2=17,500)$	$-2 \times 2,000$원	$2 \times (K_2 - S_T) = -1,000$원	+3,000원
$+C_3(K_3=20,000)$	+500원	0원(옵션 미행사)	−500원
합계	+500원	+2,000원	+1,500원

단, 만기 시 손익(profit)=만기 시 수익(payoff)−비용(costs)

02. 동일한 기초자산에 동일한 만기와 행사가격을 갖는 콜옵션과 풋옵션을 매입하였으므로 스트래들 매입(long straddle)전략이다. 스트래들 매입전략에서는 가격의 변화폭이 클 때(즉, 기초자산가격이 행사가격 보다 아주 크거나 아주 작을 때) 이익이며, 행사가격과 기초자산가격이 같을 때 손실이 극대화된다. 즉, 이익을 얻기 위해서는 다음과 같은 두 가지 조건이 충족되어야 한다.

(1) 기초자산가격(S)이 많이 상승하는 upside의 경우

이 경우에는 풋옵션의 이득은 0이 되고, 콜옵션의 이득만 남으므로, 스트래들의 이득(payoff)$=S-K$. 따라서,

→ 이익(profit)은 ($S-K-$옵션가격의 합)>0일 때 발생하므로,

→ 이익(profit)$=S-7.5\,\cent-(0.40\,\cent+0.90\,\cent)>0$

→ $S>8.80\,\cent$

(2) 기초자산가격(S)이 많이 하락하는 downside의 경우

이 경우에는 콜옵션의 이득은 0이 되고, 풋옵션의 이득만 남으므로, 스트래들의 이득(payoff)$=K-S$. 따라서,

→ 이익(profit)은 ($K-S-$옵션가격의 합)>0일 때 발생하므로,

→ 이익(profit)$=7.5\,\cent-S-(0.40\,\cent+0.90\,\cent)>0$

→ $S<6.20\,\cent$

위의 (1)과 (2)로부터, $S>8.80\,\cent$ 혹은 $S<6.20\,\cent$일 때 투자자는 이익을 얻게 된다.

03. 최대손실$=(K_H-K_L)-(P_H-P_L)=(645-615)-(80-59.5)=9.5\,\cent$

1온스(oz)당 $9.5\,\cent$ 손실이므로, 총손실$=9.5\,\cent\times5,000$온스$=47,500\,\cent=\$475$.

04. 두 개의 콜옵션을 이용하므로 스프레드전략이고, 행사가격이 낮은 콜을 매입하고 행사가격이 높은 콜을 매도했으므로 강세 콜스프레드(bull call spread) 전략이다. 강세스프레드의 경우,

최대이익$=(K_H-K_L)-(C_H-C_L)$이고, 최대손실$=(C_H-C_L)$이다.

따라서, 최대이익$=(K_H-K_L)-(C_H-C_L)$

$=(11.25-6.75)-(12.45-9.75)=1.90\,\cent$

단, $K_H=$높은 행사가격, $K_L=$낮은 행사가격;

$C_H=$높은 콜옵션가격, $C_L=$낮은 콜옵션가격

05. 우선, 다음과 같이 합성매입포지션과 합성매도포지션을 구성하자.

박스 스프레드=강세 콜스프레드+약세 풋스프레드

$$= [+ C_1(K_1) - C_2(K_2)] + [P_1(K_2) - P_2(K_1)]$$
$$= [+ C_1(K_1) - P_2(K_1)] + [P_1(K_2) - C_2(K_2)]$$
$$= 합성매입(K_1) + 합성매도(K_2)$$

(1) 현금유입 박스(credit box): $K_1 > K_2$

주어진 문제에서 K_1=10,000원, K_2=9,000원이다.

이 경우 만기시점에 기초자산 가격에 상관없이 항상

$(K_2 - K_1) = -1,000$원만큼의 손실을 보게 된다.

그리고, 초기에는 현금유입 박스이므로 순현금유입이 발생한다. 따라서, 다음과 같은 경우 차익거래기회가 발생하지 않는다.

초기현금유입의 만기 시 가치=만기 시 손실의 가치

⇒ (초기현금유입)$e^{0.12(3/12)}$=1,000원

⇒ 초기현금유입=970.40원

(2) 현금유출 박스(debit box): $K_1 < K_2$

주어진 문제에서 K_1=9,000원, K_2=10,000원이다.

이 경우 만기시점에 기초자산 가격에 상관없이 항상

$(K_2 - K_1) = +1,000$원만큼의 이익을 보게 된다.

그리고, 초기에는 현금유출 박스이므로 순현금유출이 발생한다. 따라서, 다음과 같은 경우 차익거래기회가 발생하지 않는다.

초기현금유출의 만기 시 가치=만기 시 이익의 가치

⇒ (초기현금유출)$e^{0.12(3/12)}$=1,000원

⇒ 초기현금유출=970.40원.

Chapter 07

옵션가격의 민감도: 그릭(Greek) 문자

연습문제

객관식

01. "델타(delta)"의 정의로 적절한 것은?

　A. 기초자산가격변화에 대한 옵션가격의 변화율

　B. 주식포트폴리오와 시장간의 상대적 변동성의 척도

　C. 주식 혹은 포트폴리오와 시장간의 헷지비율

　D. 과거 가격변화의 통계적 측정치

02. 다음 옵션거래 포지션에 대한 설명 중 틀린 것은?

A. 델타(delta)란 기초자산의 가격변화에 대한 옵션의 가격변화를 의미한다.

B. 감마(gamma)란 기초자산의 가격변화에 대한 델타(delta)의 변화를 의미한다.

C. 베가(vega)란 기초자산의 변동성변화에 대한 옵션의 가격변화를 의미한다.

D. 쎄타(theta)란 이자율변화에 대한 옵션의 가격변화를 의미한다.

03. 서강 주식콜옵션 100계약을 매입한 투자자가 있다. 이 옵션의 델타값은 0.5이고, 옵션가격은 개당 2,000원이며, 현재 서강 주가는 100,000원이다. 이 투자자가 델타중립적 포지션을 만들기 위해 취해야 할 전략은? (단, 옵션 1계약은 주식10주에 해당)

A. 서강 주식 500주 매입

B. 서강 주식 500주 매도

C. 서강 주식 300주 매입

D. 서강 주식 300주 매도

04. 옵션 민감도에 관한 다음 설명 중 옳지 않은 것은?

A. 풋옵션의 델타는 양(+)의 값을 가질 수 없다.

B. 콜옵션과 풋옵션의 베가는 동일하다.

C. 유러피언 콜옵션의 델타는 외가격에서 가장 작다.

D. 유러피언 콜옵션의 쎄타는 내가격에서 가장 크다.

05. 다음 중 포트폴리오보험 전략으로 적절하지 못한 것은?

    A. 주식포트폴리오보유＋주가지수선물매입

    B. 주식포트폴리오보유＋주가지수풋옵션매입

    C. 주식포트폴리오와 무위험자산의 적절한 배분

    D. 무위험자산보유＋주가지수콜옵션매입

06. 다음 옵션 중 델타(delta)가 가장 큰 것은?

    A. 외가격 옵션

    B. 내가격 옵션

    C. 등가격 옵션

    D. 만기 근처(near－expiration) 옵션

07. 동일한 기초자산, 만기, 행사가격을 갖는 유러피언 콜옵션과 풋옵션이 있다. 콜옵션의 델타값은 0.75이다. 이때 다음 포지션가운데 델타중립이 아닌 것은? (단, 옵션1개＝주식1개로 가정, S＝기초자산, C＝콜옵션, P＝풋옵션, (＋)＝매입, (－)＝매도)

    A. $+100C-75S$

    B. $+100S-100C+100P$

    C. $+100P-25S$

    D. $+100S+400P$

08. 연속배당수익률 q를 지급하는 주식을 기초자산으로 하는 유러피언 콜옵션의 델타는?

    A. $e^{qT}N(d_2)$

    B. $e^{-qT}N(d_1)$

    C. $e^{-qT} + N(d_2)$

    D. $N(d_2) - e^{qT}$

09. 만일 당신의 고객이 델타(delta)가 0.3인 선물콜옵션 60개를 매도하였다면 기초자산인 선물 몇 개를 거래해야 델타중립(delta-neutral)을 이룰 수 있는 가?

    A. 선물계약 6개 매입

    B. 선물계약 6개 매도

    C. 선물계약 18개 매입

    D. 선물계약 18개 매도

10. 포트폴리오 보험과 관련된 다음 내용 중 옳지 않은 것은?

    A. 손실은 일정수준으로 제한하고 이익의 가능성은 그대로 남겨두는 손익구조를 갖는다.

    B. 동적헷지전략과 정적헷지전략이 있다.

    C. 옵션의 유동성문제로 인하여 옵션 대신 선물을 주로 이용한다.

    D. 주가의 변동성을 증가시킬 수 있다.

11. 옵션가격의 민감도 중에서 리스크요인으로 보기 어려운 것은?

A. 델타

B. 감마

C. 쎄타

D. 베가

12. 옵션의 민감도를 정리한 다음 표에서 공란 (가)와 (나)에 들어갈 부호로 적절한 것은? (단, 옵션은 유러피언형이고 배당은 없다고 가정함)

	콜옵션	풋옵션
델타	(+)	(가)
감마	(나)	(+)
쎄타	(+)	(+)
베가	(+)	(+)

A. (가)=(−), (나)=(−)

B. (가)=(+), (나)=(+)

C. (가)=(+), (나)=(−)

D. (가)=(−), (나)=(+)

13. 옵션의 민감도에 관한 다음 설명 중 옳지 않은 것은?

A. 만기가 가까운 등가격옵션일수록 쎄타의 절대값이 커진다.

B. 감마는 콜옵션, 풋옵션 모두 양(+)의 값을 가진다.

C. 베가값은 등가격부근에서 작고, 외가격과 내가격으로 갈수록 커진다.

D. 콜옵션과 풋옵션의 델타는 1보다 클 수 없다.

01. 기초자산을 10,000개 보유하고 있는 투자자가 있다. 현재 어떤 콜옵션의 델타가 0.7225라 할 때, 다음과 같이 델타중립헷지를 하고자 할 때 어떻게 포트폴리오를 구성해야 하는지 설명하라. (단, S=기초자산, C=콜옵션, P=풋옵션, (+)=매입, (−)=매도를 각각 표시함)

(1) 포트폴리오(Q)=+S−M×C=+1개 기초자산−M개 콜옵션

(2) 포트폴리오(Q)=+S+N×P=+1개 기초자산+N개 풋옵션

(3) 포트폴리오(Q)=+S−C+P=+1개 기초자산−1개 콜옵션+1개 풋옵션

02. 콜옵션 10,000개를 매도한 투자자가 있다. 현재 이 콜옵션의 델타가 0.7225이고, M개의 기초자산을 매입하여 델타중립헷지를 하고자 할 때 M을 구하라.

03. 콜옵션 10,000개를 매입한 투자자가 있다. 현재 이 콜옵션의 델타가 0.7225이고, N개의 기초자산을 공매하여 델타중립헷지를 하고자 할 때 N을 구하라.

04. 풋옵션 10,000개를 매도한 투자자가 있다. 현재 이 풋옵션의 델타가 −0.2775이고, K의 기초자산을 공매하여 델타중립헷지를 하고자 할 때 K을 구하라.

05. 풋옵션 10,000개를 매입한 투자자가 있다. 현재 이 풋옵션의 델타가 −0.2775이고, L개의 기초자산을 매입하여 델타중립헷지를 하고자 할 때 L을 구하라.

06. 무배당 유러피언 풋-콜패리티를 이용하여 콜옵션과 풋옵션의 감마가 동일함을 증명하라.

07. 무위험이자율은 연간 10%, 주가의 변동성은 연간 25%일 때 무배당주식에 대한 6개월 만기 등가격(ITM) 유러피언 콜옵션의 델타를 계산하라.

※ 다음 자료를 이용하여 (문제 08~10)의 질문에 답하라.

> 무배당주식의 현재 주가는 $49, 행사가격은 $50, 무위험이자율은 연간 5%, 주가 변동성은 연간 20%, 만기는 20주(=20주/52주=0.3846년)이다.

08. 이 주식을 기초자산으로 하는 풋옵션의 감마(Γ)를 계산하라.

09. 이 주식을 기초자산으로 하는 풋옵션의 베가(V)를 계산하라.

10. 이 주식을 기초자산으로 하는 풋옵션의 로(ρ)를 계산하라.

11. 대한은행은 다음과 같이 민국전자 주식을 기초자산으로 하는 옵션으로 포트폴리오를 구성하고 있다고 가정하자.

옵션유형	포지션	옵션의 델타	옵션의 감마	옵션의 베가
콜	−1,000	0.5	2.2	1.8
콜	−500	0.3	0.6	0.2
풋	2,000	−0.4	1.3	0.7
풋	−500	−0.7	1.8	1.4

또한 대한은행은 옵션 포트폴리오의 위험을 헷지(hedge)하고자 추가적으로 다음과 같은 개별주식 옵션 1과 옵션 2를 고려하고 있다. (10점)

종류	옵션의 델타	옵션의 감마	옵션의 베가
옵션 1	0.9	1.6	0.8
옵션 2	−0.1	0.7	0.6

(1) 옵션 포트폴리오를 델타−중립 및 감마−중립으로 만들기 위한 민국전자 주식과 옵션 1의 포지션을 구하라.

(2) 옵션 포트폴리오를 델타−중립, 감마−중립, 베가−중립으로 만들기 위한 민국전자 주식, 옵션 1, 옵션 2의 포지션을 구하라.

12. 한 투자자가 주식 100주, 이 주식을 기초자산으로 하는 콜옵션 50개 및 풋옵션 100개, 그리고 액면가 100만원인 무위험이표채권 500개로 구성된 투자포트폴리오를 가지고 있다. 이 콜옵션과 풋옵션의 델타가 각각+0.5, −0.5라 할 때 다음 질문에 답하라.

(1) 이 투자자가 보유하고 있는 포트폴리오 전체의 델타를 구하라.

(2) 포트폴리오에 있는 주가가 50원 하락할 때, 이 포트폴리오의 가치변화는 얼마인가?

정답해설

객관식

01. A

02. D

쎄타(theta)란 시간의 경과에 따른 옵션가치의 변화(즉, $\partial f / \partial t$)를 의미한다.

03. B

주어진 조건에서, $\dfrac{\partial C}{\partial S} = N(d_1) = 0.5$.

이 투자자의 포트폴리오를, $\Pi = + C + M \times S$라 하자.

이 포트폴리오를 델타중립으로 하려면, 다음이 만족되어야 한다.

$0 = \dfrac{\partial \Pi}{\partial S} = + \dfrac{\partial C}{\partial S} + M = 0.5 + M \Rightarrow M = -0.5$.

즉, 콜옵션 1개당 주식 0.5개를 매도하면 델타중립이 되는데, 현재 이 투자자는 모두 옵션 100계약(=100×10개=1,000개)을 매입하고 있으므로, 500개의 주식을 매도해야 된다.

04. D

유러피언 콜옵션의 쎄타는 외가격에서 가장 크다.

05. A

포트폴리오 보험전략에서 가장 많이 사용되는 방법은 주식포트폴리오를 보유한 상태에서 주가지수선물을 매도하는 포지션을 취하는 것이다. 만일 주가지수콜옵션의 유동성이 풍부하다면, (주식포트폴리오보유+주가지수풋옵션매입)으로 프로텍티브 풋옵션 전략을 구사할 수도 있다.

06. B

델타($\triangle$)는 다음과 같이 두 가지 측면에서 정의될 수 있다.

델타($\triangle$)$=\partial f/\partial S=$기초자산가격변화에 대한 옵션가격의 변화율

그런데, 델타는 옵션이 내가격상태에 있을 때 가장 큰 값을 갖는다.

07. C

각 포지션을 기초자산(S)으로 미분한 값이 0이 되는지 확인하면 된다.

주어진 조건에서, $\dfrac{\partial C}{\partial S}=N(d_1)=0.75, \quad \dfrac{\partial P}{\partial S}=N(d_1)-1=-0.25.$

A. $\Pi=+100C-75S$

$\to \dfrac{\partial \Pi}{\partial S}=+100\dfrac{\partial C}{\partial S}-75=+100(0.75)-75=0$ (델타중립)

B. $\Pi=+100S-100C+100P$

$\to \dfrac{\partial \Pi}{\partial S}=+100-100\dfrac{\partial C}{\partial S}+100\dfrac{\partial P}{\partial S}$

$\qquad =+100-100(0.75)+100(-0.25)=0$ (델타중립)

C. $\Pi=+100P-25S$

$\to \dfrac{\partial \Pi}{\partial S}=+100\dfrac{\partial P}{\partial S}-25=+100(-0.25)-25$

$\qquad\qquad =-50\neq 0$ (델타중립 아님)

D. $\Pi=+100S+400P$

$\to \dfrac{\partial \Pi}{\partial S}=+100+400\dfrac{\partial P}{\partial S}=+100+400(-0.25)=0$ (델타중립)

08. B

09. C

이 고객의 포트폴리오$(\Pi)=-C+M\times S$

→ Π가 델타중립이 되려면 Π의 델타가 0이어야 한다.

그리고 콜옵션의 델타는 $N(d_1)=0.3$이므로 다음이 성립해야 한다.

$$0=\frac{\partial \Pi}{\partial S}=-\frac{\partial C}{\partial S}+M=-0.3+M \Rightarrow M=0.3.$$

따라서, 콜옵션 1개당 0.3개의 선물을 매입해야 하는데, 현재 투자자가 60개의 콜옵션을 매도하고 있으므로, 이 투자자는 포트폴리오를 델타중립으로 만들기 위해 $60\times0.3=18$개의 선물을 매입하여 포트폴리오를 구성해야 한다.

10. B

포트폴리오 보험 전략의 대표적인 두 가지는 동적헷지전략과 동적자산배분 전략이다.

11. C

쎄타는 시간의 변화에 따른 옵션가격의 변화를 의미하는데, 시간의 흐름은 불확실성이 없고, 시간의 변화에 따라 옵션가격이 감소하는 정도가 확정적이기 때문에 쎄타는 리스크요인으로 보기 어렵다.

12. D

13. C

베가는 감마와 마찬가지로 등가격 부근에서 크고 외가격과 내가격으로 갈수록 작아진다.

01. (1) 포트폴리오$(Q) = +S - M \times C$

→ Q가 델타중립이 되려면 Q의 델타가 0이어야 한다.

그리고 콜옵션의 델타는 $N(d_1)$이므로 다음이 성립해야 한다.

$$0 = \frac{\partial Q}{\partial S} = 1 - M\frac{\partial C}{\partial S} = 1 - M \times N(d_1)$$

$$\Rightarrow M = \frac{1}{N(d_1)} = \frac{1}{0.7225} = 1.3841$$

따라서, 주식 1개당 1.3841개의 콜옵션을 매도해야 하는데, 현재 투자자가 100개의 주식을 보유하고 있으므로, 이 투자자는 포트폴리오를 델타중립으로 만들기 위해 13,841개의 콜옵션을 매도하여 포트폴리오를 구성해야 한다.

즉, 델타중립 포트폴리오, $Q = +10,000$개 주식 $-13,841$개의 콜옵션.

(2) 포트폴리오$(Q) = +S + N \times P$

→ Q가 델타중립이 되려면 Q의 델타가 0이어야 한다.

그리고 풋옵션의 델타는 $[N(d_1) - 1 = -0.2775]$이므로 다음이 성립해야 한다.

$$0 = \frac{\partial Q}{\partial S} = 1 + M\frac{\partial P}{\partial S} = 1 + M \times [N(d_1) - 1]$$

$$\Rightarrow M = \frac{-1}{N(d_1) - 1} = \frac{-1}{-0.2775} = 3.6036$$

따라서, 주식 1개당 3.6036개의 풋옵션을 매도해야 하는데, 현재 투자자가 10,000개의 주식을 보유하고 있으므로, 이 투자자는 포트폴리오를 델타중립으로 만들기 위해 36,036개의 풋옵션을 매입하여 포트폴리오를 구성해야 한다.

즉, 델타중립 포트폴리오, $Q = +10,000$개 주식 $+36,036$개의 풋옵션.

(3) 포트폴리오$(Q) = +S - C + P$

먼저, Q의 델타를 구해보자.

$$\frac{\partial Q}{\partial S} = 1 - \frac{\partial C}{\partial S} + \frac{\partial P}{\partial S} = 1 - N(d_1) + [N(d_1) - 1] = 0.$$

⇒ Q의 델타가 0이므로 Q는 델타중립상태에 있다.

따라서, 주식 1개당 1개의 콜옵션을 매도하고, 1개의 풋옵션을 매입하면 포트폴리오는 델타중립이 된다. 현재 투자자가 10,000개의 주식을 보유하고 있으므로, 이 투자자는 포트폴리오를 델타중립으로 만들기 위해 10,000개의 콜옵션을 매도하고, 10,000개의 풋옵션을 매입하여 포트폴리오를 구성해야 한다.

즉, 델타중립 포트폴리오,

$Q = +10,000$개 주식 $-10,000$개의 콜옵션 $+10,000$개의 풋옵션.

02. $S =$ 기초자산, $C =$ 콜옵션, $P =$ 풋옵션, $(+) =$ 매입, $(-) =$ 매도를 각각 표시한다고 하자.

포트폴리오$(Q) = -C + M \times S$

→ Q가 델타중립이 되려면 Q의 델타가 0이어야 한다.

그리고 콜옵션의 델타는 $N(d_1)$이므로 다음이 성립해야 한다.

$$0 = \frac{\partial Q}{\partial S} = -\frac{\partial C}{\partial S} + M = -N(d_1) + M \Rightarrow M = N(d_1) = 0.7225$$

따라서, 콜옵션 1개당 0.7225개의 주식을 매입해야 하는데, 현재 투자자가 10,000개의 콜옵션을 매도하고 있으므로, 이 투자자는 포트폴리오를 델타중립으로 만들기 위해 7,225개의 주식을 매입하여 포트폴리오를 구성해야 한다.

즉, 델타중립 포트폴리오, $Q = -10,000$개 콜옵션 $+7,225$개의 주식.

03. $S =$ 기초자산, $C =$ 콜옵션, $P =$ 풋옵션, $(+) =$ 매입, $(-) =$ 매도를 각각 표시한다고 하자.

포트폴리오$(Q) = +C - N \times S$

→ Q가 델타중립이 되려면 Q의 델타가 0이어야 한다.

그리고 콜옵션의 델타는 $N(d_1)$이므로 다음이 성립해야 한다.

$$0 = \frac{\partial Q}{\partial S} = +\frac{\partial C}{\partial S} - N = N(d_1) - N \Rightarrow N = N(d_1) = 0.7225$$

따라서, 콜옵션 1개당 0.7225개의 주식을 공매해야 하는데, 현재 투자자가 10,000개의 콜옵션을 보유하고 있으므로, 이 투자자는 포트폴리오를 델타중립으로 만들기 위해 7,225개의 주식을 공매하여 포트폴리오를 구성해야 한다.

즉, 델타중립 포트폴리오, Q $= +10,000$개 콜옵션 $-7,225$개의 주식.

04. $S=$기초자산, $C=$콜옵션, $P=$풋옵션, $(+)=$매입, $(-)=$매도를 각각 표시한다고 하자.

포트폴리오$(Q)=-P-K\times S$

$\rightarrow$ Q가 델타중립이 되려면 Π의 델타가 0이어야 한다.

그리고 풋옵션의 델타는 $[N(d_1)-1]=-0.2775$이므로 다음이 성립해야 한다.

$0=\dfrac{\partial Q}{\partial S}=-\dfrac{\partial P}{\partial S}-K=-[N(d_1)-1]-K$

$\Rightarrow K=-[N(d_1)-1]=0.2775$

따라서, 풋옵션 1개당 0.2775개의 주식을 공매해야 하는데, 현재 투자자가 10,000개의 풋옵션을 매도하고 있으므로, 이 투자자는 포트폴리오를 델타중립으로 만들기 위해 2,775개의 주식을 공매하여 포트폴리오를 구성해야 한다.

즉, 델타중립 포트폴리오, $Q=-10,000$개 풋옵션$-2,775$개의 주식.

05. $S=$기초자산, $C=$콜옵션, $P=$풋옵션, $(+)=$매입, $(-)=$매도를 각각 표시한다고 하자.

포트폴리오$(Q)=+P+L\times S$

$\rightarrow$ Q가 델타중립이 되려면 Q의 델타가 0이어야 한다.

그리고 풋옵션의 델타는 $[N(d_1)-1]=-0.2775$이므로 다음이 성립해야 한다.

$0=\dfrac{\partial Q}{\partial S}=+\dfrac{\partial P}{\partial S}+L=[N(d_1)-1]+L \Rightarrow L=1-N(d_1)=0.2775$

따라서, 풋옵션 1개당 0.2775개의 주식을 매입해야 하는데, 현재 투자자가 10,000개의 풋옵션을 매입하고 있으므로, 이 투자자는 포트폴리오를 델타중립으로 만들기 위해 2,775개의 주식을 매입하여 포트폴리오를 구성해야 한다.

즉, 델타중립 포트폴리오, $Q=+10,000$개 풋옵션$+2,775$개의 주식.

06. 무배당 유러피언 풋-콜 패리티는 다음과 같다.

$p+S=c+Ke^{-rT}$

$\rightarrow$ 감마를 구하기 위해 위 식의 양변을 S에 대해 두 번 미분해 보자.

$\rightarrow \dfrac{\partial p}{\partial S}+1=\dfrac{\partial c}{\partial S}$

$$\rightarrow \frac{\partial^2 p}{\partial S^2} = \frac{\partial^2 c}{\partial S^2}$$

$\rightarrow$ 감마(풋옵션)=감마(콜옵션).

Q.E.D.

07. 주어진 자료로부터, $S = K$(등가격), $r=0.1$, $\sigma=0.25$, T=6개월=0.5년이므로,

$$d_1 = \frac{\ln(1.0) + \left(0.1 + \frac{0.25^2}{2}\right)0.5}{0.25\sqrt{0.5}} = 0.3712$$

따라서, 이 콜옵션의 델타, $N(d_1) = N(0.3712) = 0.64$.

08. 문제에서 주어진 자료로부터,

$S=49$, $K=50$, $r=0.05$, $\sigma=0.2$, $T=0.3846$.

$$\rightarrow d_1 = \frac{\ln\left(\frac{49}{50}\right) + \left(0.05 + \frac{0.2^2}{2}\right)0.3846}{0.25\sqrt{0.3846}} = 0.0542$$

$$\rightarrow d_2 = d_1 - \sigma\sqrt{T} = 0.0542 - 0.2\sqrt{0.3846} = -0.0698$$

$$\rightarrow N(d_1) = 0.5220, \ N(-d_2) = 0.5259.$$

따라서, 풋옵션의 감마 $= \dfrac{\dfrac{1}{\sqrt{2\pi}}e^{-\frac{d_1^2}{2}}}{S\sigma\sqrt{T}} = 0.066$.

09. 문제 08.로부터

$S=49$, $K=50$, $r=0.05$, $\sigma=0.2$, $T=0.3846$.

$d_1 = 0.0542$

따라서, 풋옵션의 베가 $= S\sqrt{T}\dfrac{1}{\sqrt{2\pi}}e^{-\frac{d_1^2}{2}} = 12.1$

10. 문제 08.로부터

$S=49$, $K=50$, $r=0.05$, $\sigma=0.2$, $T=0.3846$.

$d_2=-0.0698$, $N(-d_2)=0.5259$.

따라서, 풋옵션의 로$(\rho)=-KTe^{-rT}N(-d_2)=-9.92$.

11. 현재 옵션 포트폴리오의 델타, 감마, 베가는 다음과 같다:

델타: $-1,000\times0.5-500\times0.3+2,000\times(-0.4)-500\times(-0.7)=-1,100$

감마: $-1,000\times2.2-500\times0.6+2,000\times1.3-500\times1.8=-800$

베가: $-1,000\times1.8-500\times0.2+2,000\times0.7-500\times1.4=-1,200$

그리고 기초자산인 민국전자 주식의 포지션을 w_0, 옵션1의 포지션을 w_1, 옵션2의 포지션을 w_2라 하자.

(1) 민국전자 주식과 옵션1을 활용하여, 현재의 옵션 포트폴리오가 델타-중립적 및 감마-중립적으로 만들기 위해서는 다음을 만족해야 한다:

$w_0+0.9w_1-1,100=0$

$1.6w_1-800=0$

따라서, $w_1=500$, $w_0=650$.

즉, 민국전자 주식을 650주 매입하고, 옵션1을 500개 매입한다.

(2) 민국전자 주식, 옵션1, 옵션2를 활용하여, 현재의 옵션 포트폴리오를 델타-중립적, 감마-중립적, 베가-중립적으로 만들기 위해서는 다음을 만족해야 한다:

$w_0+0.9w_1-0.1w_2-1,100=0$

$1.6w_1+0.7w_2-800=0$

$0.8w_1+0.6w_2-1,200=0$

따라서, $w_2=3,200$, $w_1=-900$, $w_0=2,230$. 즉, 민국전자 주식을 2,230주 매입하고, 옵션1을 900개 매도하고, 옵션2를 3,200개 매입한다.

12. (1) 포트폴리오 델타는 포트폴리오에 포함된 각 상품들의 델타를 모두 합하면 된다. 즉,

$$\Delta(\text{portfolio}) = \sum_{i=1}^{n} N_i \Delta_i \qquad\qquad (a)$$
$$(\text{단}, \; N_i = i\,\text{상품수량}, \; \Delta_i = i\,\text{상품의 델타})$$

주식의 델타=1, 무위험자산의 델타=0, 콜옵션델타=0.5,

풋옵션의 델타=−0.5 $\qquad\qquad\qquad\qquad\qquad\qquad\qquad\qquad (b)$

주식수량=100, 무위험자산수량=500, 콜옵션수량=50,

풋옵션수량=100 $\qquad\qquad\qquad\qquad\qquad\qquad\qquad\qquad\qquad (c)$

(b)와 (c)를 (a)에 대입하면,

$$\triangle(\text{portfolio}) = 100(1) + 500(0) + 50(0.5) + 100(-0.5) = 75.$$

(2) 포트폴리오 델타가 75로 양수이므로 주식가격과 포트폴리오 가치는 같은 방향으로 변한다. 델타의 정의에 의해 주가가 1원 하락하면 포트폴리오 가치는 75원 하락하므로 주가가 50원 하락하면 포트폴리오 가치는 3,750원 하락한다.

Chapter 08

특별옵션

연습문제

객관식

01. 옵션의 수익구조가 만기시점의 기초자산가격에 의해 결정되지 않고 일정기간 동안의 기초자산의 평균가격으로 결정되는 옵션을 무엇이라 하는가?

A. Digital option

B. Ladder option

C. Chooser option

D. Asian option

02. 다음 특이옵션(exotic option)들 중 표준형 옵션보다 프리미엄이 높을 것으로 기대되는 옵션은?

    A. contingent option

    B. knock－out option

    C. average price option

    D. compound option

03. 기초자산, 만기, 행사가격 등의 조건이 동일하다면 다음 중 옵션의 프리미엄이 가장 높은 것은?

    A. 장애옵션

    B. 아메리칸 옵션

    C. 유러피언 옵션

    D. 버뮤다옵션

04. 다음 중 옵션의 행사가격이 일정한 조건(사전에 정해진 날짜나 가격)이나 옵션보유자가 원하는 시점에 등가격(ATM)상태로 재확정되는 옵션이 아닌 것은?

    A. shout option

    B. ladder option

    C. cliquet option

    D. binary option

05. 옵션의 수익은 하나의 기초자산에 의해 결정되지만, 위험에 노출된 정도나 크기는 다른 자산가격에 의해 결정되는 옵션은?

A. compound option

B. basket option

C. quanto option

D. exchange option

06. 다음 중 기초자산이 복수인 옵션이 아닌 것은?

A. spread option

B. quanto option

C. rainbow option

D. lookback option

07. 다음 중 경로종속옵션(path dependent option)에 해당되지 않는 것은?

A. chooser option

B. lookback option

C. ladder option

D. barrier option

08. 외국기업을 인수하려고 시도하는 국내기업이 있다. 인수가 성공할 경우 필요하게 될 달러화의 환리스크를 현재 시점의 달러옵션으로 헷지하려면 지급하는 프리미엄이 많고, 만일 인수가 실패할 경우에는 헷지포지션이 투기포지션으로 전환되어 과도한 환리스크에 노출될 우려가 있다. 이 때 복합 옵션(compound option)을 사용하면 효율적으로 헷지를 할 수 있는데, 다음 중 가장 적절한 옵션은?

A. 풋옵션에 대한 풋옵션

B. 콜옵션에 대한 풋옵션

C. 풋옵션에 대한 콜옵션

D. 콜옵션에 대한 콜옵션

09. 스왑션(swaption)에 관한 다음 설명 중 옳지 않은 것은?

A. 지불자 스왑션(payer's swaption)은 시장스왑률이 행사가격으로 정해진 스왑률보다 낮을 경우에 행사된다.

B. 스왑션의 매입자는 매도자에게 프리미엄을 지불한다.

C. 미래시점에 정해진 스왑률로 스왑계약을 할 것인지 선택할 수 있는 옵션이다.

D. 수취자 스왑션(receiver's swaption)은 보유자가 옵션을 행사하면 미리 정한 고정금리(스왑률)를 수취하고 변동금리를 지불하는 스왑계약을 갖게 된다.

10. 임직원 스톡옵션(employee stock option)에서 많이 사용되는 옵션과 가장 유사한 유형의 특이옵션(exotic option)은?

A. chooser option

B. exchange option

C. rainbow option

D. forward start option

11. 특이옵션에 관한 다음 설명 중 옳지 않은 것은?

   A. 장기옵션(LTO)은 만기가 길기 때문에 장외(OTC)에서 거래된다.

   B. 전환권이나 환매권은 대표적인 내재옵션이다.

   C. 선택자옵션은 스트래들전략과 투자효과가 비슷하다.

   D. 연기옵션에서는 옵션가격지불시점과 옵션효력발생시점이 다르다.

12. 다음 중 옵션의 이득(payoff)이 두 개의 기초자산의 가격차이로 결정되는 옵션은?

   A. power option

   B. basket option

   C. spread option

   D. quanto option

13. 다음은 특이옵션의 이득함수를 옵션과 연결한 것이다. 그 연결이 올바른 것은? (단, S = 기초자산가격, S_{avg} = 평균기초자산가격, K = 행사가격임)

   A. 룩백 풋옵션 $-$ $\max(S_T - S_{\min}, 0)$

   B. 무지개 콜옵션 $-$ $\max[\max(S_1, S_2, \cdots, S_n) - K, 0]$

   C. 자산이원옵션 $-$ K(내가격), 0(등가격, 외가격)

   D. 파워콜옵션 $-$ $\max(S_{avg} - K, 0)$

14. 내재옵션을 가진 다음 증권 중 주가의 희석(dilution)과 거리가 먼 것은?

   A. callable bond

   B. convertible bond

   C. employee stock option

   D. bond with warrant

15. 다음 중 내재 환매권을 포함하고 있지 않은 채권은?

A. callable bond

B. puttable bond

C. bond with option

D. bond with warrant

16. 내재옵션 중 풋옵션의 성격을 갖는 채권은?

A. 신주인수권

B. 상환청구권부 채권

C. 전환권

D. 수의상환권

주관식

01. 자산이원콜옵션과 풋옵션의 가치는 다음과 같음을 증명하라. (단, 기초자산이 배당을 지급하지 않는다고 가정함)

$$자산이원콜옵션의 \; 현재가치 = SN(d_1)$$
$$자산이원풋옵션의 \; 현재가치 = SN(-d_1)$$

※ 다음 자료를 이용하여 문제 02~05의 질문에 답하라.

> ㈜서강전자는 액면가 10만원, 만기 3년인 전환사채를 10만원의 발행가격으로 발행하였다. 이 전환사채는 채권 1개당 4개의 주식으로 전환할 수 있는 권리가 첨부되어 있으며, 현재 이 회사의 주가는 주당 22,000원이다. 이 전환사채의 표면이자는 4%이며, 이자는 연1회 지급된다. 주식수익률의 표준편차는 연간 60%이고, 전환권은 향후 2년째 되는 시점에 행사해야 하는 유러피언 옵션형태라 한다. 시장에서 무위험이자율은 연간 6%이며, 동일한 계약조건의 일반사채는 9%의 시장수익률로 거래되고 있다.

02. 이 전환사채의 일반사채로서의 가치는 얼마인가?

03. 이 전환사채의 전환비율과 전환가격은 얼마인가?

04. 이 전환사채에 내재해 있는 전환권(conversion option)의 가치를 구하라.

05. 이 전환사채(CB)의 가치를 구하라.

정답해설

01. D

02. A

조건부 후불 옵션(contingent option)은 옵션이 내가격으로 끝날 때만 후불로 옵션 프리미엄을 지불하므로 선불로 프리미엄을 지불해야 하는 표준형 옵션보다 가격이 높아야 한다.

03. B

만기까지 아무 때나 행사할 수 있는 아메리칸 옵션은 만기에만 행사 가능한 유러피언 옵션이나 만기까지 정해진 일정시점에 행사할 수 있는 버뮤다 옵션보다 프리미엄이 더 높다. 장애옵션은 표준형 옵션보다 가격이 낮다.

04. D   **05.** C   **06.** D   **07.** A

08. D

인수에 성공할 경우 소요되는 달러화를 정해진 환율에 매입할 것인지 아닌지를 결정하는 복합 옵션이 필요하므로 콜옵션에 대한 콜옵션이 적절한 헷지수단이다.

09. A

수취자 스왑션은 시장 스왑률이 행사가격인 스왑률보다 낮은 경우 행사되고, 지불자 스왑션은 시장 스왑률이 행사가격인 스왑률보다 높은 경우 행사된다.

10. D

11. A

장기옵션(LTO)은 만기가 길고 거래소에서 거래되는 옵션이다. 대체로 표준형 옵션들이 만기가 1년 이내로 단기여서 만기가 장기인 옵션들이 주로 장외에서 거래되자 거래소에서 만기가 긴 옵션투자자들을 유치하기 위해 도입한 옵션을 장기옵션이라 부른다.

12. C   **13.** B

14. A

callable bond(수의상환채권)에서 내재 콜옵션이 행사되면 채권만 상환되지 주식과는 아무런 관계가 없으므로 주가의 희석효과가 일어나지 않는다.

15. D   **16.** B

01. **┃ 증명 ┃**

자산이원콜옵션의 현재가치 $= SN(d_1)$

자산이원풋옵션의 현재가치 $= SN(-d_1)$

Cox와 Ross(1976)는 다음과 같은 두 가지 중요한 공식을 유도하였다.

$\Pr(S_T > K) = N(d_2)$

$E[(S_T \mid S_T > K)] = Se^{rT} \dfrac{N(d_1)}{N(d_2)}$

자산이원콜옵션의 현재가치

$= e^{-rT} \times E[(S_T \mid S_T > K)] \times \Pr(S_T > K)$

$= e^{-rT} Se^{rT} \dfrac{N(d_1)}{N(d_2)} N(d_2) = SN(d_1)$

같은 논리로,

자산이원풋옵션의 현재가치

$= e^{-rT} \times E[(S_T \mid S_T < K)] \times \Pr(S_T < K)$

$= e^{-rT} Se^{rT} \dfrac{N(-d_1)}{N(-d_2)} N(-d_2) = SN(-d_1).$

Q.E.D.

02. 전환권을 행사하지 않고 만기까지 보유할 경우 이 채권은 일반사채(straight bond)로서의 성격을 갖는다. 따라서, 전환권이 행사되지 않는 전환사채의 가치는 일반사채의 가격을 구하는 공식으로 계산할 수 있다.

$B = \displaystyle\sum_{t=1}^{T} \dfrac{t\text{시점의 표면이자}}{(1+\text{채권수익률})^t} + \dfrac{\text{액면가}}{(1+\text{채권수익률})^T}$

$= \displaystyle\sum_{t=1}^{3} \dfrac{4,000}{1.09^t} + \dfrac{100,000}{1.09^3} = 87,344\,\text{원}$

03. (1) 전환비율(conversion ratio)

전환사채 1개를 포기하고 받는 주식의 수이므로 4이다.

(2) 전환가격(conversion price)

주식 1주로 전환하기 위해 포기해야 하는 채권의 액면가로서 다음과 같이 구한다.

$$전환가격 = \frac{채권\ 액면가}{전환비율} = \frac{100,000}{4} = 25,000\ 원$$

04. 전환권(conversion option)은 유러피언 옵션이므로 그 가치는 다음과 같이 블랙-숄즈-머튼모형으로 구할 수 있다.

$S=22,000$, $\sigma=0.6$, $r=0.06$, $T=2$년, $K=23,853$(아래 05번 해설 참조).

→ $c=7,199$원(주식 1개당)

→ 전환비율이 4이므로 채권 1개당 주식 4개를 매입할 수 있다.

→ 총 전환권의 가치$=7,199$원$\times4=28,796$원.

05. 전환사채의 가치$=$일반사채로서의 가치$+$전환권의 가치

$$=87,344원+28,796원=116,140원.$$

[참조] 행사가격 구하는 법

$K=1$주의 주식을 취득하기 위해 포기해야 하는 채권의 가치.

그런데 2년 후 채권 가격 $= \frac{100,000+4,000}{1.09} = 95,413원$.

95,413원을 포기하면 주식 4주를 취득하므로, 주식 1주를 취득하기 위해서는 95,413원/4 = 23,853원 = K.

Chapter 09

실물옵션

연습문제

객관식

01. 다음 중 실물옵션(real option)의 분석이 필요한 상황으로 보기 어려운 것은?

A. 비확정적인 투자결정을 내리는 경우

B. 투자의 탄력성이 있는 경우

C. 기초자산의 변동성이 큰 경우

D. 불확실성이 크고 투자가 변경 불가능한 경우

02. 다음 중 투자시점을 연기하거나 선택할 수 있는 권리를 의미하는 실물옵션으로 가장 적절한 것은?

A. 확장옵션

B. 타이밍옵션

C. 포기옵션

D. 축소옵션

03. 기존의 투자로 인해 유발되는 후속투자(follow-on investment)기회를 활용할 권리를 의미하는 실물옵션으로 가장 적절한 것은?

A. option to exit

B. option to abandon

C. option to wait

D. option to expand

04. 실물옵션에 대한 다음 설명 중 옳지 않은 것은?

A. 기존의 투자평가기법인 NPV법을 완전히 대체할 수 있다.

B. 실물투자에 대한 평가에 적절하다.

C. 기존의 옵션가치평가모형을 활용할 수 있다.

D. 일반 금융옵션보다 가치평가가 대체로 더 어렵고 복잡하다.

05. 다음은 실물옵션과 옵션의 성격을 연결한 것이다. 적절치 않은 것은?

A. 포기옵션 - 풋옵션

B. 타이밍옵션 - 콜옵션

C. 확장옵션 - 풋옵션

D. 생산유연성옵션 - 교환옵션

06. 실물옵션(real option)을 이용한 투자의사결정에 관한 다음 설명 중 적절치 않은 것은?

    A. 투자안의 확장에 대한 선택권은 일종의 풋옵션이라 할 수 있다.

    B. 순현가(NPV)가 음($-$)이라도 실물옵션을 고려하면 가치있는 투자가 될 수도 있다.

    C. 투자의 포기옵션은 처분가치를 행사가격으로 하는 풋옵션이라 할 수 있다.

    D. 투자안의 연기옵션은 일종의 콜옵션이라 할 수 있다.

주관식

※ (문제 01~03) 한국증권은 코스닥에 신규로 등록하는 ㈜서울벤처의 주식을 인수하기로 하였다. ㈜서울벤처의 최초공모가(현재주가)는 10,000원이며, 주가는 1개월 단위로 변동한다고 가정한다. 그런데 한국증권은 신규등록 후 2개월 후에 주가가 공모가 이하로 하락하면 공모가와의 차액을 보상해 주기로 계약하였다. 한국증권에서는 ㈜서울벤처 주식의 수익률에 대한 표준편차를 연간 40%로 추정하고 있고, 향후 2개월 동안 ㈜서울벤처에 대한 배당금 지급이 없고, 연속복리 무위험이자율이 연간 10%라는 가정하에 다음 질문에 답하라.

01. 이 계약에 내재해 있는 옵션의 구조를 설명하라.

02. 이항분포모형을 이용하여 이 계약의 가치를 구하라.

03. 현재시점에서 한국증권이 주당 9,600원에 ㈜서울벤처의 주식을 인수하였다면, 위 계약을 고려할 경우 ㈜서울벤처는 신주를 주당 얼마에 발행한 셈인가?

※ (문제 04~06) 서강건설은 정부에서 추진중인 신도시건설사업에 참여할 것을 고려 중이다. 이 사업에 참여할 경우 예상되는 현금흐름은 다음과 같으며, 자본비용은 연간 20%이다.

시점(t)	0	1	2	3	4
현금흐름(억원)	−100	20	30	40	50

또한 정부에서는 신도시건설사업에 참여하는 기업에게 배후도시 개발권을 부여하기로 하였으며, 배후도시의 개발은 3년말 시점에서 착수된다고 한다. 이 사업에 참가할 경우 경기가 좋아져서 개발이 성공적으로 이루어지면 3년말 시점에 예상되는 가치가 300억원이고, 경기가 좋지 않아서 성공적으로 이루어지지 못하면 3년말 시점에서 예상되는 가치가 150억원이다. 현재시점에서 추정된 이 투자안의 가치는 200억원이며, 사업참가 시 3년말 시점에 240억원을 투자해야 한다. 연간 무위험이자율이 10%라 하고 다음 질문에 답하라. (단, 모든 이자계산은 이산복리로 함)

04. 배후도시 개발권을 고려하지 않은 신도시건설사업의 순현재가치(NPV)를 구하고, 투자여부를 결정하라.

05. 옵션가격결정모형을 이용하여 배후도시 개발권의 현재가치를 구하라.

06. 배후개발권리가 내재된 신도시건설사업의 가치를 평가하라.

※ (문제 07~09) ㈜강서는 1년 후 40억원의 가치를 가질 확률이 40%이고, 10억원의 가치를 가질 확률이 60%인 투자안을 고려하고 있다. 이 투자안에 소요되는 현재시점에서의 투자원금은 23억원이며, 투자안의 자본비용은 연간 10%이다. 또한 ㈜강서는 1년 후에 이 투자안을 포기할 수 있는데, 포기할 경우 20억원에 처분할 수 있다고 한다. 무위험이자율이 연간 6%라 할 때, 다음 질문에 답하라.

07. 1년 후의 포기가능성을 고려하지 않을 경우 순현재가치(NPV)를 구하고 투자여부를 결정하라.

08. 옵션가격결정모형을 이용하여 포기옵션의 현재가치를 구하라.

09. 포기옵션이 내재된 이 투자안의 현재가치를 평가하라.

※ (문제 10~12) 서강텔레콤은 현재시점에서 11억원을 투자하면 매년 20억원의 현금흐름을 영구적으로 가질 수 있는 투자안을 검토중이며, 이 투자안의 자본비용은 연간 16%이다. 그러나 서강텔레콤의 경영자는 향후 1년간 시장의 불확실성에 대비하여 이 투자안의 실행을 1년간 연기할 것을 검토 중이다. 이 투자안의 1년 후 시점에서의 가치는 175억원이 되거나 100억원이 될 것으로 예상된다. 무위험이자율이 연간 7%이고, 1년 후에 투자하더라도 투자원금은 변하지 않는다는 가정하에 다음 질문에 답하라.

10. 이 투자안의 연기권리를 고려하지 않은 상태에서 순현재가치(NPV)를 구하고, 투자여부를 결정하라.

11. 옵션가격결정모형을 이용하여 이 투자안의 실행을 1년 연기할 경우의 순현재가치(NPV)를 구하고 투자안의 연기여부를 결정하라.

12. 투자안을 1년 연기할 수 있는 연기옵션의 가치를 구하라.

※ (문제 13~15) 서울제약회사는 신약개발업체인 강원기업이 개발한 신약의 미래성과를 독점사용하기로 하는 계약을 체결하고자 한다. 신약을 생산하려면 150억원의 투자가 필요하며, 성과는 1기간 후에 결정된다. 1기간만 고려하고 두 가지 경우의 수만 발생하는 단순한 이항모형을 가정한다. 이 투자안에 적용되어야 할 할인율은 연간 50%이고, 무위험이자율은 연간 10%라고 할 때 다음 질문에 답하라. (단, 각 질문은 독립적이다)

13. 신약생산을 위한 투자를 하면, 1기간 후의 순현재가치(NPV)가 투자원금 150억원을 차감하여 40%의 확률로 120억원이 되거나 60%의 확률로 50억원 될 것으로 예상된다. 서울제약회사는 강원기업에게 이 계약의 대가로 얼마까지 지불할 수 있는가?

14. 현재시점에서 투자안을 실행하면 1기간 후에 이 투자안의 가치는 2/3의 확률로 324억원, 1/3의 확률로 162억원이 될 것으로 예상된다. 서울제약회사에게는 이 투자안을 현재시점에서 실행하면, 1기간 후 시점에서 200억원에 처분할 수 있는 기회가 주어진다고 하자.
(1) 이 처분기회의 가치와 이를 고려한 투자안의 총가치를 구하라.
(2) 강원기업에서 계약의 대가로 50억원을 요구할 경우 서울제약회사는 이 제안을 수용해야 되는지 결정하라.

15. 이 투자안의 현재가치는 160억원이며, 1기간 후에는 투자안의 가치가 각각 50%의 확률로 360억원이 되거나 120억원이 될 것으로 예상된다.

(1) 서울제약회사에게 신약생산에 대한 투자를 1기간 연기할 수 있는 기회가 있다면, 이러한 연기옵션의 가치를 구하라.

(2) 신약의 특허기간이 20년이며, 신약생산을 연기하면 경쟁의 출현 등으로 신약생산으로부터 기대되는 이익이 매년 1/20씩 일정비율로 감소한다면, (1)의 결과는 어떻게 달라지는가?

16. ㈜서강은 새로운 사업에 대한 투자를 고려하고 있다. 본 사업의 초기투자비용은 115억원이고, 사업이 성공적으로 진행되면 1년 말 200억원의 가치를, 사업이 부진하게 되면 70억원의 가치를 갖게 된다. 성공과 부진의 확률은 각각 40%와 60%이다. 본 사업의 자본비용은 연 10%이며, 무위험이자율은 연 5%이다. 단, ㈜서강은 본 사업을 1년 말에 포기할 수 있는 권리(포기옵션)를 가지고 있다. 포기할 경우 본 사업은 시장에서 80억원에 처분할 수 있다고 한다. 시장에서 차익거래(arbitrage) 기회가 없다고 가정할 때, 다음 질문에 답하라. (단, 모든 이자계산은 이산복리로 함)

(1) 1년 말 사업의 포기권리를 고려하지 않을 경우, 본 사업의 순현재가치 (NPV＝사업가치－초기투자비용)를 구하고, 투자여부를 결정하라.

(2) 이항분포모형(binomial model)을 이용하여 내재된 포기옵션의 현재가치를 구하라. (단, 위험중립확률 산출 시 (1)에서 구한 사업가치를 활용하라)

(3) 포기옵션을 고려할 경우 투자안의 순현재가치를 구하고, 투자여부를 결정하라.

17. ㈜대한은 현재 10,000원을 투자하면 매년 2,500원의 현금흐름이 영구히 발생할 것으로 예상되는 투자안을 고려하고 있다. 이 투자안의 위험을 고려한 자본비용은 연 20%이며, 시장에서 무위험이자율은 연 10%이다. 투자안의 실행을 1년 연기하는 경우 불확실성이 해소되어 1년 후 투자안의 가치가 18,000원이 되거나 9,500원이 될 것으로 예상된다. 투자안의 실행을 연기하더라도 투자금액은 변하지 않는다고 가정하고, 다음 질문에 답하라.

(1) 투자안 실행의 연기가능성을 고려하지 않을 경우, 투자안을 실행해야 하는지 NPV를 이용하여 결정하라.

(2) 투자안 실행의 연기가능성을 고려하는 경우, 옵션가격결정모형을 이용하여 NPV와 연기옵션의 가치를 계산하고, 투자안을 연기해야 되는지 결정하라.

정답해설

객관식

01. C

단순히 기초자산의 변동성이 큰 경우에는 일반옵션으로도 충분히 분석 가능하다.

일반적으로 실물옵션이 필요한 상황은 다음과 같다.

* 비확정적인 투자결정을 내리는 경우
* 불확실성이 크고 투자가 변경 불가능한 경우
* 미래 성장이 기대되는 경우
* 투자의 탄력성이 있는 경우
* 전략수정이 필요한 경우 등

02. B

03. D

확장옵션(option to expand)에 대한 설명이다.

04. A

실물옵션은 기존의 투자평가기법인 NPV법을 완전히 대체한다기보다는 상호보완적인 측면이 있다. 불확실성이 없는 일반현금에 대해서는 NPV방법으로 투자가치를 평가하고, 투자안에 선택권이 포함되어 있는 경우 옵션가치평가방법으로 선택권의 가치를 구해 둘을 합하여 선택권이 있는 투자가치를 구하는 것이 일반적이다.

05. C

확장옵션은 행사가격=투자금액, 기초자산=후속 투자안인 콜옵션이라 볼 수 있다.

06. A

투자안의 확장에 대한 선택권은 확장비용을 행사가격으로 하는 일종의 콜옵션이라 할 수 있다.

주관식

01. 한국증권은 2개월 후에 ㈜서울벤처의 주가가 공모가인 10,000원 이하로 하락하면 공모가와의 차액을 보상해 주어야 하므로 다음과 같은 이득함수를 갖는다. S_T는 2개월 후 서울벤처의 주가, K는 행사가격으로 10,000원이다.

2개월 후 한국증권의 이득=$\min(S_T - K, 0) = -\max(K - S_T, 0)$.

따라서, 한국증권의 입장에서는 기초자산이 ㈜서울벤처의 주식(S)이고, 행사가격(K)이 10,000원인 유러피언 풋옵션을 매도한 것과 같다.

반면에, ㈜서울벤처의 입장에서는 한국증권에 동일한 유러피언 풋옵션을 매입한 것과 같다.

02. 이항분포모형으로 유러피언 풋옵션가격을 구해보자.

$$u = e^{\sigma\sqrt{\Delta t}} = e^{0.4\sqrt{1/12}} = 1.1224$$

$$d = \frac{1}{u} = \frac{1}{1.1224} = 0.8909$$

$$p = \frac{e^{r\Delta t} - d}{u - d} = \frac{e^{0.1\left(\frac{1}{12}\right)} - 0.8909}{1.1224 - 0.8909} = 0.5074$$

이상의 모수(parameter)들을 유러피언 이항분포공식에 대입하면,
주어진 풋옵션의 가치, $p = 492.32$원.

03. ㈜서울벤처의 실질적인 발행가격은 한국증권에의 주식매도가격(=한국증권의 인수가격)에 옵션가치를 더해주면 된다. 즉,

실질 발행가격=한국증권인수가격+풋옵션 매입비용
=9,600+492.32=10,092.32원.

04. 신도시건설사업의 NPV는 다음과 같다.

$$NPV = \left(\frac{20}{1.2} + \frac{30}{1.2^2} + \frac{40}{1.2^3} + \frac{50}{1.2^4} \right) - 100 = -15.24 \, \text{억원}$$

$NPV < 0$이므로 신도시건설사업만을 고려할 경우 투자할 가치가 없다.

05. 배후도시개발권은 신도시건설사업의 수행에 따른 후속투자이므로 일종의 확장옵션(콜옵션)이라 할 수 있다. 현재와 3년 후 배후도시 개발안(후속투자)의 가치(V)와 그에 따른 개발권(확장 콜옵션)의 가치(c)는 다음과 같이 분석할 수 있다.

구분	현재($t=0$)		3년 후($t=T=3$)
투자안	$V=200$	up	$uV=300 \Rightarrow u = \dfrac{300}{V} = \dfrac{300}{200} = 1.5$
		down	$dV=150 \Rightarrow d = \dfrac{150}{V} = \dfrac{150}{200} = 0.75$
확장옵션	$c=?$	up	$c_u = \max(uV-K,\ 0)$ $= \max(300-240,\ 0) = 60$
		down	$c_d = \max(dV-K,\ 0)$ $= \max(150-240,\ 0) = 0$

* 3년 후 확장옵션의 행사가치=K=배후사업 참가 시 투자액=240억원.

배후도시개발권(확장옵션)의 현재가치 c는 c_u와 c_d로부터 다음과 같이 구할 수 있다.

$$c = \frac{pc_u + (1-p)c_d}{(1+r)^3} = \frac{0.775(60) + (1-0.775)(0)}{1.1^3} = 34.94 \, \text{억 원}$$

[참조] 투자안의 가치가 상승할 위험중립확률(p)을 구하는 방법

$$E(V_T) = p(uV) + (1-p)(dV) = V(1+r)^T$$

$$\rightarrow \quad p = \frac{(1+r)^T - d}{u - d} = \frac{1.1^3 - 0.75}{1.5 - 0.75} = 0.775$$

cf. 연속복리의 경우: $p = \dfrac{e^{rT} - d}{u - d}$

06. 후속개발권(확장옵션)을 고려한 신도시건설사업의 NPV

　　＝확장옵션이 없을 때의 NPV＋확장옵션의 가치

　　＝$-15.24 + 34.94 = 19.7$억원

확장옵션을 고려하면 $NPV > 0$이므로 신도시건설사업은 투자할 가치가 있다.

07. V_t를 t시점의 투자안의 가치라 하면, 포기옵션을 고려하지 않을 경우 NPV는 다음과 같다.

$$NPV = \frac{E(V_1)}{1+k} - V_0 = \frac{22}{1.1} - 23 = -3\,억원.$$

왜냐하면, $E(V_1) = (40억원 \times 0.4) + (10억원 \times 0.6) = 22억원.$

따라서, 포기옵션을 고려하지 않을 경우 $NPV < 0$이므로 투자할 가치가 없다.

08. 1년 후 투자안을 포기할 수 있는 권리는 일종의 포기옵션(풋옵션)이므로 다음과 같이 이항분포모형으로 포기 풋옵션의 가치(P)를 구할 수 있다.

구분	현재($t=0$)		1년 후($t = T = 1$)
투자안	$V = 20$	up	$uV = 40 \Rightarrow u = \dfrac{40}{V} = \dfrac{40}{20} = 2.0$
		down	$dV = 10 \Rightarrow d = \dfrac{10}{V} = \dfrac{10}{20} = 0.5$
포기옵션	$P = ?$	up	$P_u = \max(K - uV,\ 0)$ $= \max(20 - 40,\ 0) = 0$
		down	$P_d = \max(K - dV,\ 0)$ $= \max(20 - 10,\ 0) = 10$

＊1년 후 포기옵션의 행사가치＝K＝포기 시 처분가치＝20억원.

　　현재 투자안의 가치＝$V_0 = E(V_1)/(1+k) = 22/(1.1) = 20$억원.

170　**PART 01** 옵션(option)

포기옵션의 현재가치 P는 P_u와 P_d로부터 다음과 같이 구할 수 있다.

$$P = \frac{qP_u + (1-q)P_d}{(1+r)^1} = \frac{0.3733(0) + (1-0.3733)(10)}{1+0.06} = 5.91억 원$$

[참조] 투자안의 가치가 상승할 위험중립확률(q)을 구하는 방법

$$E(V_1) = q(uV) + (1-q)(dV) = V(1+r)^1$$

$$\rightarrow \quad q = \frac{(1+r)^1 - d}{u - d} = \frac{1.06 - 0.5}{2.0 - 0.5} = 0.3733$$

09. 포기옵션을 고려한 투자안의 NPV

＝포기옵션이 없을 때의 NPV＋포기옵션의 가치

＝－3＋5.91＝2.91억원

포기옵션을 고려하면, $NPV > 0$이므로, 투자할 가치가 있다.

10. 연기옵션을 고려하지 않을 경우 NPV는 다음과 같다.

$$NPV = \frac{20}{0.16} - 110 = 15억원.$$

왜냐하면, 매년 20억씩 영구적으로 현금흐름이 생기면 이는 영구연금(per－petuity)과 동일하므로 영구연금의 현재가치 공식으로부터,

투자안의 현재가치＝C/r＝20억원/0.16＝125억원.

따라서, 연기옵션을 고려하지 않을 경우 $NPV > 0$이므로, 투자할 가치가 있다.

11. 이 투자안의 실행을 1년 후로 연기할 경우의 순현재가치는 투자안을 기초자산으로 하고, 투자원금(110억원)을 행사가격으로 하는 콜옵션의 가치(C)로 볼 수 있다. 따라서, 다음과 같이 구할 수 있다.

구분	현재($t=0$)		1년 후($t = T = 1$)
투자안의 가치	$V = 125$	up	$uV = 175 \Rightarrow u = \dfrac{175}{V} = \dfrac{175}{125} = 1.4$
		down	$dV = 100 \Rightarrow d = \dfrac{100}{V} = \dfrac{100}{125} = 0.8$
투자안의 순현재가치	$C = ?$	up	$C_u = \max(uV - K,\ 0)$ $= \max(175 - 110,\ 0) = 65$
		down	$C_d = \max(dV - K,\ 0)$ $= \max(100 - 110,\ 0) = 0$

연기옵션을 고려한 투자안의 순현재가치 C는 C_u와 C_d로부터 다음과 같이 구할 수 있다.

$$C = \frac{pC_u + (1-p)C_d}{1+r} = \frac{0.45(65) + (1-0.45)(0)}{1.07} = 27.34\text{억 원}$$

→ 연기옵션을 고려한 투자안의 순현재가치(C) > 연기옵션을 고려하지 않을 경우 NPV

→ 이 투자안의 실행을 1년 연기하는 것이 유리하다.

12. 연기옵션의 가치
= 연기옵션을 고려한 투자안의 순현재가치(C) − 연기옵션을 고려하지 않을 경우 NPV
= 27.34 − 15 = 12.34억원

13. 먼저, 1기간 후의 기대 순현재가치인 $E(V_1)$을 구해보자.

$E(V_1) = 0.4(120\text{억}) + 0.6(50\text{억}) = 78\text{억원}.$

(※ 주의: 1기간 후 가치 120억원과 50억원은 모두 투자원금 150억원을 차감 한 순현재가치의 개념이다)

따라서, 자본비용(k)이 50%이므로, 현재시점의 NPV는 다음과 같다.

$$NPV = \frac{E(V_1)}{1+k} = \frac{78}{1+0.50} = 52\text{억 원}.$$

따라서, 서울제약회사는 강원기업에게 계약의 대가로 최대 52억원까지 지불할 수 있다.

14. (1) 1기간 후에 투자안을 처분할 수 있는 기회는 일종의 포기옵션(풋옵션)으로 볼 수 있다. 포기 풋옵션의 현재가치는 다음과 같이 구할 수 있다.

구분	현재($t=0$)		1년 후($t=T=1$)
투자안의 가치	$V=180$	up	$uV=324 \Rightarrow u=\dfrac{324}{V}=\dfrac{324}{180}=1.8$
		down	$dV=162 \Rightarrow d=\dfrac{162}{V}=\dfrac{162}{180}=0.9$
포기옵션의 가치	$P=?$	up	$P_u = \max(K-uV,\ 0)$ $= \max(200-324,\ 0)=0$
		down	$P_d = \max(K-dV,\ 0)$ $= \max(200-162,\ 0)=38$

* 1기간 후 포기옵션의 행사가치＝K＝포기 시 처분가치＝200억원.

현재 투자안의 가치＝$V_0=[324(2/3)+162(1/3)]/1.5=180$억원.

포기옵션의 현재가치 P는 P_u와 P_d로부터 다음과 같이 구할 수 있다.

$$P = \frac{qP_u + (1-q)P_d}{(1+r)^1} = \frac{0.2222(0)+(1-0.2222)(38)}{1+0.10} = 26.87\text{억 원}.$$

[참조] 투자안의 가치가 상승할 위험중립확률(q)을 구하는 방법

$$E(V_1) = q(uV)+(1-q)(dV) = V(1+r)^1$$

$$\rightarrow\ q = \frac{(1+r)^1-d}{u-d} = \frac{1.10-0.9}{1.8-0.9} = 0.2222$$

따라서,

투자안의 총가치

   ＝처분기회(포기옵션)가 없을 경우의 가치＋포기옵션의 가치

   ＝180억(V)+26.87억(P)＝206.87억원.

(2) 서울제약회사가 강원기업의 요구를 수용할 경우의 NPV는 투자안의 총 가치에서 계약대가와 투자원금을 차감해서 다음과 같이 구할 수 있다.

NPV＝총가치－계약대가－투자원금＝206.87억－50억－150억

   ＝6.87억원.

NPV가 0보다 크므로 강원기업의 요구를 수용하는 것이 유리하다.

15. (1) 투자안을 1기간 연기할 경우의 순현재가치는 기초자산이 투자안이고, 행사가격이 투자원금(150억원)인 콜옵션으로 볼 수 있다. 연기가능성을 고려한 순현재가치는 다음과 같이 구할 수 있다.

구분	현재($t=0$)		1년 후($t=T=1$)
투자안의 가치	$V=160$	up	$uV=360 \Rightarrow u=\dfrac{360}{V}=\dfrac{360}{160}=2.25$
		down	$dV=120 \Rightarrow d=\dfrac{120}{V}=\dfrac{120}{160}=0.75$
투자안의 순현재가치	$C=?$	up	$\begin{aligned}C_u &= \max(uV-K,\ 0) \\ &= \max(360-150,\ 0)=210\end{aligned}$
		down	$\begin{aligned}C_d &= \max(dV-K,\ 0) \\ &= \max(120-150,\ 0)=0\end{aligned}$

연기옵션을 고려한 투자안의 순현재가치 C는 C_u와 C_d로부터 다음과 같이 구할 수 있다.

$$C=\frac{pC_u+(1-p)C_d}{1+r}=\frac{0.2333(210)+(1-0.2333)(0)}{1+0.1}=44.54억\ 원$$

그런데, 연기옵션을 고려하지 않은 투자안의 순현재가치＝160−150＝10억원.

따라서,

연기옵션의 가치

＝연기옵션을 고려한 투자안의 $NPV(c)$−연기옵션을 고려하지 않은 투자안의 NPV

＝44.54억−10억＝34.54억원.

[참조] 투자안의 가치가 상승할 위험중립확률(p)을 구하는 방법

$$E(V_1)=q(uV)+(1-q)(dV)=V(1+r)^1$$

$$\Rightarrow\ p=\frac{(1+r)^1-d}{u-d}=\frac{1.10-0.75}{2.25-0.75}=0.2333$$

(2) 가치손실이 매년 1/20(＝0.05)씩 발생하므로 이를 배당률(q)처럼 생각하면, 위험중립확률(p)이 다음과 같이 수정되어야 한다.

$$p=\frac{(1+r-q)^1-d}{u-d}=\frac{(1+0.10-0.05)-0.75}{2.25-0.75}=0.2$$

따라서, 이 수정된 p를 위의 (1)에 적용하면,

$$C = \frac{pC_u + (1-p)C_d}{1+r} = \frac{0.2(210) + (1-0.2)(0)}{1+0.1} = 38.18\text{억 원}$$

연기옵션의 가치 $= 38.18$억 $- 10$억 $= 28.18$억원.

16. (1) $V_t = t$시점의 투자안의 가치(단위: 억원)

$\rightarrow E(V_1) = p \cdot V_1^u + (1-p)V_1^d = (0.4)(200) + (0.6)(70) = 122$

$\rightarrow V_0 = \dfrac{E(V_1)}{1+k} = \dfrac{122}{1+0.10} = 110.91$

따라서, NPV(no option) $= V_0 -$ 투자비용 $= 110.91 - 115 = -4.09$

$\rightarrow NPV < 0$이므로, 이 투자안은 기각되어야 한다.

(2)

$V_1^u = u \cdot V_0 = 200 \rightarrow u = \dfrac{200}{110.91} = 1.80$

$V_1^d = d \cdot V_0 = 70 \rightarrow d = \dfrac{70}{110.91} = 0.63$

$*$ 포기옵션은 사업매각권이기 때문에 풋옵션이다.

포기옵션의 현재가치를 P_0라 하고, 1년 후 풋옵션가치를 각각 P_u, P_d라 하면 이항모형은 다음과 같다.

$P_u = \max(K - V_1^u,\ 0) = \max(80 - 200,\ 0) = 0$

$P_d = \max(K - V_1^d,\ 0) = \max(80 - 70,\ 0) = 10$

$*$ q는 위험중립 확률로서, $q = \dfrac{(1+r) - d}{u - d} = \dfrac{1.05 - 0.63}{1.8 - 0.63} = 0.36$

$\Rightarrow P_0 = \dfrac{q \cdot P_u + (1-q)P_d}{1+r} = \dfrac{(0.36)(0) + (0.64)(10)}{1+0.05} = 6.10$

(3) 포기옵션을 고려한 투자안의 순현재가치(NPV^*)

$=$ 포기옵션이 없을 때의 $NPV +$ 포기옵션의 가치

$= -4.09 + 6.10 = 2.01$

$\rightarrow NPV^* > 0$이므로 이 사업은 투자할 가치가 있다.

17. (1) 현금유입의 현재가치 $= \dfrac{현금흐름}{k} = \dfrac{2,500}{0.20} = 12,500$

현금유출의 현재가치(=투자금액)=10,000원

$\rightarrow NPV =$ 현금유입의 현재가치 $-$ 현금유출의 현재가치

$= 12,500 - 10,000 = 2,500$원

따라서, $NPV > 0$이므로 투자안을 실행한다.

(2) 먼저, 위험중립가치평가모형을 이용하여 위험중립확률을 구해보자. 다음의 위험중립가치평가 원리를 이용하면 된다.

현재 위험중립가치 $= \dfrac{다음\ 기\ 기대가치}{1 + 무위험이자율}$

$\rightarrow$ (1)에서 구한 투자안의 가치가 12,500원이고, 다음 기에 투자안이 18,000이 될 확률을 p라 하면, 9,500원이 될 확률은 $(1-p)$가 되므로 다음 식을 만족한다.

$12,500 = \dfrac{18,000p + 9,500(1-p)}{1 + 0.10}$

따라서 위험중립확률, $p = 0.5$이다.

$\rightarrow$ 1년 후 투자안의 가치가 18,000인 경우:

$NPV = 18,000 - 10,000 = 8,000 > 0$: 실행

1년 후 투자안의 가치가 9,500인 경우:

$NPV = 9,500 - 10,000 = -500 < 0$: 기각

따라서, 연기옵션을 고려할 경우:

$NPV = \dfrac{8,000(0.5) + 0(1 - 0.5)}{1 + 0.1} = 3,636$ 원

$\rightarrow$ 연기옵션의 가치

$=$ 연기옵션을 고려한 $NPV -$ 연기옵션을 고려하지 않은 NPV

$= 3,636 - 2,500 = 1,136$원 > 0.

즉, 연기옵션의 가치가 0보다 크므로 현재 투자안을 바로 실행하는 것 보다는 투자안의 실행을 1년 연기하는 것이 최적이다.

P·A·R·T

선물(futures)과
선도(forward)

practice on theory of derivatives

파생상품투자론연습

Chapter 10

선물과 선도의 개요

객관식

01. 선물시장에서 투기자(speculator)의 역할을 가장 잘 설명한 것은?

    A. 가격변동성을 최소화한다.

    B. 필요한 유동성을 제공한다.

    C. 최소의 가격충격으로 대량의 주문을 처리해 준다.

    D. 위의 세 가지 전부 맞다.

02. 선물시장에서의 활발한 거래는 다음 중 어떤 효과를 가져오는가?

    A. 현물가격 변동성을 없애준다.

    B. 현물가격 변동빈도를 줄여준다.

    C. 현물가격 변동폭을 줄여준다.

    D. 현물가격 변동빈도와 폭을 줄여준다.

03. 다음 중 선도(forward)가 선물(futures)과 다른 점을 잘 설명하고 있는 것은?

> Ⅰ. 표준화되어 있지 않다.
> Ⅱ. 경매에 의해 가격이 결정되지 않는다.
> Ⅲ. 거래당사자간의 개인적 관계를 포함한다.
> Ⅳ. 거래를 마감하기 쉽다.

    A. Ⅰ, Ⅱ, Ⅲ

    B. Ⅰ, Ⅲ, Ⅳ

    C. Ⅱ, Ⅳ

    D. Ⅱ, Ⅲ, Ⅳ

04. "선의의(bona fide)의 헷저(hedger)"란 다음 중 어떤 사람을 의미하는가?

    A. 상품이 거래되는 거래소의 회원

    B. 상품이 거래되는 거래소의 회원과 거래하는 사람

    C. 금융기관에 의해 지정되어 선물거래위원회에 의해 인준된 사람

    D. 선물로 헷지된 상품의 실제 매입자 혹은 매도자

05. 어떤 사람이 선물계약을 매입하거나 매도할 때 갖게 되는 책임의 한계는?

    A. 증거금계좌에 대해서만

    B. 선물의 현금가치 중 70% 이하

    C. 계약의 가치 전부

    D. 위의 세 가지 모두 아님

06. 다음 중 헷저(hedger)가 가장 관심을 가지고 있는 것은?

    A. 선물가격의 변동

    B. 베이시스의 변화

    C. 선물 인도월의 차이

    D. 계약의 현재가치

07. 다음 중 선물시장의 장점이 아닌 것은?

    A. 헷징이 가능하다.

    B. 거래에 대한 신용리스크가 작다.

    C. 위험이 한 장소로 모여진다.

    D. 매입자와 매도자가 직접 거래할 수 있다.

08. 콩(soybean)재고를 현재 가지고 있지 않은 한 곡물거래인이 다음 1월에 인도될 콩선도 매도포지션을 취하고 있을 경우, 이 선도매도계약을 헷지할 수 있는 방법은?

    A. 선물매입포지션을 취하고 현물을 매입한다.

    B. 선물을 매도하고 계약을 인도한다.

    C. 선물매입

    D. 선물매도

09. 선물시장의 주요 기능을 잘 설명하고 있는 것은?

    A. 선도가격의 결정자료 제공

    B. 투기자의 유인

    C. 상품의 규격화, 등급화 및 표준화

    D. 위의 세 가지 모두

10. 선물거래소의 가장 중요한 기능으로서 선물거래의 발단이 된 것은?

    A. 현물매매업의 수행

    B. 투기자에게 거래시장 제공

    C. 원하지 않는 위험을 회피할 수 있는 수단을 헷저에게 제공

    D. 매매당사자간 거래 활성화

11. 투기자가 선물시장을 이용하는 이유로 가장 적절한 것은?

    A. 거래이익을 얻기 위해

    B. 자재비용을 줄이기 위해

    C. 이자를 받기 위해

    D. 위험을 최소화하기 위해

12. 선물의 포지션을 "상쇄 혹은 마감(offset)"하기 위해서는?

    A. 같은 거래소에서 인도월이 같은 선물을 같은 수만큼 매도함으로써 선물매입포지션을 청산한다.

    B. 다른 거래소에서 인도월이 같은 선물을 같은 수만큼 매도함으로써 선물매입포지션을 청산한다.

    C. 매도포지션만 보호(cover)한다.

    D. 계약의무를 다른 사람에게 넘기지 않는다.

13. 거래규모가 동일할 경우 다음 거래 중에서 리스크가 큰 것부터 작은 것 순으로 올바로 나열한 것은?

> Ⅰ. 헷지거래
> Ⅱ. 투기거래
> Ⅲ. 스프레드거래
> Ⅳ. 차익거래

A. Ⅰ－Ⅲ－Ⅱ－Ⅳ

B. Ⅱ－Ⅰ－Ⅳ－Ⅲ

C. Ⅱ－Ⅰ－Ⅲ－Ⅳ

D. Ⅲ－Ⅱ－Ⅰ－Ⅳ

14. 위험한 증권을 증거금으로 납부할 경우, 증권의 위험을 감안해 증권의 시장가치보다 적은 액수를 담보가치로 인정하는 것을 무엇이라 하는가?

A. pyramiding

B. switching

C. roll－over

D. hair－cut

01. 파생상품이란 무엇인지, 그리고 대표적인 3가지 종류와 주요 용도에 대해 설명하시오.

02. 파생상품의 경제적 기능 5가지를 자세히 설명하시오.

03. 헷지펀드에 대해 설명하고 어떤 종류가 있는지 설명하시오.

04. 선물거래소에서 신용리스크를 줄이기 위한 대표적인 방법 4가지를 설명하시오.

05. 선물거래소의 대표적인 3가지 거래방법인 헷지, 투기, 차익거래에 대해 자세히 설명하시오.

06. 선물과 선도의 차이점에 대해 자세히 설명하시오.

정답해설

01. D   **02.** C   **03.** A

04. D   **05.** C

06. B

헷저는 가격변동 위험을 베이시스위험(basis risk)으로 전환하기 때문에 베이시스의 변화에 가장 큰 관심을 가지고 있다.

07. D

선물(futures)거래는 통상 거래소에서 이루어지고 거래 당사자가 누구인지 알 필요가 없다. 그러나, 선도(forward)의 경우에는 매입자와 매도자가 직접 거래한다는 점에서 선물과 다르다.

08. C

선도 매도포지션을 취하고 있는 사람은 가격이 하락할 때는 이익을 얻을 수 있지만, 가격이 상승하면 손실이 발생한다. 따라서 가격이 상승할 경우 발생할 수 있는 손실을 헷지하기 위해 가격이 상승할 때 이익이 되는 포지션을 취해야 하는데 보기에서는 콩선물매입 포지션이 이에 부합한다.

09. D

10. C

농산물가격 헷지를 위해 선물이 시작되었다는 것은 선물시장에서의 헷지의 중요성을 시사한다.

11. A

헷저가 위험회피 수단으로 선물시장을 이용한다면, 투기자는 이익을 얻기 위해 선물시장을 이용한다고 할 수 있다.

12. A

13. C

선물거래에서 차익거래는 위험이 없는 거래로 정의되며, 스프레드거래는 차익거래와 유사하지만 리스크가 전혀 없다고 할 수 없다. 즉, 두개의 포지션에 반대되는 포지션을 동시에 취하는 것이 스프레드 거래인데 두 개의 반대포지션이 예상한 방향으로 움직이지 않으면 손익이 정확히 상쇄되지 않아 약간의 리스크가 존재하게 된다. 투기거래는 이익극대화가 주목적이므로 상당한 리스크를 감수하는 거래이고, 헷지거래는 리스크를 상대방에게 전가시키기는 하나 미래를 잘 못 예측하면 손실도 볼 수 있으므로 리스크가 다소 존재한다. 따라서, 이들 거래방법들의 리스크의 크기는,
투기거래＞헷지거래＞스프레드거래＞차익거래 순이다.

14. D

01. 파생상품의 정의, 종류, 용도

1) 파생상품의 정의

파생상품(Derivatives)이란 스스로는 존재할 수 없고 다른 기본자산에 의존하는 상품을 말한다. 따라서 파생상품의 가치는 자신이 의존하고 있는 기본자산의 가치에 의해 결정된다.

2) 파생상품의 종류

대표적으로 선물(futures), 선도(forward), 옵션(option), 스왑(swap) 등이 있다.

3) 파생상품의 용도

ⅰ) 리스크를 다른 사람에게 전가하는 헷지(hedge)목적

ⅱ) 자료와 정보 등을 근거로 시장의 미래방향을 예측하고 적극적으로 투자하는 투기(speculation)목적

ⅲ) 무위험 차익거래(arbitrage)이익을 얻기 위한 목적

ⅳ) 고정부채를 변동부채로 변경하는 등의 부채의 성격전환

ⅴ) 포트폴리오 거래비용 없이 투자의 성격(베타, 가중치 등)전환

02. 파생상품의 경제적 기능

파생상품의 경제적 기능은 다음과 같이 크게 다섯 가지로 구분할 수 있다.

ⅰ) 공정한 가격형성과 발견(formation and discovery of fair prices)

ⅱ) 가격변동위험의 헷지(hedge over price changes)

ⅲ) 레버리지 활용을 통한 유동성증대(increase in liquidity)

ⅳ) 미래가격예측을 통한 저축 및 투자유도로 자본형성촉진(promotion of capital accumulation)

ⅴ) 자본의 시차적 배분(time differential distribution of capital)

03. 헷지펀드의 정의와 종류

ⅰ) 정의: 공매도(short-selling) 등 헷지전략을 구사하여 이익을 추구하는 투자펀드.

그러나 최근에는 헷지라는 말이 무색하게 개발도상국의 환율이나 주식시장 등에 투기적으로 투자하는 경우가 빈번하여 국제시장을 교란하고 금융위기를 초래하는 등의 문제가 많아 미국, 유럽 등 많은 국가에서 적극적으로 규제에 나서고 있다.

ⅱ) 종류: Long/Short equities, Convertible arbitrage, Distressed securities, Emerging markets, Global macro, Merger arbitrage, etc.

04. 선물거래소 신용리스크 완화방안

선물은 거래소에서 거래되는데 청산소에 다음과 같은 제도를 둠으로써 신용리스크를 획기적으로 줄이고 있다. 선도와 달리 선물거래가 안전한 이유이다.

ⅰ) 증거금(margin) 제도

ⅱ) 일일정산(daily settlement) 제도

ⅲ) 마진콜(margin call) 제도

ⅳ) 청산기관으로서 청산소(clearing house)

05. 헷지, 투기, 차익거래

ⅰ) 헷지: 리스크를 다른 사람에게 전가하는 것

ⅱ) 투기: 자료와 정보 등을 근거로 시장의 미래방향을 예측, 적극적으로 투자하는 것

ⅲ) 차익거래: 내 자금 투자 없이, 위험 없이, 이익을 얻는 것

06. 선물과 선도의 차이

구분	선물	선도
거래장소	법에 의해 설립된 거래소	장외시장(OTC)
거래조건	거래단위, 품질 등이 표준화됨	거래당사자간 합의, 비표준화
참가자	불특정 다수	한정된 실수요자 중심
규제	선물거래규정에 의해 거래소가 규제	거래 당사자간 자율규제
시장성격	완전경쟁시장	불완전 경쟁시장
가격형성	경쟁호가, 매일 공시	계약 시 단 한 번 형성
양도	반대거래로 양도 가능	양도 불가능
보증	청산소가 보증, 신용위험 거의 없음	보증이 없음, 당사자간 신용이 중요
증거금	납부 의무	납부의무 없음, 합의로 납부 가능
중도청산	반대매매로 쉽게 청산 가능	불가능
결제일자	표준화된 일자	쌍방 합의된 일자

선물시장의 구조 및 거래

연습문제

객관식

01. 상품선물 중 단지 3% 정도만이 실제로 인도된다는 사실이 시사하는 것은?

A. 상품이 나라 전체에 쉽게 유통되는 것을 촉진한다.

B. 현물가격과 선물가격 사이의 관계를 유지한다.

C. 선물계약약관에 의한 결과이다.

D. 위의 세 가지 모두

02. 단지 "선의의 헷저(bona fide hedger)"만이 면제받을 수 있는 것은?

    A. 일일보고 의무

    B. 포지션 한도

    C. 거래소 증거금 의무

    D. 청산소에 의해 규정된 인도절차

03. 한 고객이 개시증거금을 브로커에게 납부한 후 선물가격이 자신에게 유리하게 변동하였다. 다음 중 그 고객이 취할 행동은?

    A. 당초포지션을 마감할지에 관계없이 초과증거금으로 또 다른 포지션을 취한다.

    B. 초과증거금을 담보로 자금을 융자하고 융자에 대한 이자를 브로커에게 지급한다.

    C. 그 계좌를 마감한다 할지라도 초과금액을 인출하지 않는다.

    D. 증거금을 더 납부하지 않는 한 추가로 다른 포지션을 취하지 않는다.

04. 거래시간 중에 청산소회원에게 증거금을 추가하도록 요구되었다면, 증거금은 1시간 이내에 청산소에 입금시켜야 하는데, 이와 같은 증거금납입요청(margin call)을 무엇이라 하는가?

    A. 추가증거금(variation margin)

    B. 거래증거금(trading margin)

    C. 유지증거금(maintenance margin)

    D. 개시증거금(initial margin)

05. 만일 미결제약정수(open interest)가 증가하고 가격은 하락하였다면, 이것이 의미하는 것은 다음 중 어느 것인가?

A. 시장에서 매도자가 매입자 보다 많다.

B. 기매도자가 신매입자에게 매도하고 있다.

C. 신매입자가 기매도자에게 매입하고 있다.

D. 기매도자가 기매입자에게 매도하고 있다.

06. 선물인도 기간 중에 실제로 인도시점은 다음 중 누가 결정하는가?

A. 매입자

B. 매도자

C. 거래소

D. 매입자와 거래소

07. 선물매도자가 실제로 물건을 인도하기 전에 취하는 조치는?

A. 인도장소와 등급을 명시한 인도의사고지서(notice of intention to deliv-ery) 발행

B. 매입자에게 지급해야 하는 액수의 명세서(bill)를 준비하여 발행

C. 인도해야 할 상품에 해당하는 금액의 수표를 매입자에게 요구

D. 추가증거금 발행

08. "성립-취소주문(FOK: Fill-or-Kill order)"이 실행되는 때는?

A. 거래기간 중 아무 때나

B. 장내브로커(floor broker)의 재량에 따라

C. 주문즉시 아니면 소멸됨

D. 위의 세 가지 모두 아니다.

09. 한 거래소회원이 청산소회원인 다른 회사에 계좌를 가지고 있다. 그 거래소회원이 고객의 이름이나 신분을 명시하지 않고 동시에 여러 고객의 주문을 냈다면, 이러한 유형의 계좌는?

A. 거래소규약에 의해 금지되어 진다.

B. 일괄계좌(omnibus account)이다.

C. 일임매매계좌(discretionary account)이다.

D. 헷지계좌(hedge account)이다.

10. 가격제한(price limit)제도에 따르면 가격이 제한폭에 이르면 다음날 거래 시 제한폭이 확대된다. 이러한 제한폭 확대가 개시 및 유지증거금에 미치는 영향을 잘 설명하고 있는 것은?

A. 새로운 개시증거금이 모든 계약에 적용된다.

B. 새로운 개시 및 유지증거금이 모든 계약에 적용된다.

C. 새로운 개시증거금이 신규 계약에만 적용된다.

D. 새로운 개시 및 유지증거금이 신규 계약에만 적용된다.

11. 장내브로커(floor broker)가 주문처리에 실수를 저지를 경우에는?

A. 고객은 손실을 감수해야 한다.

B. 청산소가 차액을 보상한다.

C. 장내브로커가 재정적 책임을 진다.

D. 위의 세 가지 모두 아니다.

12. 미국의 한 선물거래소에서 콩(계약단위 5,000부쉘(bu.))의 개시증거금은 $3,000이고 유지증거금은 $2,600이다. 한 고객이 $24,000을 계좌에 입금하고 콩선물이 $7.00/bu.에 거래되고 있을 때 8개의 매입포지션을 취하였다. 선물가격이 $6.96으로 하락할 경우 그의 증거금계좌에 어떤 영향을 주는가?

A. 증거금을 개시증거금수준으로 보충하도록 증거금납입요청(margin call)이 있을 것이다.

B. 증거금을 유지증거금수준으로 보충하도록 증거금납입요청(margin call)이 있을 것이다.

C. 증거금을 유지증거금이상으로 유지하도록 증거금납입요청(margin call)이 있을 것이다.

D. 증거금납입요청(margin call)이 없을 것이다.

13. 거래소는 일반적으로 순매입포지션이나 순매도포지션 보다 스프레드포지션에 대해 적은 증거금을 요구하고 있는데 그 이유는?

A. 스프레드는 현물과 선물에 동시에 포지션을 취하는 헷지거래라 할 수 있기 때문이다.

B. 거래소회원인 회사들은 재정적으로 안정된 고객에게만 스프레드를 허용하고, 매입이 나 매도포지션은 아무 고객이나 취할 수 있도록 허용하기 때문이다.

C. 스프레드포지션의 가치변동은 순매입이나 매도포지션의 변동보다 작기 때문이다.

D. 위의 세 가지 어느 것도 아니다.

14. 한 고객이 1월물 밀선물 30,000부쉘(bu.)을 5.25의 가격에 매입주문을 내면서, 6계약을 다 사거나 아니면 주문을 취소하라고 요청했다면, 다음 중 옳은 것은?

    A. 이 주문은 '전부 혹은 전무주문(all or none order)'이다.

    B. 이 주문은 '지정폭주문(stop – limit order)'이다.

    C. 이 주문은 'MIT주문(MIT order)'이다.

    D. 이 주문은 '시장가주문(market order)'이다.

15. 만일 선물가격과 미결제약정수(open interest) 둘 다 상승하고 있을 경우 다음 중 맞는 것은?

Ⅰ. 매도포지션이 줄고 있다.
Ⅱ. 매입포지션이 늘고 있다.
Ⅲ. 매입포지션이 줄고 있다.
Ⅳ. 매도포지션이 늘고 있다.

    A. Ⅰ과 Ⅱ

    B. Ⅰ과 Ⅲ

    C. Ⅱ와 Ⅳ

    D. Ⅲ과 Ⅳ

16. "비유동적시장(thin market)"에서 선물가격의 변동성(volatility)은?

    A. 증가한다.

    B. 감소한다.

    C. 변동이 없다.

    D. 위의 세 가지 모두 아니다.

17. 시카고에 있는 거래소에서 9월물 밀선물을 매도하고, 캔사스에 있는 거래소에서 9월물 밀선물을 매입하는 전략은 다음 중 어느 것인가?

    A. 시장간 스프레드(inter−market spread)
    B. 만기간 스프레드(inter−delivery spread)
    C. 시장내 스프레드(intra−market spread)
    D. 위의 세 가지 모두 아니다.

18. 상품선물에서는 인도할 기초자산의 품질을 규정하도록 하고 있다. 만일 계약서에 규정된 것보다 더 좋은 품질의 상품으로 인도하게 된다면?

    A. 상품매입자가 더 많은 프리미엄을 내야 한다.
    B. 매도자는 더 적은 수의 상품을 인도해도 된다.
    C. 결재소가 거래소 규정에 따라 프리미엄의 액수를 결정할 것이다.
    D. 계약조건에 아무런 영향이 없다.

19. 한 투자자가 은선물 스프레드포지션에 관심을 가지고 있다(은선물의 계약단위는 5,000 온스(oz.)임). 선물가격공시는 다음과 같다.

11월	12월	2월	4월	5월
523.40	533.60	554.30	586.55	594.75

    거래소등록거래인(RCR)으로서 당신이 추천해야 할 일은?

    A. 2월물 매도, 12월물 매입
    B. 2월물 매도, 12월물 매도
    C. 2월물 매도, 4월물 매입
    D. 4월물 매도, 2월물 매입

20. 상품매도포지션에 대해 상품인도는 어디서 이루어지는가?

    A. 서로 동의하는 어느 곳에서든지 가능

    B. 거래소가 지정하는 곳에서만 가능

    C. 중개인이 지정하는 곳에서만 가능

    D. 매입자가 원하는 곳에서만 가능

21. 다음 중 상품거래소에서 개시증거금으로 적합하지 않은 것은?

    A. 고객의 약속어음(demand note)

    B. 현금

    C. 국채

    D. 주식

22. 선물계약을 매입 혹은 매도하면 선물의 기초자산에 대한 소유권은 언제 이전되는가?

    A. 최초 인도의사(first notice of delivery)가 고지될 때

    B. 선물포지션이 상쇄(offset)될 때

    C. 기초자산이 실제 인도될 때

    D. 최종 인도의사(last notice of delivery)가 고지될 때

23. 다음 중 고객계좌에서 증거금을 현금 대신 주식(equity)으로 할 경우 사용방법이 올바로 설명된 것은?

    A. 고객은 개시증거금이 초과되는 금액이 발생해도 인출할 수 없으며, 그러한 돈을 추가거래를 위해 사용할 수 없다.

    B. 개시증거금이 초과되는 금액이 발생할 경우, 초과금액은 새로운 계약을 체결하는데 신용으로 이용될 수 있다.

    C. 개시증거금보다는 적지만 유지증거금을 초과하는 금액은 개시증거금을 만족시키는 신용으로 사용될 수 없다.

    D. 위의 설명 모두 맞다.

24. 한 고객이 선물가격이 '특정가격'에 도달하면 포지션을 취할 것이라고 말했다. 2주후, 선물가격이 그 '특정가격'에 도달하여 계좌집행인(account executive)이 그 고객과 계약을 맺고자 하지만, 집행인이 일임매매권한(discretionary authority)을 가지고 있지 않아 계약을 맺을 수가 없다. 다음 중 그 집행인이 취할 수 있는 조치는?

    A. 주문이 체결된 후 빠른 시간 내에 고객과 계약을 맺을 수 있다고 생각하면, 그 집행인은 주문을 내야 한다.

    B. 그 주문이 고객의 투자목적과 재정능력에 부합한다는 확신이 들면 그 집행인은 주문을 내야 한다.

    C. 일임매매권한(discretionary authority)을 가지고 있지 않는 한, 주문을 내면 안 된다.

    D. 그 고객의 계좌에 거래 증거금에 필요한 충분한 자금이 있다면, 주문을 내도 된다.

25. 두 개의 주문(order)이 동시에 접수되는 것으로 둘 중 하나가 체결되는 것을 전제로 다른 주문이 유효하게 되는 주문은 다음 중 어느 것인가?

    A. MIT(Market－If－Touched) order

    B. OCO(One Cancels the Other) order

    C. Contingent order

    D. GTC(Good－to－Cancelled) order

26. 스프레드(spread)는 ＿＿＿＿＿＿＿＿＿＿＿＿＿＿＿.

    A. 서로 다른 두 시장에서의 선물로 구성될 수 있다.

    B. 동일시장내 서로 다른 두 선물로 구성될 수 있다.

    C. 동일선물에 대한 서로 다른 인도월의 선물로 구성될 수 있다.

    D. 위의 세 가지 모두 해당된다.

27. 만일 선물시장에 많은 수의 선물이 거래가능 하지만 수요가 없다면, 이러한 시장을 무엇이라 하는가?

    A. 매입자 시장(buyers' market)

    B. 매도자 시장(sellers' market)

    C. 과도매입 시장(overbought market)

    D. 과도매도 시장(oversold market)

28. 다음 중 매입과 매도포지션에 대한 개시증거금(initial margin)을 정하는 기관은?

    A. 거래소이사회(Exchange Board of Director)

    B. 상품선물 거래위원회(CFTC)

    C. 연방 준비제도이사회(FRB)

    D. 거래소 장내실무위원회(Exchange Floor Practice Committee)

29. 가축선물이 46.82에 거래되고 있다. 당신은 현재 매도포지션에 있고 이익을 얻고 있다. 이 이익을 보호하기 위해 당신이 내야 하는 주문은?

    A. 46.60에 매입 역지정가(buy stop) 주문

    B. 46.60에 매도 역지정가(sell stop) 주문

    C. 47.10에 매입 역지정가(buy stop) 주문

    D. 47.10에 매도 역지정가(sell stop) 주문

30. 고객이 선물계약을 매입하거나 매도할 경우 갖게 되는 책임의 범위는?

    A. 최초증거금

    B. 계약가치의 10%

    C. 계약가치 전체

    D. 위의 세 가지 모두 아니다.

주관식

01. 한 고객이 20,000부쉘(bu.)의 콩선물 1개를 $6.50에 매입하였다. 증거금이 부쉘당 30¢이어서 $6,000을 증거금으로 입금했다. 콩선물값이 2%하락한 후에 계약을 마감하였다면 그의 손실은?

02. 원유선물의 경우 투기자에게 개시증거금은 1,000배럴당 $1,500, 유지증거금은 $1,000이고, 헷저에게는 개시증거금이 $1,000이다. 한 선의의 헷저(bona fide hedger)가 3개의 원유 선물계약을 매입하였는데, 선물가격이 $28.45에서 $28.25로 변했다면, 증거금납입요청(margin call)액수는 얼마인가?

03. 한 거래소에서 옥수수선물(계약단위는 5,000부셸)의 수수료가 $30이고, 증거금은 부셸(bu.)당 $0.16이다. 만일 옥수수선물을 가격이 부셸당 $1.35일 때 4계약을 매입하고 부셸당 $0.07 상승하였을 때 포지션을 마감하였다면, 이익은 증거금의 몇 %를 차지하는가?

04. 개시증거금이 $0.12/bu.이고 유지증거금이 $0.10/bu.인 옥수수선물 한 계약을 2.53¼에 매도한 한 고객이 증거금납입요청(margin call)을 받기 위해서는 선물가격이 어떻게 변화해야 하는가?

05. 한 헷저가 보유비용(cost of carry)을 걱정하고 있다. 그는 176.52의 가격에 오렌지주스 선물(계약단위는 15,000파운드임) 3계약에 매도포지션을 취하고, 3개월 후 169.88에 포지션을 마감하였다면 거래비용이나 수수료를 무시할 경우 그의 이익 혹은 손실은?

06. 한 투자자가 미국의 선물거래소에서 부셸(bu.)당 $1.47의 가격으로 콩선물 4계약을 매입하고(계약단위는 1,000bu.), $1.61에 포지션을 마감하였다. 증거금이 bu.당 25¢이고 수수료는 계약당 $20이라 할 때, 투자자의 수익률(투자액수 대비 이익)은?

07. 한 투자자가 선물거래소에서 6월물 금선물(계약단위 100온스) 5계약을 온스당 $452.30에 매도하고, 12월물 금선물(계약단위 100온스) 5계약을 온스당 $446.70에 매입한 후, 6월물은 온스당 $450.20에, 12월물은 온스당 $451.60에 마감하였다면, 그의 이익은?

08. 당신의 고객이 11월물 콩선물 2계약(계약단위는 5,000부셸(bu.))을 매도하였다. 증거금이 bu.당 $1.50이고 현물가격은 bu.당 $7.50이다. 콩현물가격이 2% 변한다면, 투자액 대비 가격변화는 몇%인가?

09. 한 투기자가 선물거래소에서 합판선물(계약단위는 76,032sq.bd.ft.) 4개를 매입하고, 가격이 MSF(1,000sq.bd.ft.)당 $15 상승했을 때 마감하였다. 한 계약당 수수료가 $30이라면 투기자의 순이익은?

10. 한 선물거래소에서 밀선물의 경우 증거금은 부셸(bu.)당 20￠이고, 수수료는 계약당(계약단위는 5,000bu.) $50이다. 한 거래자가 3월물 밀계약 2개를 부셸당 $3.61에 매입하고, 가격이 부셸당 $3.72일 때 마감하였다면, 수수료를 내고 난 후 수익률은?

11. 한 투기자가 생우선물(계약단위는 40,000파운드) 3계약을 선물가격이 파운드당 58.40￠일 때 매입하고, 가격이 64.65￠로 상승하였을 때 마감하였다면, 수수료를 무시할 경우 이익은?

12. 한 투기자가 상품선물거래소에서 난방용 원유(계약단위는 42,000갤론) 4계약을 갤론당 $0.9850에 매도포지션을 취하고, 일주일 후 $0.9810에 4계약을 마감하였다면, 수수료를 무시할 때 이익 혹은 손실은?

13. 한 고객이 상품선물거래소에서 은선물 10계약(계약단위는 5,000온스)을 온스당 432.50￠에 매도하고 가격이 397.00￠일 때 마감하였다. 수수료가 계약당 $30.00이라면, 이익은?

14. 한 투기자가 7월물 커피선물(계약단위는 37,500파운드)을 파운드당 134.50 ¢에 매도포지션을 취한 후, 128.20¢에 포지션을 마감하였다. 계약당 증거금이 $2,500이라면, 선물거래이익금은 투자비(즉, 증거금) 대비 몇 %인가?

15. 한 고객이 11월물 콩선물 2계약(1계약단위는 5,000부셸)에 매도포지션을 취하였다. 가격이 부셸당 $7.25에서 $6.85로 하락하였고, 증거금은 부셸당 $1이며, 수수료가 계약당 $25이라면, 투자액에 대한 이익률 혹은 손실률은 얼마인가?

16. 콩선물의 증거금은 부셸당 $0.30이고, 투자가능금액은 $5,000이며, 선물가격은 부셸당 $3.60이다. 콩선물의 계약단위가 5,000부셸이라 할 때, 계약가능한 최대의 계약수를 매입한다고 하면 투자가능금액은 선물계약가치의 몇 %인가?

17. 한 투기자가 커피선물 2계약(1계약은 37,500파운드)을 파운드당 134.50¢에 매도하고, 정산가격 128.20¢에 포지션을 마감하였다. 계약당 증거금이 $2,500이라면 투자 대비 이익은 몇 %인가?

18. 한 고객이 상품선물거래소에서 금선물 2계약(1계약은 100온스)을 온스당 $135.50에 매입하였다. 현재의 금선물가격이 온스당 $140.70이고, 그 투자자는 자신의 이익을 지키기 위해 역 지정가 주문(stop order)을 온스당 $139에 내었고, $138.70에 역 지정가 주문이 체결되었다. 계약당 수수료가 $40이라면 고객의 순이익은?

19. 8월 18일에 한 투자자가 10월물 금선물 8계약을 온스(troy oz.)당 $433.60에 매도하였다(금선물 1계약은 100온스). 그는 금과 전략금속자원(strategic metals)들의 공급이 증가할 것으로 믿고 있다. 10월 1일 자신의 포지션을 온스(troy oz.)당 $422.50에 마감하였고, 수수료(매도 및 매입)가 계약당 $60라면, 투자자의 순이익 혹은 순손실은?

20. 한 상품선물거래소에서 설탕거래를 위한 수수료는 계약당 $62이다(설탕 1계약은 112,000파운드임). 한 거래자가 설탕선물 4계약을 파운드(lb.)당 $0.08일 때 매입하고, 선물가격이 100포인트 증가했을 때 포지션을 마감하였다면, 거래에서 얻은 순이익은?

21. 어떤 선물계약의 개시증거금률은 계약금액의 10%이고 유지증거금률은 개시증거금의 3/4이라 한다. 이 선물계약을 선물가격 90에 매도포지션을 취한 투자자는 선물가격이 얼마가 될 때 마진콜(margin call)을 받게 되는가?

객관식

01. B

02. B

일부 대규모 투기자에 의해 선물시장이 영향받는 것을 배제하기 위해 포지션 한도를 두고 있는데, 이 규정은 '선의의(bona fide)' 헷저에게는 적용되지 않는다.

03. A

초과마진이 발생할 경우 현금을 인출할 수도 있고 새로운 포지션을 취할 수 있다.

04. A

05. A

매도자가 많아지면 미결제약정수는 늘어나고 공급증가로 가격하락요인이 되고, 매입자가 늘어나면 미결제약정수는 늘지만 수요증가로 가격상승요인이 된다.

06. B 　　**07.** A 　　**08.** C

09. B 　　**10.** B 　　**11.** C

12. D

선물을 매입하였는데 가격이 하락하였으므로 손실이다. 즉,

계약당 손실＝($6.96－$7.00)/bu×5,000bu.＝－$200.

따라서, 증거금계좌에는 계약 당 $200 감소한 $3,000－$200＝$2,800이 남아 있다.

증거금 납입요청(margin call)은 증거금계좌의 잔액이 유지증거금($2,600)보다 적어야 발생하는데 현 잔액($2,800)이 유지증거금보다 많으므로 납입요청은 없다.

13. C   14. B

15. C

미결제약정수(open interest)가 늘고 있다는 것은 매입포지션과 매도포지션 둘 다 증가하고 있음을 의미하며, 가격의 상승은 매입포지션이 매도포지션보다 상대적으로 많음을 의미한다.

16. A

시장참가자수가 적은 "비유동적시장(thin market)"에서는 한 두 사람의 참여자의 행동이 시장에 영향을 주며, 따라서 변동성도 크다.

17. A   18. A

19. D

원월물(far futures)로 갈수록 가격이 상승하므로 강세스프레드(bull spread)를 취하면 이익을 얻을 수 있다. A와 D가 답이 될 수 있으나 A의 경우 스프레드가 20.70인 반면 D의 경우 스프레드가 32.25이므로 더 많은 이익이 예상된다. 따라서 D를 선택해야 한다.

20. B

인도장소 및 기간은 거래소가 정한다.

21. A

약속어음(demand note)은 증거금으로 사용할 수 없다.

22. C

기초자산에 대한 소유권 혹은 권리(title)는 자산이 인도되고 대금을 지불할 때 이전된다.

23. B   24. C   25. C

26. D

스프레드는 크게 다음과 같이 네 가지로 구분된다.

1) 만기간 스프레드(inter-delivery spread): 같은 거래소, 같은 상품, 다른 인도월

2) 시장간 스프레드(inter-market spread): 다른 거래소, 같은 상품, 같은 인도월

3) 상품간 스프레드(inter-commodity spread): 같은 거래소, 다른 상품, 같은 인도월

4) 상품-상품제조물간 스프레드(commodity-product spread): 상품과 그 상품을 이용한 제조물간의 스프레드

   ⅰ) 크러쉬 스프레드(crush spread): 대두(大豆)(L)-대두유(大豆油)와 대두박(大豆粕)(S)

   ⅱ) 역 크러쉬 스프레드(reverse crush spread): 대두(S)-대두유와 대두박(L)

   ⅲ) 크랙 스프레드(crack spread): 원유(L)-난방유와 휘발유(S)

   ⅳ) 역 크랙 스프레드(inverted crack spread): 원유(S)-난방유와 휘발유(L)

v) 총 제조 이윤(GPM: Gross Processing Margin): 원유와 대두박(난방유
와 휘발유)수익 – 대두(원유) 원가

[참조] L = long position(매입); S = short position(매도)
대두 = soybean; 대두유 = soybean oil; 대두박 = soybean meal
원유 = crude oil; 난방유 = heating oil; 휘발유 = gasoline

27. A

수요는 적고 공급이 많아서 가격이 하락하게 되는 시장을 매입자시장(buy-
ers' market)이라 한다.

28. A

29. A

매도 후 이익이 났다는 것은 가격이 하락하였음을 의미한다. 이 이익을 보호
하기 위해서는 46.82보다 아래의 가격에서 매입 역지정가(buy stop)주문을
내야 한다.

[참조] 만일 매입 후 이익이 났다면, 가격이 상승하였다는 것을 의미하고, 이 이익을 보호하
기 위해서는 46.82보다 위의 가격에서 매도 역지정가(sell stop)주문을 내야 한다.

30. C

고객이 선물에 포지션을 취하면 계약가치 전체에 대해 책임을 져야 한다.

주관식

01. 선물매입 포지션을 취하였는데 가격이 하락하였으므로 손실을 보게 된다. 손
실액수는,
$6.5/bu. × 2% × 20,000bu. = $2,600.

02. 선물을 매입했는데 가격이 하락하였으므로 손실이다. 즉, 배럴당 손실은 다음과 같다.

선물매입: $28.25 - $28.45 = -$0.20(손실).

따라서, 3계약에 대한 총손실을 계산하면,

총손실 = 3계약 × 1,000배럴/계약 × -$0.20/배럴 = -$600(손실).

그런데, 선의의 헷저의 경우 개시증거금과 유지증거금이 같으므로 손실 $600을 채우면 다시 증거금이 개시증거금 수준이 되므로 납입요청액은 $600이 된다.

03. 계약당 증거금 = 5,000bu./계약 × $0.16/bu. = $800

선물을 매입하였는데 가격이 상승하였으므로 이익이다. 즉,

계약당 이익 = $0.07 × 5,000bu./계약 = $350.

그런데, 계약당 수수료가 $30이므로,

계약당 순이익 = 이익 - 수수료 = $350 - $30 = $320

따라서, 순이익/증거금 = $320/$800 = 0.40 혹은 40%.

04. 매도한 선물에 손실이 발생하기 위해서는 가격이 상승해야 하고, 증거금납입요청은 증거금잔액이 유지증거금 미만으로 감소할 때 발생한다. 그런데 개시증거금과 유지증거금의 차이가 $0.02(즉, $0.12 - $0.10)이므로 가격차이가 $0.02보다 크게 날 때 납입금요청이 있게 된다.

05. 매도포지션을 취하였는데 선물가격이 하락하였으므로 이익이다. 즉,

선물 매도포지션: 176.52 ¢/파운드(S) - 169.88 ¢/파운드 = 6.64 ¢/파운드(이익)

따라서, 총이익 = 6.64 ¢/파운드 × 15,000파운드/계약 × 3계약 = $2,988

06. 선물을 매입하였는데 선물가격이 상승하였으므로 이익이 된다. 즉,

선물(매입): $1.61/bu.(S) - $1.47/bu.(L) = $0.14/bu.(이익)

총이익 = $0.14/bu. × 1,000bu./계약 × 4계약 = $560

수수료 = $20/계약 × 4계약 = $80이므로,

순이익 = 총이익 - 수수료 = $560 - $80 = $480

투자액(증거금)＝$0.25/bu.×1,000bu./계약×4계약＝$1,000

따라서, 수익률＝순이익/투자액＝$480/$1,000＝0.48 혹은 48%

07. 매도한 6월물 선물가격은 하락하였으므로 이익이고, 매입한 12월물 선물가격은 상승하였으므로 또한 이익이다. 즉,

매도선물(6월물): 5계약×100온스/계약×($452.30－$450.20)/온스
　　　　　　＝$1,050(이익)

매입선물(12월물): 5계약×100온스/계약×($451.60－$446.70)/온스
　　　　　　　＝$2,450(이익)

따라서, 총이익＝$1,050(6월물 이익)＋$2,450(12월물 이익)＝$3,500

08. 투자액(증거금)＝$1.50/bu.

가격변화＝$7.50/bu.×2%＝$0.15/bu.

따라서, 가격변화/투자액＝$0.15/$1.50＝0.10 혹은 10%

09. 총수수료＝$30/계약×4계약＝$120

총이익＝$15/1,000sq.bd.ft×76,032sq.bd.ft/계약×4계약＝$4,561.92

따라서, 순이익＝총이익－총수수료＝$4,561.92－$120＝$4,441.92

10. 총수수료＝$50/계약×2계약＝$100

투자액(증거금)＝$0.20/bu.×5,000bu./계약×2계약＝$2,000

총이익＝[$3.72/bu.(S)－$3.61/bu.(L)]×5,000bu./계약×2계약
　　　＝$1,100

순이익＝총이익－총수수료＝$1,100－$100＝$1,000

따라서, 수익률＝순이익/투자액＝$1,000/$2,000＝0.50 혹은 50%

11. 선물을 매입하였는데 가격이 상승하였으므로 이익이다. 즉,

선물(매입): $0.6465/파운드(S)－$0.5840/파운드(L)＝$0.0625/파운드(이익)

총이익＝$0.0625/파운드×40,000파운드/계약×3계약＝$7,500

12. 선물을 매도하였는데 가격이 하락하였으므로 이익이다. 즉,

    선물(매도): $0.9850/gal.(S) − $0.9810/gal.(L) = $0.0040/gal.(이익)

    총이익 = $0.0040/gal. × 42,000gal./계약 × 4계약 = $672

13. 선물을 매도하였는데 가격이 하락하였으므로 이익이다. 즉,

    선물(매도): $4.3250/온스(S) − $3.9700/온스(L) = $0.3550/온스(이익)

    총이익 = $0.3550/온스 × 5,000온스/계약 × 10계약 = $17,750

    총수수료 = $30/계약 × 10계약 = $300

    따라서, 순이익 = 총이익 − 총수수료 = $17,750 − $300 = $17,450.

14. 매도포지션을 취하였는데 가격이 하락하였으므로 이익이다. 즉,

    이익 = 134.50 ¢(S) − 128.20 ¢(L) = 6.30 ¢/파운드

    커피 1계약은 37,500파운드이므로 1계약으로부터

    총이익 = 6.30 ¢/파운드 × 37,500파운드 = 236,250 ¢ = $2,362.50

    계약당 증거금이 $2,500이므로, 증거금(즉, 투자비) 대비 총이익은,

    총이익/투자액 = $2,362.50/$2,500 = 0.945 혹은 94.5%

15. 매도포지션을 취하였는데 가격이 하락하였으므로 이익이다. 즉,

    부쉘당 이익 = $7.25(S) − $6.85 = $0.40/bu.

    1계약단위가 5,000bu.이므로 2계약은 10,000bu.이고, 따라서 2계약에 대한

    총이익 = $0.40/bu. × 10,000bu. = $4,000

    총비용 = 수수료/계약 × 계약수 = $25 × 2 = $50.

    순이익 = 총이익 − 총비용 = $4,000 − $50 = $3,950

    한편, 증거금은 $1/bu.이므로, 2계약(10,000bu.)에 대한 증거금(투자액) = $10,000

    따라서, 이익률 = 순이익/투자액(증거금) = $3,950/$10,000 = 0.395 혹은 39.5%

16. 투자가능금액은 $5,000이며, 계약당 증거금은 다음과 같이 $1,500이다. 즉,

    계약당 증거금 = $0.30/bu. × 5,000bu./계약 = $1,500

    따라서, $5,000로 3계약을 매입할 수 있으며, 선물계약가치는 다음과 같다.

$$선물계약가치＝bu.당 선물가격×1계약 단위×계약수$$
$$＝\$3.60×5,000bu./계약×3계약＝\$54,000$$

따라서, 투자가능금액 대비 선물계약가치

$$＝투자가능금액/선물계약가치＝\$5,000/\$54,000＝0.0926 \text{ 혹은 } 9.26\%$$

17. 매도포지션을 취하였는데 가격이 하락하였으므로 이익이다. 즉,

이익＝가격변화/파운드×계약단위×계약수

$$＝[134.50 \text{¢}(S)－128.20 \text{¢}(L)]/파운드×37,500파운드/계약×2계약$$
$$＝6.30 \text{¢} ×37,500×2＝472,500 \text{¢} ＝\$4,725$$

총투자비＝총증거금＝$2,500/계약×2계약＝$5,000

따라서, 투자비 대비 이익률＝이익/총투자비＝$4,725/$5,000＝0.945 혹은 94.50%

18. 고객이 매입포지션을 취하였고 가격이 상승하였으므로 이익이다. 즉,

이익＝가격변화/온스×계약단위×계약수

$$＝[\$138.70(S)－\$135.50(L)]/oz.×100oz./계약×2계약$$
$$＝\$3.20×100×2＝\$640$$

그런데, 계약당 수수료가 $40이므로 2계약에 대한 총 수수료는 $80이고, 따라서, 순이익＝이익－수수료＝$640－$80＝$560

19. 매도포지션을 취하였는데 가격이 하락하였으므로 이익이다. 즉,

총이익＝[$433.60(S)－$422.50(L)]/oz.×100oz./계약×8계약＝$8,880

총수수료＝$60/계약×8계약＝$480

따라서, 순이익＝총이익－총수수료＝$8,880－$480＝$8,400

20. 선물을 매입하였는데 가격이 상승하였으므로 이익이다. 100포인트는 $0.01을 의미하므로 총이익은 다음과 같다.

총이익＝$0.01/lb.×112,000lb/계약×4계약＝$4,480

계약당 수수료가 $62이므로 총수수료는 $62×4＝$248

따라서, 순이익＝총이익－총수수료＝$4,480－$248＝$4,232.

21. 가격변동비율을 $k(\%)$라고 하면, 증거금잔액이 유지증거금보다 작을 때 마진 콜이 있게 되므로 다음 식이 만족되어야 한다.

$10\% - k < 10\%(3/4)$

→ $k > 10\%(1 - 3/4) = 2.5\%$

→ 매도포지션이므로 가격이 오르면 손실이 되므로 가격이 2.5%보다 더 오르면 마진콜을 받게 된다. 즉,

$90 \times (1 + 2.5\%) = 90 + 90(0.025) = 92.25$보다 가격이 크면 마진콜을 받게 된다.

Chapter 12

선물을 이용한 헷징전략

연습문제

객관식

01. 한 투자자가 많은 금(gold)을 보유하고 있다. 그는 금값하락을 염려하고 있지만, 앞으로 주요국의 채무불이행 가능성이 금값의 폭발적 상승을 가져올 것이라는 국제적 상황은 인식하고 있다. 이 투자자가 자신의 포지션을 헷지할 수 있는 방법은?

A. 금현물 매입

B. 금선물 매입

C. 금선물풋옵션 매도

D. 금선물풋옵션 매입

02. 헷지포지션이 가격의 불리한 변동을 완전하게 보호하지 못하는 이유는?

    A. 헷지가 작동하는 동안 베이시스(basis)가 변하기 때문에

    B. 현물가격과 선물가격이 같이 움직이기 때문에

    C. 인도월이 다른 선물들이 서로 다른 가격에 거래되기 때문에

    D. 운송비용이 지역마다 서로 다르기 때문에

03. 선물을 이용한 헷지는?

    A. 가격이 헷지하고자 하는 방향으로만 움직일 때 설정된다.

    B. 선물매도포지션 하에 있는 자산을 추후 매도하기 위한 일시적 대체물이다.

    C. 근월물로만 이루어진다.

    D. 위의 세 가지 모두 맞다.

04. 돼지고기의 cwt.당 가격이 다음과 같다.

날짜	현물	선물
8월 6일	$64.10	$66.50
10월 8일	$61.69	$63.30

한 돼지사육자가 8월 6일에 주어진 가격으로 헷지포지션을 취하고 10월 8일에 포지션을 마감하고 돼지고기를 매도하였다면 그의 베이시스(basis)는?

    A. 감소되었고, 결과적으로 cwt.당 $0.81의 손실을 가져옴.

    B. 감소되었고, 결과적으로 cwt.당 $0.99의 손실을 가져옴.

    C. 증가되었고, 결과적으로 cwt.당 $0.81의 이익을 가져옴.

    D. 증가되었고, 결과적으로 cwt.당 $0.79의 이익을 가져옴.

05. 한 가축사육장에서 장래에 사육소를 사고자 하여 소값 상승에 대비해 헷지를 하고자 한다. 사육 숫송아지의 현물가격은 cwt.당 $80.75이며, 11월물 선물가격은 파운드(lb)당 77.45¢이다(선물의 계약단위는 44,000lbs임). 헷지포지션을 마감할 때의 현물가격이 cwt.당 $78.25이고 선물가격이 lb당 74.77¢라 할 때, 헷지의 결과는?

A. 계약당 $79.20 손실
B. 계약당 $79.20 이익
C. 계약당 $1,179.20 손실
D. 계약당 $1,179.20 이익

06. 난방용기름 공급업자가 12월에 8,400,000갤론을 매도하는 계약을 8월에 맺었고, 가격하락을 헷지하기 위해 계약당 42,000갤론인 선물에 매도포지션을 취하였다. 8월에 현물가격이 갤론당 $0.45이고 선물가격은 $0.50이었으며, 12월에는 현물이 $0.40이고 선물이 $0.41이었다면 헷지의 결과는?

A. $336,000 이익
B. $420,000 이익
C. $756,000 이익
D. $840,000 이익

07. 금융선물에서 베이시스(basis)란 무엇인가?

A. 특정금융선물의 인도월의 차이
B. 서로 다른 선물거래소에서 거래되는 선물들의 인도월의 차이
C. 특정금융자산의 현물가격과 해당자산 선물가격과의 차이
D. 단기선물과 장기선물가격과의 차이

08. 2월에 한 투자자가 A주식 1,500주를 주당 $53½에 공매(short-selling)하고, 헷지를 위해 3월물 S&P500주가지수선물(1 point = $250)을 104.90에 매입하였다. 3월에 이 투자자는 공매주를 55⅜의 가격에 커버하고 103.80에 선물 포지션을 마감하였다면 헷지의 결과는?

A. $2,262.50의 순손실

B. $3,087.50의 손실

C. $2,262.50의 순이익

D. $3,362.50의 이익

09. 베이시스(basis)에 영향을 미치는 요인은?

A. 바로 취득가능한 공급량의 변화

B. 특정장소, 특정날짜에 특정품질의 수요량 변화

C. 미래의 거래량과 품질에 대한 불확실성

D. 위의 세 가지 모두

10. B전기회사는 구리(copper)의 큰 수요자이다. 그 회사가 구리선물로 헷지포지션을 취할 때의 베이시스가 파운드당 −$0.35였고, 헷지를 마감할 때의 베이시스가 −$0.41이라면 베이시스 변화에 따른 회사의 이익 혹은 손실은?

A. 파운드당 $0.50 이익

B. 파운드당 $0.06 이익

C. 파운드당 $0.41 손실

D. 파운드당 $0.08 손실

11. 헷저는 현물과 반대방향으로 선물포지션을 취한다. 헷저가 가장 걱정하는 것은?

   A. 현물가격

   B. 선물가격

   C. 베이시스의 변화

   D. 현물 및 선물시장의 상승과 하락 여부

12. 합판저장업체가 자신의 재고합판(총 76,032sq.bd.ft.)에 대해 헷지포지션을 취하였다. 1월 1일 헷지포지션을 취할 당시의 베이시스가 -400포인트(즉, 1,000sq.bd.ft.당 -$4)였고, 6월 1일 헷지를 마감할 때 베이시스가 +200포인트라면, 헷지 결과 총이익은?

   A. +$152.064

   B. -$152.064

   C. +$456.192

   D. -$456.192

13. 한 커피제조업체가 브라질산 커피원료가격의 상승에 대비해 헷지포지션을 취하고자 한다(선물계약단위는 37,500파운드). 헷지포지션을 취할 때의 커피원료는 현물가격이 파운드당 $1.31, 선물가격이 $1.4225였고, 헷지포지션을 마감할 때의 현물가격은 $1.40, 선물가격이 $1.4685라면, 1계약당 헷지의 결과는?

   A. $1,650 손실

   B. $1,650 이익

   C. $1,725 손실

   D. $1,725 이익

14. 한 설탕제조회사가 설탕가격의 하락을 염려하고 있다면, 그 회사가 헷지를 위해 해야 하는 일은?

    A. 설탕선물 매도
    B. 설탕현물 매도 및 설탕선물 매입
    C. 설탕선물 매입
    D. 현물설탕 매입 및 설탕선물 매입

15. 다음 중 선물을 이용한 헷저의 '순지불가격(net price paid)'의 정의를 가장 잘 설명하고 있는 것은?

    A. 현물지불가격에 선물거래이익을 더한 것
    B. 현물지불가격에 선물거래이익을 뺀 것
    C. 현물지불가격에 선물거래손실을 곱한 것
    D. 현물지불가격에 선물거래손실을 나눈 것

16. 다음 중 선물헷지에서 필수요건이 아닌 것은?

    A. 선물포지션의 크기는 위험에 노출된 현물크기와 비슷해야 한다.
    B. 선물포지션의 위험은 현물포지션과 반대이어야 한다.
    C. 현물시장에서 포지션을 가져야 한다.
    D. 선물포지션의 위험은 현물포지션과 동일한 위험이어야 한다.

17. 헷지(hedge)의 결과를 가장 잘 묘사하고 있는 것은?

    A. 운전자본(working capital)의 감소
    B. 순이익(net income)의 증가
    C. 생산원가(production cost)의 감소
    D. 수익률의 증가

18. 한 브로커가 지정된 가격에 곡물현물(cash grain)을 인도하기로 계약을 체결하였다. 이 브로커가 현재 곡물을 보유하고 있지 않다면 다음 중 어떻게 자신의 포지션을 헷지할 수 있는가?

A. 곡물선물을 매입함

B. 곡물선물을 매도함

C. 곡물현물을 매입함

D. 곡물현물을 매도함

19. 현물과 선물의 가격변화가 다음과 같다.

날짜	현물	선물
3/10	166.35	171.60
4/25	169.25	172.25

3/10부터 4/25까지의 매도헷지의 베이시스(basis)변화는 얼마인가?

A. −4.25

B. +2.25

C. −2.25

D. +4.25

20. 구리 500,000파운드(lb)를 필요로 하는 한 제조업체가 구리선물(계약단위는 25,000lb)에 매입포지션을 취하였는데, 포지션을 취할 당시의 구리현물가격은 128.75¢/lb였고 선물가격은 137.25¢/lb였다. 얼마 후 현물가격이 143.75 ¢/lb가 되고 선물가격이 147.75¢/lb가 되었을 때 헷지포지션을 마감하였다면 당초 현물가격과 비교할 때 실질비용(effective cost)은?

A. 8.5 ¢/lb 감소

B. 10.5 ¢/lb 감소

C. 4.5 ¢/lb 증가

D. 5.0 ¢/lb 증가

21. 베이시스 및 베이시스 리스크에 관한 다음 설명 중 옳지 않은 것은?

    A. 보유가 곤란하거나 수요와 공급에 계절성이 있는 상품을 기초자산으로 하는 선물은 베이시스 리스크가 크다.
    B. 헷지기간과 헷지에 이용되는 만기일이 같으면 베이시스 리스크가 없어진다.
    C. 베이시스는 만기일까지 남아있는 기간이 길수록 확대되는 경향이 있다.
    D. 베이시스 리스크가 가격변동 리스크보다 크다면 헷징할 필요가 없다.

22. 다음 중 헷지의 효과성(effectiveness)을 저해하는 요인이 아닌 것은?

    A. 베이시스 리스크
    B. 헷지비율의 불안정
    C. 차익거래
    D. 헷지대상 현물규모의 불확실성

주관식

01. 한 농부가 부쉘(bu.) 당 $6.05인 대두(콩)를 10,000bu. 소유하고 있다. 소유하고 있는 대두를 헷지하기 위해 같은 양만큼의 대두선물을 bu.당 $6.15에 매도포지션을 취하였다. 그가 나중에 헷지포지션을 마감할 때 베이시스가＋15¢가 되었다면 bu.당 그의 손실 혹은 이익은 얼마인가?

09. 돼지고기와 관련한 가격이 다음과 같다.

날짜	현물생돈	선물생돈
5월 3일	44.50	42.60
6월 3일	46.40	45.80
7월 3일	47.50	46.20
8월 3일	46.90	45.95
9월 3일	48.30	47.45
10월 3일	47.10	46.20

한 고기포장업자가 가을에 돼지고기를 사고 싶지만 가격의 상승을 걱정하고 있다. 5월 3일에 포지션을 취하고 9월 3일에 현물고기를 매입하고 선물포지션을 마감하였다면 유효가격은?

10. 한 목재생산업자가 합판 912,384평방피트(sq.ft.)를 매도하고자 한다. 그는 합판현물가격이 1,000sq.ft.당 $188.50이고 8월물 선물(계약단위는 76,032sq.ft.) 가격이 $194.25일 때 선물매입포지션을 취하였다. 주택가격이 4% 상승하고, 합판 현물가격이 $196.75이고 선물가격이 $203.50일 때 포지션을 마감한다면 헷지된 합판의 평방피트(sq.ft.)당 유효가격(effective price)과 총매도가격은 각각 얼마인가?

11. 완전헷지(perfect hedge)가 불완전헷지보다 항상 더 좋은 결과를 가져오는가? 그 이유는 무엇인가?

12. 최소분산헷지전략을 이용하여 헷지하고자 해도 헷지를 전혀 할 수 없는 경우는 언제인가?

13. 기초자산의 분산이 2.56, 선물의 분산은 0.16, 그리고 이 선물을 이용한 헷지의 최소분산 헷지비율이 0.80이라면, 기초자산과 선물 사이의 공분산은 얼마인가?

14. ㈜서강증권은 2천만달러의 미국 주식포트폴리오를 보유하고 있으며 이 포트폴리오의 베타는 1.2이다. 이 증권회사는 미국의 대표적인 지수선물인 S&P500지수선물을 이용하여 보유하고 있는 포트폴리오의 리스크를 헷지하려고 한다. 지수선물은 현재 1,080이고 지수선물의 지수승수는 포인트당 $250이다. 이 포트폴리오의 리스크를 최소화하는 헷지전략은 무엇인가? 그리고 앞으로 주식시장이 나빠질 것으로 예상되어 지수선물을 이용해 베타를 0.6으로 줄이려고 한다면 선물에 어떤 포지션을 취해야 하는가?

15. '최소분산헷지비율이 1.0이라면, 이 헷지는 완전헷지이다'라는 주장은 옳은가? 그 이유는 무엇인가? (단, 현물가격 변동이 매출수익 혹은 매입원가에 미치는 영향의 예측이 가능하며, 헷지대상자산과 선물기초자산이 일치하고, 선물계약의 만기가 원하는 헷지기간과 일치하며, 현물수량과 선물계약수량은 일치한다고 가정한다)

16. '만일 베이시스 리스크가 없다면, 최소분산헷지비율이 항상 1.0이다'라는 주장은 옳은가? 그 이유는 무엇인가?

17. 난방유현물가격변화(ΔS)의 표준편차(σ_S)는 0.0263이고, 난방유선물가격변화(ΔF)의 표준편차(σ_F)는 0.0313, 그리고 난방유선물을 이용한 최소분산헷지비율(h^*)은 0.7798이라 한다. 이 헷지의 효과성(effectiveness)은 얼마인가?

18. 옥수수선물의 부쉘당 증거금은 30¢이고 수수료는 계약당 $30이며 1계약의 크기는 5,000부쉘이다. 한 고객이 옥수수선물 가격이 부쉘당 $3.35일 때 2개의 매입헷지(long hedge)포지션을 취하고 가격이 부쉘당 $3.40일 때 포지션을 마감하였다면, 이 거래의 수익률은 얼마인가?

19. 일본에서 기계류를 수입하는 ㈜강서물산은 8월 25일에 1억엔을 수입상대방인 일본기업에 지급할 예정이다. 그런데 지급시점에 엔화가 강세가 될 것이 걱정되어 한국거래소에서 9월물 일본엔화선물 20계약을 100엔당 1,320원에 매입하였다. 예정대로 8월 25일 1억엔을 현물시장에서 매입하고 엔화선물포지션은 반대매매를 통해 청산하였다. 이때 엔화 현물환율 및 선물환율이 각각 100엔당 1,380원, 1,370원이었다고 하면 실제지급한 엔화는 100엔당 얼마인가?

20. ㈜한국투자증권은 미국 주식포트폴리오에 투자하고 있는데, 향후 주가하락을 걱정하여 만기가 3개월인 S&P500주가지수선물을 이용하여 헷지하고자 한다. 현재상황은 다음과 같다. (단, S&P500주가지수 승수는 포인트당 $250임)

S&P500주가지수＝1,000포인트
S&P500주가지수선물가격＝1,010포인트
보유주식포트폴리오의 가치＝$5,050,000
보유주식포트폴리오의 베타＝1.5
무위험이자율(연간)＝4%
S&P500주가지수의 연속 배당이익률(연간)＝1%

(1) 최소분산헷지를 위한 최적의 선물매도계약수는 얼마인가?

(2) 선물포지션 마감 시(3개월 후) 걱정한 대로 주식시장이 나빠져 S&P500 현물지수가 900으로 하락하였고, S&P500선물지수가 902로 하락하였다면, ㈜한국투자증권의 마감 시 매도헷지포지션의 기대가치(expected value)는 얼마가 되는가?

21. 20**년 11월 25일에 100만달러를 받을 예정인 어느 한국기업이 환리스크를 헷지하기 위해 헷지비율이 1.0이라는 가정하에 한국선물거래소(KRX)에서 12월물 미국달러선물 20계약을 선물가격 달러당 1,220원에 매도하였다. 예정대로 11월 25일에 100만달러를 받아 헷징포지션을 청산할 당시의 현물 및 선물가격이 각각 1,155원, 1,160원이었다고 하면, 이 기업이 받게 될 총금액(원화)은 얼마인가?

정답해설

01. D

금을 보유하고 있으므로 헷지가 목적이라면 옵션행사 시 선물매도포지션을 가질 수 있는 선물풋옵션매입전략이 적절하다. 만일 이익극대화가 목적이라면, 선물콜옵션을 매입하는 것이 적절한 전략일 것이다.

02. A

베이시스(즉, $S_2 - F_2$)가 변하지 않고 일정하다면 베이시스위험이 없으므로 완전헷지(perfect hedge)가 가능하다. 그러나, 통상 베이시스가 변하므로 완전헷지가 불가능하다.

03. B

04. D

계약시 베이시스(at $t=1$) $= S_1 - F_1 = \$64.10 - \$66.50 = -\$2.40$

마감시 베이시스(at $t=2$) $= S_2 - F_2 = \$61.69 - \$63.30 = -\$1.61$

따라서 계약시점에 비교해서 마감시점의 베이시스는 증가되었고, 매도포지션이므로 이익을 얻게 된다. 이익은 베이시스의 변화량인 cwt.당 $0.79(즉, $2.40 - 1.61$)이다.

[참조] 이익은 다음과 같이 구할 수도 있다.

유효가격 $= S_2 + (F_1 - F_2) = \$61.69 + (\$66.50 - \$63.30) = \$64.89$

이익 = 유효가격-계약 시 현물가격 $= \$64.89 - \$64.10 = \$0.79$

05. A

매입포지션으로 헷지를 하였는데 선물가격이 하락하였으므로 선물에서는 손실이고, 현물가격은 하락하였으므로 이익이다. 즉,

선물매입: 74.77 ¢ (S) − 77.45 ¢ (L) = − 2.68 ¢/파운드(손실)

현물: 80.75 ¢ (S) − 78.25 ¢ = 2.50(이익). 따라서,

합계 = − 2.68 ¢/파운드(손실) + 2.50(이익) = − 0.18 ¢ (손실)/파운드

총손실 = − 0.18 ¢/파운드 × 44,000파운드 = 7,920 ¢ = $79.20

[참조] 1 cwt.(hundred-weight) = 100파운드
따라서, $80.75/cwt. = 8,075 ¢/100파운드 = 80.75 ¢/파운드

06. A

선물을 매도했는데 선물가격이 하락하였으므로 이익이고, 현물은 매도가격이 하락하였으므로 손실이다. 즉,

선물: $0.50/gal.(S) − $0.41/gal.(L) = $0.09/gal.(이익)

현물: $0.40/gal.(S) − $0.45/gal.(L) = − $0.05/gal.(손실). 따라서,

합계 = $0.09/gal.(이익) − $0.05/gal.(손실) = $0.04/gal.(이익).

총 8,400,000gal. 매도이므로,

총이익 = $0.04/gal × 8,400,000gal. = $336,000(이익)

07. C

베이시스 at t (b_t) = 현물가격(S_t) − 선물가격(F_t)

08. B

공매주식: $53½에 공매(S)하고, $55⅜에 매입(L)하여 커버하였으므로 손실이다. 즉,

$53½(S) − $55⅜(L) = − $1⅞(손실)

주식에서의 총손실 = − $1⅞/주 × 1,500주 = − $2,812.50

헷지선물: 매입포지션인데 선물가격이 하락하였으므로 손실이다. 즉,

103.80point(S) − 104.90point(L) = − 1.10point

선물에서의 총손실 = − 1.10point × $250/point = − $275

따라서, 주식과 선물로부터의 손실 합계 = − $2,812.50 − $275 = − $3,087.50

09. D

10. B

B전기회사는 구리수요자이므로 구리에 대해 매입포지션을 취함으로써 위험을 헷지할 것이고, 베이시스의 하락은 유효매입가격(effective purchasing price)을 하락시키므로 이익이 된다. 이익은 베이시스의 차이만큼 발생하므로, 이익=−0.35/파운드−(−0.41/파운드)=0.60/파운드.

11. C

12. C

합판재고업체는 합판을 판매하기를 원하고 판매가격의 하락을 염려하므로 선물매도포지션으로 헷지하고자 한다. 베이시스가 상승하였으므로 유효가격은 상승하고 매도포지션은 이익을 얻게 된다. 즉, 베이시스의 변화는 200−(−400)=600point=\$6/1,000bd.ft.므로, 총이익=\$6/1,000bd.ft.×76,032bd.ft.=\$456.192

13. A

선물: \$1.4685/파운드(S)−\$1.4225/파운드(L)=\$0.0460/파운드(이익)
현물: \$1.31/파운드(S)−\$1.40/파운드(L)=−\$0.09/파운드(손실)
합계=\$0.0460/파운드−\$0.09/파운드=−\$0.044/파운드(손실)
총손실=−\$0.044/파운드×37,500파운드=\$1,650

14. A

가격의 하락을 염려하고 있다면, 가격하락 시 이익을 얻을 수 있는 매도포지션을 취해야 한다.

15. B

매입포지션: 순가격(net price)＝현물매입가격－선물이익, 혹은

　　　　　순가격(net price)＝현물매입가격＋선물손실

매도포지션: 순가격(net price)＝현물매도가격＋선물이익, 혹은

　　　　　순가격(net price)＝현물매도가격－선물손실

[참조] 매입포지션의 순가격(net price paid)＝매입유효가격(effective price)
　　　　매도포지션의 순가격(net price received)＝매도유효가격(effective price)

16. D

17. A

운전자본(working capital)이란 단기자산(short－term asset)과 단기부채(short－term liability)의 합을 의미 ⋯⋯ 지를 하게 되면 증거금이 필요하고, 통상 증거금으로 현금과 같 ⋯ 단기자⋯ 을 이용하거나 주식, 채권 등과 같은 유가증권을 이용하게 되는데 이는 단기⋯ 산의 감소를 가져오고, 따라서 운전자본이 감소하게 된다.

18. A

보유하고 있지 않은 곡물현물을 매도하기로 계약을 체결하였으⋯ 이 계약을 헷지하기 위해서는 선물에 매입포지션을 취하면 되며, 매도시점에 ⋯을 매입하여 인도하면 된다.

19. B

t시점에서의 베이시스(b_t)는 다음과 같이 정의된다. 즉,

b_t＝현물가격(S_t)－선물가격(F_t)

$t = 1$은 3월 10일을, $t = 2$는 4월 25일을 각각 의미한다고 하면,

$b_1 = S_1 - F_1 = 166.35 - 171.60 = -5.25$

$b_2 = S_2 - F_2 = 169.25 - 172.25 = -3.00$

따라서, 베이시스의 변화(Δb)＝$b_2 - b_1 = -3.00 - (-5.25) = +2.25$

20. C

유효비용(effective cost) $= S_2 + (F_1 - F_2)$

$$= 143.75\ ¢/\text{lb.} + (137.25\ ¢ - 147.75\ ¢)/\text{lb.}$$

$$= 133.25\ ¢/\text{lb.}$$

그런데, 당초 현물가격이 128.75 ¢/lb.이므로 실질비용은 4.5 ¢/lb.증가(왜냐하면, 133.25 ¢/lb. − 128.75 ¢/lb.)하였다.

> [참조] 실질비용은 4.5 ¢/lb.만큼 증가하였으나, 헷지를 하지 않았을 경우, 구리를 구입할 때 현물가격 143.75 ¢/lb.를 지불해야 한다는 사실을 감안하면, 헷지를 통해 손실이 줄어들었음을 알 수 있다. 즉,
> 헷지의 가치 = 실제 매입 시 현물가격 − 실질비용(EC)
> $= S_2 - [S_2 + (F_1 - F_2)] = F_2 - F_1 = 10.50\ ¢/\text{lb.}$

21. B

만기가 동일하더라도 헷지대상자산과 선물기초자산이 다르면 노출 베이시스 리스크가 여전히 존재한다.

22. C

차익거래는 현물가격과 선물가격간의 불균형상태를 해소시켜주므로 헷지효과성을 높여준다.

주관식

01. 헷지할 때의 베이시스 = 현물 − 선물 = $6.05/bu. − $6.15/bu. = −$0.10/bu.
헷지를 마감 할 때의 베이시스 = +$0.15/bu.
따라서, 베이시스의 변화 = +$0.15 − (−$0.10) = +$0.25/bu.
매도헷지(short hedge)를 하였는데 베이시스가 증가하였으므로 이익이다.
즉, bu.당 $0.25 혹은 25 ¢ 만큼 이익이다.

02. 현물: $126.30\,¢/\text{lb.}(S) - 113.00\,¢/\text{lb.}(L) = +13.30\,¢/\text{lb.}(이익)$

선물: $114.70\,¢/\text{lb.}(S) - 125.25\,¢/\text{lb.}(S) = -10.55\,¢/\text{lb.}(손실)$

합계$= +13.30\,¢/\text{lb.}(이익) - 10.55\,¢/\text{lb.}(손실) = +2.75\,¢/\text{lb.}(이익)$

총이익$=$이익$/\text{lb.}\times$계약단위$(\text{lb.}/$계약$)\times$계약수

$\qquad = +2.75\,¢/\text{lb.} \times 15,000\text{lb.}/$계약$\times 15$계약

$\qquad = 618,750\,¢ = \$6,187.50$

03. 부쉘당 실질비용(effective cost)$= S_2 + (F_1 - F_2) = \$3.42 + (\$3.04 - \$3.42)$

$$= \$3.04$$

밀선물 1계약은 5,000bu.이므로,

총실질비용$=\$3.04/\text{bu.}\times 5,000\text{bu.} = \$15,200.$

> [참조] 선물포지션이 매입이든 매도이든 상관없이 유효(실질)가격(EP)을 구하는 공식은 다음
> 과 같다;
> 유효가격(effective price) $= S_2 + (F_1 - F_2)$
> $\Rightarrow$ ⅰ) 매입포지션의 경우: F_2가 F_1보다 커질수록 유리한데, 그 이유는 위의 식
> 에서 보는 바와 같이 $(F_1 - F_2)$가 $(-)$가 되므로 매입비용이 줄어들기 때문
> 이다.
> ⅱ) 매도포지션의 경우: F_2가 F_1보다 작아질수록 유리한데, 그 이유는 위의
> 식에서 보는 바와 같이 $(F_1 - F_2)$가 $(+)$가 되므로 매도가격이 커지기 때
> 문이다.

04. 공급자 입장에서 보면, 현물가격의 하락은 현물에서의 손해를 의미하고, 선
물에서는 매도포지션을 취하였는데 선물가격이 하락하였으므로 이익이다.
즉, 현물을 보유하고 있는 공급자는 헷지를 통해 손실을 막을 수 있었음을
알 수 있다. 즉,

현물포지션: $\$0.30/\text{gal.}(S) - \$0.35/\text{gal.}(L) = -\$0.05/\text{gal.}(손실)$

선물포지션: $\$0.40/\text{gal.}(S) - \$0.31/\text{gal.}(L) = +\$0.09/\text{gal.}(이익)$

따라서, 두 포지션으로부터,

손익합계$=$현물손익$+$선물손익$= -\$0.05/\text{gal.} + \$0.09/\text{gal.}$

$\qquad = +\$0.04/\text{gal.}(이익)$

난방유선물 총 계약규모는 4,200,000gal.(즉, 100계약)이므로

총이익$=\$0.04/\text{gal.}\times 4,200,000\text{gal.} = \$168,000$

05. 유효매도가격 $= S_2 + (F_1 - F_2) = F_1 + (S_2 - F_2)$

$\qquad\qquad\quad = F_1 +$ 베이시스(마감시)

$\qquad\qquad\quad = \$372 - \$2.50 = \$369.50/$온스

따라서, 총수익 $= \$369.50/$온스 $\times 1,000$온스 $= \$369,500$

06. 선물(매도): $\$3.72/\text{bu.}(S) - \$3.61/\text{bu.}(L) = \$0.11/\text{bu.}($이익$)$

그런데 선물계약단위가 5,000bu.이므로,

총이익 $= \$0.11/\text{bu.} \times 5,000\text{bu.} = \$550$

현물매도: 총수입 $= \$3.18/\text{bu.} \times 6,500\text{bu.} = \$20,670$

합계(수익) $= \$550 + \$20,670 = \$21,220$

[참조] 여기서는 '수익(revenue)'을 구하는 문제이지 '이익(profit)'을 구하는 문제가 아니다. 이익을 구하기 위해서는 계약시의 현물가격도 알아야 한다. 또한 이 문제의 경우 선물계약물량(5,000bu.)과 현물물량(6,500bu.)이 다름에 유의해야 한다.

07. 유효가격 $= S_2 + (F_1 - F_2) = \$3.08 + (\$3.32 - \$3.11) = \$3.29/$부쉘

08. 유효가격 $= S_2 + (F_1 - F_2) = \$87.81 + (\$86.72 - \$88.48) = \$86.05$

09. 유효가격 $= S_2 + (F_1 - F_2) = \$48.30 + (\$42.60 - \$47.45) = \$43.45$

10. 유효가격(1,000 sq.ft.당) $= S_2 + (F_1 - F_2) = \$196.75 + (\$194.25 - \$203.50)$

$\qquad\qquad\qquad\qquad\qquad = \$187.50$

총매도가격 $=$ 유효가격$/1,000$sq.ft. $\times 912,384$ sq. ft. $= \$171,072$

[참조] $S_2 =$ 마감시점의 현물가격, $F_1 =$ 계약 시 선물가격, $F_2 =$ 마감시점의 선물가격.

11. 완전헷지가 불완전헷지보다 항상 더 좋은 결과를 가져오는 것은 아니다. 완전헷지가 불완전헷지에 비해 항상 더 '확실한 결과(certain outcome)'를 가져오는 것은 맞지만, 항상 더 '좋은 결과(better outcome)'를 가져온다는 보장은 없다. 여기서 말하는 좋은 결과란 이익의 관점에서 말하는 것이다.

예를 들어, 헷지하고자 하는 자산의 현물가격이 헷저에게 매우 유리하게 변동한다면, 완전헷지는 이익의 기회를 모두 헷지상대방에게 넘겨주지만, 불완전헷지는 이익의 기회가 상대방에게 완전히 넘어가는 것이 아니고 일부 헷저에게 남기 때문에 이러한 상황에서는 불완전헷지가 오히려 헷저에게 더 좋은 결과를 가져다 줄 수 있다.

[참조] ⅰ) 완전헷지(perfect hedge): 헷저의 리스크를 완전히 제거하는 헷지전략
ⅱ) 헷지로 인해 리스크가 헷지상대방에게 전가되는 것을 '리스크중립화(neutrali-zation of risk)'라고도 한다. 따라서, 완전헷지는 이익의 기회도 완전히 중립화되기 때문에 헷저에게 돌아갈 이익의 기회도 헷지상대방에게 모두 넘어가게 된다.

12. 최소분산헷지비율을 구하는 공식은 다음과 같다.

$$\text{최소분산헷지비율(minimum variance HR)} = \rho \frac{\sigma_S}{\sigma_F}$$

그런데, σ_S는 ΔS의 표준편차(즉, 변동성)이고, σ_F는 ΔF의 표준편차(즉, 변동성)이며, ρ는 ΔS와 ΔF간의 상관계수(correlation coefficient)이다. 만일 σ_S나 σ_F가 0이라면 헷지가 필요없으니 의미가 없고, 따라서 관건은 상관계수이다. 만일 상관계수가 0이라면 헷지비율이 0이 되어 헷지를 할 수 없게 된다. 결론적으로, 최소분산헷지전략을 사용할 수 없는 유일한 상황은 헷지대상현물가격과 헷지에 사용된 선물가격 사이의 상관계수가 0인 경우이다.

13. $$\text{최소분산헷지비율} = \rho \frac{\sigma_S}{\sigma_F} = 0.8$$

따라서, $\rho = 0.8 \frac{\sigma_F}{\sigma_S} = 0.8 \frac{0.4}{1.6} = 0.2$

그런데, $\rho = \frac{\sigma_{SF}}{\sigma_S \sigma_F} = \frac{\text{공분산}}{\text{표준편차}(S) \times \text{표준편차}(F)}$ 이므로,

공분산$(\sigma_{SF}) = \rho \sigma_S \sigma_F = 0.2 \times 1.6 \times 0.4 = 0.128$

14. ⅰ) 최적헷지전략

포트폴리오의 리스크를 최소화하는 최소분산헷지전략을 사용할 경우, 최적계약수는 다음과 같이 구할 수 있다.

주어진 문제에서, $\beta = 1.2$, $V_A =$ 헷지대상 주식포트폴리오의 가치 = $20,000,000, 주식선물 1계약의 가치 = $V_F = 1,080 \times \$250 = \$270,000$.

따라서, 최적계약수 = $N^* = \beta \dfrac{V_A}{V_F} = 1.2 \times \dfrac{20,000,000}{270,000} = 88.89$.

즉, 현재 주식을 보유하고 있으므로 S&P500주가지수선물 89계약에 매도 포지션을 취하면 주식포트폴리오의 리스크를 최소화할 수 있다.

ii) 베타를 0.6으로 줄이는 방법

주가지수선물을 이용하여 주식포트폴리오의 베타를 다음과 같이 줄일 수 있다.

베타를 줄이고자 할 때 적정계약수,

$$N^* = (\beta - \beta^*) \dfrac{V_A}{V_F} = (1.2 - 0.6) \dfrac{20,000,000}{270,000} = 44.44$$

따라서, S&P500주가지수선물 44계약에 매도포지션을 취하면 주식포트폴리오의 리스크를 1.2에서 0.6으로 줄일 수 있다.

15. 이 주장은 옳지 않다.

그 이유는 완전헷지가 되기 위해서는 다음과 같은 몇 가지 조건이 필요하다.

 i) 현물가격 변동이 매출수익 혹은 매입원가에 미치는 영향의 예측이 가능할 것

ii) 헷지대상자산과 선물기초자산이 일치할 것

iii) 선물계약의 만기가 원하는 헷지기간과 일치할 것

iv) 선물계약 수량과 헷지대상 현물의 수량이 일치할 것

 v) 상관계수가 1.0일 것

그런데 주어진 문제의 조건에서 위의 i)~iii)은 충족된다. 문제는 iv)인데, 선물계약 수량과 헷지대상 현물의 수량이 일치하되 상관계수가 1.0이어야 한다. 그러나, 헷지비율이 1.0이라는 것이 상관계수가 1.0이라는 것을 보장하지는 않는다. 즉,

최소분산헷지비율 = $\rho \dfrac{\sigma_S}{\sigma_F} = 1.0$이라는 것은 상관계수가 1.0이 아니어도 성립할 수 있다. 예를 들어, $\rho = 0.5$, $\sigma_S = 2\sigma_F$인 경우에도 헷지비율은 1.0이 된다. 결론적으로, 최소분산헷지비율이 1.0이라고 반드시 완전헷지가 되는 것은 아니다.

16. 이 주장은 옳다.

그 이유를 생각해 보자.

베이시스 리스크가 없다는 것은 미래 실제 매매가격에 변동성이 없다는 것을 의미한다. 즉, 미래 실제매매 시 유효가격$=F1+b2$인데, 미래 베이시스인 $b2$의 변동성이 없다는 것은 $F1$은 상수이므로 분산$(b2)=0$임을 의미한다. 따라서 헷지포지션의 미래가치는 변동성이 0이고 이는 곧 완전헷지를 의미하며 따라서 헷지비율$=1.0$이어야 한다. 이 경우 헷저의 매매가격은 유효가격으로 고정(lock$-$in)된다.

17. 헷지효과성을 구하기 위해서는 현물가격과 선물가격 사이의 상관계수를 알아야 한다.

그런데, 최소분산헷지비율, $h^* = \rho \dfrac{\sigma_S}{\sigma_F}$ 이므로,

$$\rho = h^* \frac{\sigma_F}{\sigma_S} = 0.7798 \frac{0.0313}{0.0263} = 0.9281$$

따라서, 헷지효과성$= \rho^2 = (0.9281)^2 = 0.8614$ 혹은 86.14%

18. 매입포지션을 취하였는데 가격이 상승하였으므로 이익이다. 즉,

총이익$=$단위 당 가격변화$\times$계약단위$\times$계약수

$\quad = [\$3.40(S) - \$3.35(L)]/\text{bu.} \times 5,000\text{bu.}/\text{계약} \times 2\text{계약} = \$500$

총수수료$=$계약당 수수료$\times$계약수$=\$30/\text{계약} \times 2\text{계약}=\$60$

순이익$=$총이익$-$총수수료$=\$500-\$60=\$440$

투자액(증거금)$=$단위당 증거금$\times$계약단위$\times$계약수

$\quad = \$0.30 \times 5,000 \times 2 = \$3,000$

따라서, 수익률$=$순이익/투자액$=\$440/\$3,000=0.1466$ 혹은 14.66%

19. 100엔당 유효가격$=F1+b2=1,320$원$+(1,380-1,370)=1,330$원

20. (1) 최적계약수

$$\text{최적계약수}= N^* = \beta \frac{V_A}{V_F} = (1.5) \frac{\$5,050,000}{\$250(1,010)} = 30$$

따라서, ㈜한국투자증권은 헷지를 위해 S&P500주가지수선물 30계약을 매도하면 된다.

(2) 마감 시(3개월후) 매도헷지포지션의 기대가치

① 선물포지션 이익=30계약×(1,010－902)포인트/계약×\$250/포인트
　　　　　　　　＝\$810,000

② 포트폴리오의 기대가치

－ 주가지수현물손실률＝(1,000－900)/900＝10%

－ 주가지수현물 3개월간 배당이익률＝연간이익률/4＝1%/4＝0.25%

　→ 주가지수현물 총수익률＝－10%＋0.25%＝－9.75%＝ER_M

　→ 3개월 무위험이자율＝연간 무위험이자율/4＝4%/4＝1%＝R_F

　→ CAPM모형을 이용할 경우 포트폴리오의 3개월 후 기대수익률
　　＝$R_F + \beta(ER_M - R_F)$＝$1 + 1.5(-9.75 - 1)$＝－15.125%

　→ 따라서, 포트폴리오의 기대가치
　　＝\$5,050,000×(1－0.15125)＝\$4,286,187

③ 헷지포지션의 기대가치＝①＋②＝\$810,000＋\$4,286,187＝\$5,096,187

[참조] 기대수익률을 구하는 모형: 자본자산가격결정모형(CAPM: Capital Asset Pricing Model)
CAPM에 의하면, 어떤 자산 j의 기대수익률은 다음과 같이 결정된다.
$E(R_j)= R_F + \beta_j(ER_M - R_F)$
단, $E(R_j)$ =자산 j의 기대수익률
　　R_F =무위험이자율
　　β_j =자산 j의 베타(체계적 위험)
　　ER_M =시장전체(주가지수)의 기대수익률

21. 유효가격(EP)＝$F1 + (S2 - F2)$＝$1,220 + (1,155 - 1,160)$＝1,215 원/\$
따라서, 총금액(원화)＝100만달러×1,215＝12억 1,500만원

Chapter 13

선물과 선도의 가격결정모형

연습문제

객관식

01. 다음 중 상품 '보관비용(storage cost)'과 관련이 가장 적은 것은?

    A. 이자율

    B. 보험료

    C. 임금수준과 상품가격

    D. 대체재의 가격

02. 선물거래가 현물가격에 미치는 영향은?

    A. 선물거래는 현물가격의 모든(all) 변동성을 제거시켜 준다.

    B. 선물거래는 현물가격의 변동성을 다소(insignificantly) 줄여 준다.

    C. 선물거래는 현물가격의 변동성을 현저히(significantly) 줄여 준다.

    D. 선물은 별도의 거래소에서 거래되므로 현물가격에 영향을 주지 않는다.

03. 선물가격이 현물가격보다 높은 시장을 무엇이라 하는가?

    A. 할인시장(discounted market)

    B. 예비시장(preliminary market)

    C. 역조시장(inverted market)

    D. 정상시장(normal market)

04. 시장에서 선물가격은 어떻게 결정되는가?

    A. 선물거래소 가격위원회가 결정

    B. 선물거래 감독기구가 결정

    C. 장내브로커 사이의 사전약속

    D. 거래소에서의 매입과 매도 의사(open bids and offers)

05. 미결제약정수의 감소를 수반하는 거래량의 증가는 다음 중 어떤 시장의 특징인가?

    A. 청산시장(liquidating market)

    B. 강세시장(bull market)

    C. 약세시장(bear market)

    D. 변동시장(variation market)

06. 선물가격이 미래기대현물가격보다 큰 시장을 무엇이라 하는가?

    A. 역조시장(inverted market)

    B. 콘탱고(contango)

    C. 정상백워데이션(normal backwardation)

    D. 정상시장(normal market)

07. 다음 설명 중 사실과 가장 거리가 먼 것은?

    A. 축산물과 농산물은 대표적인 소비자산이다.

    B. 일반적으로 소비자산은 공매가 어렵다.

    C. 금융자산은 대표적인 투자자산이다.

    D. 공매가 가능하지 않은 자산에 대해서는 선물가격결정모형을 적용할 수 없다.

08. 공매(short selling)와 관련된 다음 설명 중 옳지 않은 것은?

    A. 주식가격이 하락할 때 이익을 얻을 수 있는 투자전략이다.

    B. 주식을 실제 빌리지 않고 공매하는 것을 대주(貸株)라 한다.

    C. 공매로 인해 주식시장이 폭락하는 것을 막기 위해 업틱 룰을 도입하기도 한다.

    D. 헷지펀드들이 초기에 리스크를 줄이기 위해 공매전략을 활용하기도 하였다.

09. 공매만기가 되어 시장에서 주식을 매입하여 공매계약을 마감하는 것을 무엇이라 하는가?

    A. 환매수(short covering)

    B. 전매도(long liquidation)

    C. 공매도(short selling)

    D. 환매도(long covering)

01. 만기가 10개월 남아있는 주식선도가 있다. 현재 기초자산인 주식가격이 $50, 시장에서 무위험이자율은 연간 8%, 주식배당이 3개월 후, 6개월 후, 9개월 후 각각 주당 $0.75가 예정되어 있다. 이 주식선도의 이론적 가격을 구하라. (단, 모든 이자계산은 연속복리로 한다)

02. 어떤 자산이 6개월 동안 자산가격의 2%에 해당하는 배당을 1회 지급한다고 한다. 이 자산을 기초자산으로 하는 선도의 만기는 6개월 남아있다. 시장에서 무위험이자율이 연간 10%(연속복리기준)이고, 현재 이 자산의 가격은 $25 이다. 만일 이 자산이 지급하는 배당을 연속적으로 지급한다고 가정하면 이 선도의 이론적 가격은 얼마이어야 하는가?

03. 어떤 무이표채권의 현재가격은 $930이다. 이 채권을 기초자산으로 하는 채권선물의 만기는 4개월이다. 시장에서 무위험이자율은 6%인데 만기까지 일정하다고 한다. 이 채권선물의 현재시점에서 이론적 가치를 구하라. (단, 이자계산은 연속복리로 하기로 한다)

04. 어떤 투자자가 배당을 지급하지 않는 주식을 기초자산으로 하는 주식선도계약에 매입포지션을 취하였다. 시장에서 무위험이자율은 연간 10%(연속복리)이고, 현재 주가는 $25, 선도의 만기는 6개월, 인도가격은 $24라고 한다. 이 선도계약의 가치를 구하라.

05. 현재 시장에서 호주와 미국의 연간 이자율이 각각 5%, 7%인데 향후 2년간 변함이 없다고 한다. 현재 외환시장에서 호주달러(AUD)와 미국달러(USD) 사이의 현물환율이 0.6200(USD/AUD)이라면, 2년 후 두 화폐 사이의 선도환율은 얼마로 예상되는가? (단, 모든 이자계산은 연속복리로 한다)

06. 중간소득을 제공하지 않는 어떤 투자자산을 기초자산으로 하는 만기 1년의 선물계약이 있다. 이 투자자산을 보관하는 데는 자산단위당 $2의 보관료가 소요되며, 이 보관료는 만기시점에 지불해야 한다. 시장의 무위험이자율은 연간 7%(연속복리)이며, 만기 동안 변함이 없다. 현재 이 투자자산의 단위당 현물가격이 $450라 한다면, 이 선물의 이론적 가치는 얼마인가?

07. 주가지수의 선물가격은 기대주가지수보다 높은가 아니면 낮은가? 그 이유를 설명하라.

08. 동일한 기초자산을 가지는 만기가 $t1$과 $t2$인 두 선물의 가격이 각각 $F1$과 $F2$이다. 만일 시장에 차익거래기회가 없다면, 다음 부등식이 성립함을 증명하라.

$$F2 \leq F1 e^{r(t2-t1)}$$

(단, 여기서 r은 이자율(일정)이고, 보관비용은 없으며, 선물계약과 선도계약은 동일하다고 가정한다. 그리고 $t2 > t1$)

09. 지수선물가격상승률(F_1/F_0)이 지수수익률에서 무위험이자율을 차감한 것과 동일함을 증명하라. (단, 무위험이자율(r)과 지수배당수익률(q)은 만기까지 일정함)

10. 어떤 미국기업이 선물계약을 이용하여 호주달러에 노출된 환리스크를 헷지 하고자 한다. r과 R을 각각 모든 만기에 적용할 수 있는 미국과 호주의 무위험이자율이라 하고, 만기까지 일정하다고 하자. 미국기업은 t시점에 노출된 리스크를 헷지하기 위해 만기가 T인 선물계약을 이용한다. (단, $t < T$)

(1) 최적헷지비율을 구하라.

(2) $t = 1\text{day}$ 일 때, 헷지비율은 근사적으로 S_0/F_0임을 증명하라.

   (단, S_0와 F_0는 각각 $t = 0$(오늘)시점에서의 현물과 선물가격임)

정답해설

객관식

01. D   **02.** C

03. D

선물가격은 미래 현물가격의 나침반이라 불린다. 대개의 경우 물가 상승률은 0보다 큰 것이 '정상'이고, 따라서 미래 가격수준은 현재가격 보다 조금이라도 높을 것이라고 예측하는 것이 '정상'이다. 따라서, 선물가격이 현물가격 보다 높은 것을 '정상시장(normal market)'이라 하고, 선물가격이 현물가격 보다 낮은 것을 '역조시장(inverted market)'이라 한다. 참고로 정상시장은 '할증시장(premium market)'이라고도 하며, 역조시장은 '할인시장(discount market)'이라고도 한다.

04. D

선물가격은 거래소에서 공개호가(매입 및 매도 주문)에 의해 결정된다.

05. A

미결제약정수(open interest)가 감소한다는 것은 계약을 마감하는 자가 많아진다는 것을 의미하며 이는 주로 만기가 다가올 때 나타나는 현상이다. 즉, 만기가 다가오게 되면 모든 거래자는 자신의 포지션을 청산하려 하므로 거래량이 늘게 된다. 따라서, 미결제약정수(open interest)가 감소하고 거래량은 늘게 되며, 이러한 시장을 청산시장(liquidating market)이라 한다.

06. B

07. D

공매가 가능하지 않더라도 자산을 순수하게 투자목적으로 보유하는 많은 사람들이 있으면 선물가격결정모형을 적용할 수 있다.

08. B

주식을 실제 빌리지 않고 계약상으로만 빌려 매도하는 것을 무대차공매도 (naked short selling) 혹은 간단히 공매(도)라 하고, 주식을 실제로 주고받으면서 매도하는 것을 대차공매도(covered short selling) 혹은 대주(貸株)라 한다.

09. A

공매만기가 되면 공매한 측이 시장에서 동일한 주식을 매입하여 주식을 빌려준 측에 전달해야 하고, 이때 공매수수료도 함께 지급한다. 이때, 시장에서 주식을 매입하여 공매계약을 마감하는 것은 '환매수(short covering)'라 한다.

10. B

거래수수료(transaction cost)는 보유비용에 직접적으로 포함되지 않는다.

11. A

기초자산가격과 이자율 사이의 상관계수가 0보다 크면 일반적으로 선물가격이 선도가격보다 크다.

12. C

자본비용(cost of capital)은 무위험이자율(r)의 형태로 보유비용모형에 포함되어 있지만, 세금, 거래비용, 증거금처리 등은 반영되어 있지 않다.

13. D

선물가격이 일정기준 이상 급락할 경우, 프로그램 매매를 일시 정지시키는 것을 '사이드 카(side car)'라고 한다. 사이드 카 제도는 프로그램 매매에 따른 주식 선물시장의 급등락과 그에 따른 부작용에 대응하기 위한 제도이다.

14. B

다음 표에서 보는 바와 같이 콘탱고는 베타가 0보다 작을 때 발생한다.

체계적 위험	베타	CAPM	F_0와 $E(S_T)$	선물가격
없음	$\beta = 0$	$k = r$	$F_0 = E(S_T)$	Unbiased estimator
양($+$)	$\beta > 0$	$k > r$	$F_0 < E(S_T)$	Normal backwardation
음($-$)	$\beta < 0$	$k < r$	$F_0 > E(S_T)$	Contango

15. D

주가지수선물의 이론적 가격 $= F_t = S_t e^{(r-q)(T-t)} = S_t e^{(r-q)\tau}$.

따라서, 현물주가지수(S_t), 이자율(r), 잔존만기($T-t = \tau$)는 주가지수선물 가격과 양($+$)의 관계를 가지며, 배당수익률(q)과는 음($-$)의 상관관계를 갖는다.

16. A

주가지수는 금융자산이므로 보유편익이 존재하지 않는다. 주가지수선물의 차익거래를 위해서는 거래비용이 차익거래의 차익보다 크지는 않은지, 차익거래의 타이밍, 그리고 주가지수선물의 이론적 가격이 시장가격을 잘 추적하고 있는지 등을 종합적으로 고려하고서도 차익이 존재하는지 평가할 필요가 있다.

01. 먼저, 배당의 현재가치(I)를 구하면,

$I = 0.75e^{-0.08(3/12)} + 0.75e^{-0.08(6/12)} + 0.75e^{-0.08(9/12)} = \$2.162$

따라서, 선도의 이론적 가격$= (S-I)e^{r(T-t)} = (50 - 2.162)e^{0.08(10/12)}$

$$= \$51.14$$

02. 먼저, 연속으로 지급하는 배당률(q)을 구해보자.

주어진 조건에서 6개월 안에 2%의 배당을 지급한다는 것은 연간으로 환산하면 4%를 지급하는 것과 같다. 그러면 이산복리를 연속복리로 전환하는 방법을 이용하여 연속배당률을 다음과 같이 구할 수 있다.

$Ae^{R_C n} = A\left(1 + \dfrac{R_m}{m}\right)^{mn}$

(단, R_C=연속복리, R_m=이산복리, m=연간 복리횟수, n=기간(년))

$\Rightarrow R_C = m \times \ln\left(1 + \dfrac{R_m}{m}\right) = 2 \times \ln\left(1 + \dfrac{0.04}{2}\right) = 3.96\% = q$

따라서, 이론적 선도가격 $= S_0 e^{(r-q)(T-t)} = \$25e^{(0.10-0.0396)\times 0.5} = \$25.77$

03. 무이표채권이므로 중간소득이 없는 경우이다.

따라서, 이 채권선물의 이론적 가격은 다음과 같이 구한다.

$F_0 = S_0 e^{rT} = \$930e^{0.06\times(4/12)} = \$948.79$

04. 선도계약의 가치를 구하기 위해서는 먼저 현재 선도가격을 알아야 한다.

선도의 이론적 가치를 구하는 공식을 이용하여 선도가격을 구해보자.

$F_0 = S_0 e^{rT} = \$25e^{0.10\times 0.5} = \$26.28$

그런데, 인도가격(K)$=\$24$이고 선도는 매입포지션이므로,

선도계약의 가치$= (F_0 - K)e^{-rT} = (26.28 - 24)e^{-0.1\times 0.5} = \$2.17$

05. 통화선도의 이론적 가치를 구하는 공식을 이용하면 된다. 즉,

$$선도가격 = F_0 = S_0 e^{(r-R)(T-t)} = 0.6200 e^{(0.07-0.05)\times 2}$$

$$= 0.6453\,(\text{USD/AUD})$$

(단, r＝미국이자율, R＝호주이자율)

06. 먼저 보관료의 현재가치(U)를 구해보자.

$$U = \$2 e^{-rT} = \$2 e^{-0.07\times 1} = \$1.865.$$

따라서, 선물의 이론적 가치 = $F_0 = (S_0 + U)e^{rT} = \$(450 + 1.865)e^{0.07\times 1}$

$$= \$484.63$$

07. 주가지수선물가격은 항상 미래 기대주가지수보다 작다.

즉, $F_0 < E(S_T)$.

그 이유는 주가지수의 경우 항상 양(＋)의 체계적 위험을 가지므로, CAPM이론에 따르면 항상 기대수익률(k)이 무위험이자율(r)보다 커야 한다. 즉, 베타>0

$\rightarrow k = r + \beta(ER_m - r) > r$

$\rightarrow F_0 < E(S_T)$: Normal Backwardation.

[참조] 이 문제는 다음과 같이 증명할 수도 있다.

주가지수의 연속배당률을 q, 주가지수의 기대수익률을 k라 하면,

$E(S_T) = S_0 e^{(k-q)T}$

$F_0 = S_0 e^{(r-q)T}$

그런데, 베타>0

$\Rightarrow k > r$

$\Rightarrow S_0 e^{(k-q)T} > S_0 e^{(r-q)T}$

$\Rightarrow E(S_T) > F_0$: Normal Backwardation.

08. * 주어진 명제: 차익거래기회가 없다면, $F2 \leq F1 e^{r(t2-t1)}$

* 대우명제: $F2 > F1 e^{r(t2-t1)}$ 이라면, 차익거래기회가 존재한다.

그런데, 주어진 명제를 증명하는 것보다는 대우명제를 증명하는 것이 더 쉽다.

┃ 증명 ┃

$F2 > F1e^{r(t2-t1)} \Rightarrow$ 차익거래기회가 존재

다음과 같은 투자전략을 생각해 보자.

1) 만기가 $t1$인 선물에 '매입'포지션을 취함

2) 동시에, 만기가 $t2$인 선물에 '매도'포지션을 취함

만기 $t1$이 도래하면,

이자율 r로 $F1$만큼의 자금을 빌려 $F1$가격으로 기초자산을 구입하고(선물1) 이용),

구입한 자산을 $t2$까지 보유한 후, $t2$시점에 보유자산을 $F2$가격에 매도한다(선물2) 이용).

이러한 투자전략의 총수익$=F2$, 총비용$=F1e^{r(t2-t1)}$

$\Rightarrow$ 순이익=총수익－총비용$=F2-F1e^{r(t2-t1)} > 0$ (대우명제의 조건으로부터)

$\Rightarrow$ 차익거래기회 존재.

Q.E.D.

09. $t=0$와 $t=t1$시점에서의 지수선물의 가격을 각각 F_0, F_1이라 하고 이 선물의 만기는 T라 하자.

그러면, 지수선물가격상승률$=F_1/F_0$가 된다.   (1)

한편, 이론적인 지수선물가격 공식으로부터, $F_0 = S_0e^{(r-q)T}$ (2)

그리고, $t1$시점에서의 지수선물가격, $F_1 = S_1e^{(r-q)(T-t1)}$ (3)

(단, S_0, S_1은 $t=0$와 $t=t1$시점에서의 지수현물의 가격)

(2)와 (3)으로부터, $\dfrac{F_1}{F_0} = \dfrac{S_1}{S_0}e^{-(r-q)t1}$ (4)

그런데, 지수의 무위험이자율(r)을 초과하는 수익률을 k라 하면,

지수의 총수익률$=k+r$이 되고, 배당수익률을 제외한 지수의

순수 자본이득률(지수가격상승률)$=k+r-q$가 된다.

따라서, $S_1 = S_0e^{(k+r-q)t1} \Rightarrow \dfrac{S_1}{S_0} = e^{(k+r-q)t1}$ (5)

(5)를 (4)에 대입하면, $\dfrac{F_1}{F_0} = e^{(k+r-q)t1}e^{-(r-q)t1} = e^{kt1}$ (6)

결론적으로, (1)과 (6)으로부터

지수선물가격상승률$=k=$지수수익률$-$무위험이자율.

10. (1) 최적 헷지비율

통화선물가격결정이론에 의하면, 임의의 t시점의 선물가격은 다음과 같다.

$$F_t = S_t e^{(r-R)(T-t)} \tag{a}$$

만일 헷지비율을 h라 하면,

t시점의 유효매입가격$(EP) = S_t + h(F_0 - F_t)$ (b)

(a)를 (b)에 대입하면,

$$EP = hF_0 + S_t - hS_t e^{(r-R)(T-t)} \tag{c}$$

(c)에서 $h = e^{-(r-R)(T-t)}$일 때, $EP = hF_0$가 되어 EP의 변동성은 0이 되므로, 최소분산헷지비율이 된다.

따라서, 최적헷지비율은 $h* = e^{-(r-R)(T-t)} = e^{(R-r)(T-t)}$.

(2) $t = 1$ day이면, t를 무시할 수 있으므로 $h* ≒ e^{(R-r)T} = S_0/F_0$.

따라서, 근사적인 헷지비율은 S_0/F_0와 같다.

Chapter 14

금리선물

연습문제

객관식

01. 투자자가 강세시장을 예상하고 채권가격이 오를 것으로 기대하고 있다. 만일 이 투자자가 5월물 T-bond선물의 2월 가격이 과대평가되어 있다고 생각한다면 그는 _____.

A. 5월선물에 매도포지션을 취해야 한다.

B. 5월선물 콜옵션을 매도하고 2월선물 풋옵션을 매입해야 한다.

C. 5월선물을 매도하고 2월선물을 매입해야 한다.

D. 5월선물 풋옵션을 매입하고 2월선물 콜옵션을 매도해야 한다.

02. 다음 중 고정금리채권이 아닌 것은?

   A. T-bills

   B. T-notes

   C. T-bonds

   D. GNMAs

03. 수익률곡선(yield curve)이 역조(inverted)되어 있다면, 당신은 다음 중 무엇을 예상하는가?

   A. T-bond 수익률이 T-note 수익률보다 높다.

   B. GNMA 수익률이 T-bill 수익률보다 높다.

   C. T-note 수익률이 T-bill 수익률보다 높다.

   D. T-bill 수익률이 T-bond 수익률보다 높다.

04. 다음 거래소 중 유로달러(Eurodollar)선물이 거래되는 곳은?

   A. NYFE

   B. CBOT

   C. NYME

   D. CME

05. T-bond선물로 회사채(corporate bond)를 헷지하는 것을 무엇이라 하는가?

   A. 교차헷지(cross hedge)

   B. 완전헷지(perfect hedge)

   C. 비율헷지(ratio hedge)

   D. 직접헷지(direct hedge)

06. T-bond선물의 계약단위는 $100,000이다. 만일 선물가격이 96-28에서 98-02로 상승 한다면 거래비용을 무시할 경우 선물 1계약에서의 자산의 변동은 얼마인가?

A. $5,200

B. $1,187.50

C. $650

D. $2,500

07. 다음 중 미국정부가 발행하는 중기(mid-range)채권은?

A. T-bills

B. T-bonds

C. T-notes

D. GNMA

08. CBOT에서 거래되는 T-bond선물의 인도월을 바르게 나열한 것은?

A. 1월, 3월, 4월, 6월, 7월, 9월, 10월, 12월

B. 1월, 4월, 7월, 10월

C. 2월, 5월, 8월, 11월

D. 3월, 6월, 9월, 12월

09. 1월에 당신 회사는 9월경 대규모의 어음(commercial paper)을 발행하기로 결정했다. 현재 우대금리(prime rate)는 6%이고 3개월 T-bill의 수익률은 7%이다. 당신 회사는 1월에 어떻게 헷지할 수 있는가?

A. 3개월 T-bill선물 매입
B. 3개월 T-bill선물 매도
C. AAA등급 사채 매입
D. 3개월 T-bill선물 매입 및 9개월 T-bill선물 매도

10. 지금은 2월이고, 3월에 당신의 고객이 자신의 집을 팔아 $920,000을 받을 예정이다. 그는 그 돈을 T-bill에 투자할 예정이며 현재의 T-bill 수익률에 만족해 하고 있다. 현재의 수익률을 유지하기 위해 그가 취해야 하는 포지션은?

A. 3개월 T-bill선물 매입
B. 3개월 T-bill선물 매입 및 인도
C. 3개월 T-bill선물 매도
D. 3개월 T-bill선물 매도 및 인도

11. 이자율이 향후 오를 것이라 생각하여 NOB스프레드 전략을 고려하고 있는 거래자(trader)가 취해야 하는 행동은?

A. T-note선물 매입, T-bond선물 매도
B. T-note선물 매도, T-bond선물 매입
C. T-note선물 매입, T-bond선물 매입
D. T-note선물 매도, T-bond선물 매도

12. '화폐시장 혹은 단기자금시장(money market)'이라는 용어는 만기가 어느 정도인 부채증권(debt securities)들이 거래되는 곳을 의미하는가?

A. 1년 이하

B. 6개월 이하

C. 90일 이하

D. 30일 이하

13. 미국 연준(FRB)이 공개시장(open market)에서 증권(재무성 채권)을 매입하고 있다면, 이는 다음 중 어떤 결과를 초래하는가?

> I. 은행예치금 증가
> II. 은행예치금 감소
> III. 시중에 더 많은 자금(돈)이 유통됨
> IV. 이자율 상승

A. I, II

B. I, III

C. III, IV

D. I, II, III, IV

14. 미국 연준(FRB)이 공개시장(open market)에서 미국 정부증권(U.S. government securities), 즉 재무성 채권을 매입하는 것은 은행의 지불준비금 (reserve)과 예금(deposit)에 어떤 영향을 주는가?

A. 준비금의 감소와 은행예금의 증가

B. 준비금의 증가와 은행예금의 증가

C. 준비금의 감소와 은행예금의 감소

D. 준비금의 증가와 은행예금의 감소

15. 만일 연준(FRB)이 의무적인 지불준비금(reserve requirement)을 강화(tighten)시키면, 다음 중 어떤 결과가 초래되는가?

A. 자본지출(capital outlay) 감소, 이자율 상승, 물가 상승
B. 자본지출(capital outlay) 증가, 이자율 상승, 물가 상승
C. 자본지출(capital outlay) 증가, 이자율 상승, 물가 하락
D. 자본지출(capital outlay) 감소, 이자율 상승, 물가 하락

16. 연방기금금리(federal fund rate)란 다음 중 무엇을 말하는가?

A. 장기 지방채(municipal bond) 지불 금리
B. 연방기금부채의 성장률
C. 은행들이 초과 지불준비금을 다른 은행에 대출해 주는 금리
D. T−bond선물 계약에서 징수된 금리

17. 한 회사가 가격이 86−24/32인 채권을 발행하였고, 4월에 또 다른 채권을 $10,000,000 어치 추가 발행할 예정이다. 추가로 발행될 채권은 만기가 20년이다. 그 회사는 발행 예정인 채권에 대해 헷지를 하고자 하며, T−bond선물의 가격은 다음과 같다.

인도월	T−bond선물가격
12월	88 − 16/32
3월	88 − 22/32
6월	88 − 26/32
9월	89 − 2/32

이러한 상황하에서 이 회사가 가장 걱정하고 있는 것은 무엇이며, 우려하고 있는 것에 대비하기 위해 이 회사가 취해야 하는 헷지포지션은 무엇인가?

A. 상승하는 금리를 걱정하고 있으며, 매입헷지포지션을 취해야 한다.
B. 상승하는 금리를 걱정하고 있으며, 매도헷지포지션을 취해야 한다.
C. 하락하는 금리를 걱정하고 있으며, 매입헷지포지션을 취해야 한다.
D. 하락하는 금리를 걱정하고 있으며, 매도헷지포지션을 취해야 한다.

18. 다음 선물거래 중 만기에 현금으로 정산하는 결제방식을 취하는 것은?

A. T-bill선물

B. Eurodollar선물

C. T-note선물

D. T-bond선물

19. 다른 조건이 같다면 최저가인도채권(cheapest-to-deliver bond)으로 가장 적합한 것은?

A. 내재 repo이자율이 가장 큰 채권

B. 베이시스가 최소인 채권

C. 전환계수(conversion factor)가 가장 큰 채권

D. 채권보유비용(cost of carry)이 최대인 채권

20. 전환계수(conversion factor)에 관한 다음 설명 중 옳지 않은 것은?

A. 채권의 지급이자(coupon)가 많을수록 커진다.

B. 채권의 지급이자가 6%라면 전환계수는 1.00이다.

C. 일정한 지급이자율에 대해 잔존 만기가 길수록 전환계수는 1에 가까워진다.

D. 채권의 지급이자가 6%보다 크면 전환계수는 1.00보다 크다.

21. 6월 20일 현재 'September T-bond'의 수익률이 6.8%라는 것은 무엇을 의미하는가?

A. 6월 20일부터 15년간 T-bond 수익률이 6.8%

B. 9월 15일부터 15년간 T-bond에 투자할 경우 수익률이 6.8%

C. 9월 15일에 최저가현물 채권의 수익률이 6.8%이상이면 이익

D. 9월 15일에 최저가현물 채권을 담보로 시장에서 차입할 때 금리가 6.8%

22. 4월 3일 현재 유로달러 예금시장에서 3개월 금리는 4%, 6개월 금리는 5%인데, 6월 만기 유로달러선물가격이 94.51로 주어진다면, 어떤 차익거래가 가능하겠는가?

    A. 6월물 유로달러선물 매도

    B. 6개월 유로달러를 차입하여 3개월 운용

    C. 3개월 유로달러를 차입하여 6개월 운용

    D. 3개월 유로달러를 차입 및 6개월 운용과 동시에 6월물 선물 매도

23. 6월 4일 현재 September T-bond가격이 97-07로서 December T-bond 가격인 96-04보다 높다. 그 이유로 적당한 것은?

    A. 현재 시장금리가 8% 이상이기 때문에

    B. September 최저가현물의 coupon이 December 최저가현물의 coupon보다 높기 때문에

    C. September 최저가현물의 내재환매수익률(IRR: implied repo rate)이 December 최저가현물의 IRR보다 높기 때문에

    D. 수익률곡선의 기울기가 우상향하기 때문에

24. 현재 December T-bond선물의 시장공시가격이 111.0으로 주어졌다. 다음 채권 중 December T-bond의 최저가인도채권이 되는 것은?

    A. coupon 11%, 가격 150.0, 전환계수 1.30인 채권

    B. coupon 10%, 가격 135.0, 전환계수 1.17인 채권

    C. coupon 9%, 가격 125.0, 전환계수 1.10인 채권

    D. coupon 7%, 가격 118.0, 전환계수 0.95인 채권

25. September T-bond의 내재환매수익률(IRR: implied repo rate)이 4.5%인데 반하여 September T-bond의 선물만기일까지의 2개월간 Repo금리는 4.0%로 주어져 있다. 어떤 거래가 가능한가?

A. T-bond 현물매입(즉, Repo차입)과 T-bond 선물매도

B. T-bond 현물매도(즉, Repo운용)과 T-bond 선물매입

C. T-bond 선물매도

D. T-bond 선물매입

26. BPV(basis point value)는 무엇을 의미하는가?

A. 채권의 수익률

B. 채권의 내재환매수익률(IRR: implied repo rate)

C. 금리변동에 대한 채권가격 변동폭

D. 금리변동에 대한 채권가격 변동율

27. 한 투자자가 액면가 1억달러의 T-bond를 보유하고 있다. 이 채권의 coupon은 10%, 전환계수는 1.35이다. 채권의 시장가격은 160-16이고, 장래 금리상승으로 인한 채권 가격의 하락을 헷지하기 위해 T-bond선물을 이용하고자 한다. 다음 중 적절한 전략은?

A. T-bond선물 1,350개 매입

B. T-bond선물 1,000개 매입

C. T-bond선물 1,350개 매도

D. T-bond선물 1,000개 매도

28. 다음 중 TED 스프레드거래가 가장 적절하게 이루어진 것은?

    A. 금융시장 긴축 시 TED 스프레드 매입

    B. 금융시장 긴축 시 TED 스프레드 매도

    C. T-bill금리 상승 시 거래

    D. 유로달러금리 상승 시 거래

29. 6월 1일 현재 September T-bond의 가격은 97-14, September T-note의 가격은 104-02로 주어졌다. September NOB스프레드는 얼마인가?

    A. 97−14

    B. 6−20

    C. 104−02

    D. 6−88

30. 다음 중 금리선물간의 가격차이를 이용한 스프레드거래가 아닌 것은?

    A. T−bill/Eurodollar

    B. T−note/T−bond

    C. T−bill/T−bond

    D. T−note/Eurodollar

31. 듀레이션(duration)에 대한 설명 중 잘못된 것은?

    A. 원리금이 상환되는데 걸리는 가중평균기간을 의미한다.

    B. coupon을 지급하는 경우에는 항상 만기보다 짧다.

    C. coupon이자율이 낮을수록 작아진다.

    D. 만기와 정(+)의 관계를 가진다.

32. 만기가 2년인 채권의 연간 수익률이 12%이고, 만기가 1년인 채권의 연간 수익률이 10%라면 1년 후 시점에서의 1년 만기 채권수익률은 약 얼마로 예상되는가?

    A. 2%

    B. 11%

    C. 12%

    D. 14%

33. 다음 중 금리선물을 매입하는 이유로 적당하지 않은 것은?

    A. 채권을 보유하고 있고 향후 매도하고자 하는데 채권가격 상승이 우려되기 때문에

    B. 채권가격의 상승을 헷지하기 위해서

    C. 금리하락을 예상하기 때문에

    D. 시장가격이 이론가격보다 낮아 차익거래(아비트라지) 이익을 얻기 위해

34. 거래소에서 거래되는 금리선물의 가격이 이론적인 금리선물의 가격보다 낮을 경우 시행할 수 있는 차익거래(아비트라지)에 대한 설명으로 옳지 않은 것은?

    A. 선물을 매입하고 선물의 기초자산이 되는 금리상품을 공매도(short sell-ing)하여 받은 금액을 무위험이자율로 예금한다.

    B. 거래되는 금리선물의 가격과 이론적인 금리선물 가격과의 차이가 차익거래 시 거래비용보다 작을 경우에 한해 차익거래기회가 생긴다.

    C. 금리선물이 만기가 되면 차익거래자는 예금했던 자금을 회수하고 대상 금리상품을 인수하여 공매도포지션을 마감한다.

    D. 차익거래자는 차익거래를 시작할 때의 이론 금리선물가격과 실제금리선물가격과의 차이에서 차익거래 수수료를 제외한 금액만큼 이익을 얻게 된다.

35. T-bill선물의 매매조건을 옳게 설명한 것은?

   A. 만기는 90일이며 액면가는 $100,000이고 최소가격변동폭은 $25이다.

   B. 만기는 90일이며 액면가는 $1,000,000이고 최소가격변동폭은 $25이다.

   C. 만기는 1년이며 액면가는 $100,000이고 최소가격변동폭은 $31.25이다.

   D. 만기는 1년이며 액면가는 $1,000,000이고 최소가격변동폭은 $31.25이다.

36. T-bond선물의 매매조건을 옳게 설명한 것은?

   A. 액면가는 $100,000이고 최소가격변동폭은 $25이다.

   B. 액면가는 $1,000,000이고 최소가격변동폭은 $25이다.

   C. 액면가는 $100,000이고 최소가격변동폭은 $31.25이다.

   D. 액면가는 $1,000,000이고 최소가격변동폭은 $31.25이다.

37. T-note선물의 매매조건과 관련한 다음 설명 중 옳지 않은 것은?

   A. 표준물의 표면금리는 10%이다.

   B. 표준물의 만기에는 2년, 5년, 10년의 세 종류가 있다.

   C. 2년 만기 T-note선물의 액면가만 $200,000이고 나머지는 모두 $100,000이다.

   D. 10년 만기 T-note선물의 호가단위는 1/32% 혹은 $31.25이다.

38. 다음 금리선물에 관한 내용 중 옳지 않은 것은?

   A. 금리변동에 따른 금융자산 가격변동위험을 관리하기 위해 이용된다.

   B. 단기, 중기, 장기금리선물로 구분된다.

   C. 단기금리선물에는 T-bill선물, Eurodollar선물 등이 있다.

   D. T-bond선물은 중기금리선물이며, T-note선물은 장기금리선물이다.

39. 채권의 듀레이션과 관련한 다음 설명 중 틀린 것은?

    A. 표면이자가 높을수록 듀레이션은 길어진다.

    B. 듀레이션을 이용한 헷징 전략이 가능하다.

    C. 만기가 90일인 T-bill의 듀레이션은 90일이다.

    D. 듀레이션이 길수록 위험이 커진다.

40. 향후 3개월간 이자율이 상승할 것으로 예상하는 투자자의 투기적 거래전략은 다음 중 어느 것인가?

    A. 금리선물의 매도

    B. 금리선물의 매입

    C. 금리선물과 주가지수선물의 매도

    D. 금리선물과 주가지수선물의 매입

41. 이자율과 채권가격의 관계에 관한 다음 설명 중 옳지 않은 것은?

    A. 채권가격은 이자율과 반비례한다.

    B. 이자율의 하락은 같은 폭의 상승보다 채권가격을 더 크게 변동시킨다.

    C. 잔존만기가 길수록 이자율변동에 따른 채권가격변동폭이 작아진다.

    D. 표면금리가 높을수록 이자율변동에 따른 채권가격변동폭이 작다.

42. 채권의 변동요인과 관련이 적은 것은?

    A. 금리

    B. 채권이자

    C. 만기

    D. 금리선물

43. T-bond에서 1tick은 얼마인가?

    A. $25.00

    B. $31.25

    C. $36.00

    D. $50.00

44. TED스프레드에 관한 다음 설명 중 틀린 것은 어느 것인가?

    A. 시장금리가 상승하면 TED를 매입한다.

    B. 시장금리가 상승하면 T−bill을 매입하고 Eurodollar를 매도하여 이익을 얻는다.

    C. 시중 자금사정이 양호하면 TED를 매입하여 이익을 낸다.

    D. 시중 자금사정이 양호하면 TED를 매도하여 이익을 낸다.

45. NOB스프레드에 관한 다음 설명 중 틀린 것은?

    A. T−note선물가격과 T−bond선물의 가격차이를 이용한 투자전략이다.

    B. 수익률곡선의 변동에 따른 두 선물의 가격움직임 차이만을 통해 단기간에 이익을 얻을 수 있다.

    C. 수익률곡선이 우상향한다면 T−bond의 가격하락폭이 T−note에 비해 상대적으로 커진다.

    D. NOB스프레드를 매입한다는 것은 T−note선물을 매도하고 T−bond선물을 매입하는 것을 의미한다.

46. Turtle스프레드(즉, T-bill over T-bond)에 관한 다음 설명 중 잘못 된 것은?

    A. Turtle스프레드 매입이란 T-bill선물을 매입하고, 동시에 T-bond선물을 매도하는 전략이다.

    B. Turtle스프레드 매도란 T-bill선물을 매도하고, 동시에 T-bond선물을 매입하는 전략이다.

    C. 수익률곡선의 기울기가 급해지는 경우 Turtle스프레드 매도전략이 유효하다.

    D. 수익률곡선의 기울기가 완만해지는 경우 Turtle스프레드 매도전략이 유효하다.

47. 어떤 투자자가 3개월 후에 액면가가 $100,000이고 만기가 20년, 표면이자율(coupon rate)이 7%인 T-bond를 매입하고자 한다. 이 채권의 현재가격은 96-00이며 만기 수익률은 현재 7.25%이다. 95-08에 거래되고 있는 T-bond선물의 수익률은 8.50%이다. 헷지를 위해 이 투자자가 해야 하는 거래는 다음 중 어느 것인가?

    A. 만기수익률 7.25%를 확보하기 위해 T-bond선물 1계약 매입

    B. 만기수익률 7.25%를 확보하기 위해 T-bond선물 1계약 매도

    C. 만기수익률 8.50%를 확보하기 위해 T-bond선물 1계약 매입

    D. 만기수익률 8.50%를 확보하기 위해 T-bond선물 1계약 매도

48. 채권선물에서의 약세 스프레드(bear spread)에 관한 다음 설명 중 틀린 것은?

    A. 스프레드를 매도하는 포지션이다.

    B. 만기가 가까운 선물을 매도하고 동시에 만기가 먼 선물을 매입하는 전략이다.

    C. 수익률곡선이 우상향할 경우 스프레드가 확대되면 손실이 발생한다.

    D. 수익률곡선이 우상향할 경우 수익률곡선의 기울기가 급하게 변하면 이익이 발생한다.

49. 1965년 이후 미국 정부채권(U.S. government debt)에 관한 다음 설명 중 옳은 것은?

    A. 1965년 이전에는 대부분의 채권을 은행이 보유하였으나, 지금은 대부분 보험회사와 개인투자자들이 보유하고 있다.
    B. 개인투자자들은 1965년 당시 보다 적게 정부채권을 보유하고 있다.
    C. 재무성(Treasury)은 1965년에 비해 단기채권은 더 많이 발행하고 장기채권은 더 적게 발행하고 있다.
    D. 재무성(Treasury)은 1965년에 비해 단기채권은 더 적게 발행하고 장기채권은 더 많이 발행하고 있다.

50. 다음 중 단기 금리선물의 기초자산으로 가장 적절한 것은?

    A. T−bill
    B. T−bond
    C. T−note
    D. GNMA

※ 다음에 주어진 자료를 이용하여 물음에 답하라(문제 01~02).

> 11월 1일 현재 15년 만기 8-¾수익률의 T-bond 백만달러어치를 가지고 있는 한 채권딜러가 향후 이자율이 오를 것으로 예상하고 있다. 지금 보유하고 있는 채권을 헷지하면 내년 3월 4일에 헷지포지션을 마감할 예정이다. 현재 공시가격은 다음과 같다.

날짜	채권현물	3월물선물
11월 1일	92-27	90-19
3월 4일	81-04	77-07

01. 딜러가 11월 1일에 헷지포지션을 취하고 3월 4일에 그 포지션을 마감하였다면 거래결과 계약당 손익은?

02. 현물채권가격 변화와 헷지결과 둘 다 고려할 경우 딜러의 총손익은?

03. 현재는 5월이고, 회사의 재정담당자는 수개월 내에 50만 달러의 현금이 회사에 들어올 것으로 예상하고 있으며 그 현금을 T-bonds에 투자하고자 한다. 그가 투자하려는 채권의 현재 가격은 96-16이고 12월물 T-bond선물가격은 97-00이다. 그는 장기 금리가 하락할 것을 염려하여 12월물 T-bond선물 5계약을 97-00에 매입하여 헷지 포지션을 취하였다. 12월에 현금 50만 달러를 받고 T-bond 5계약을 97-08가격으로 매입하고 12월물 선물포지션은 98-02에 마감하였다면 유효가격(effective price)은?

04. 한 투자자가 수익률 9.75%의 9월물 T-bill선물 매입포지션을 취한 후 수익률이 9.50%일 때 그 포지션을 마감하였다. 계약당 수수료가 $50이라면 거래 결과 손익은?

05. 어떤 투기자가 $40,000을 증거금계좌에 입금하였다. 얼마 후 T-bill선물가격이 오를 것으로 예상한 투자자는 계좌에 입금한 돈으로 살 수 있는 최대한의 3월물 T-bill선물을 91.64에 매입하였다(T-bill선물 한 계약당 필요 증거금은 $12,000이다). 선물가격이 94.22로 상승하여 그의 포지션을 마감하였다. T-bill의 액면가가 $1,000,000이고 수수료가 매입, 매도 당 각각 $75라면 초기투자액(증거금입금액)에 대한 순수익률은?

06. 다음은 공시된 선물가격이다.

날짜	10월물	12월물
3월 8일	94.35	94.88
4월 7일	93.47	94.26
5월 9일	94.40	94.94
6월 6일	94.51	95.11
7월 12일	94.65	95.27
8월 11일	94.60	95.25
9월 8일	94.58	95.21

당신의 고객이 3월 8일에 10월물 T-bill선물 3계약을 매입하고 12월물 T-bill선물 3계약을 매도한 후, 8월 11일에 포지션을 마감하였다면 손익은?

07. 한 회사의 자금관리자는 6개월 안에 $3,500,000의 자금을 받을 예정이다. 8월 1일에 표면이자 9%인 채권이 9.25% 수익률을 내고 있고, 자금관리자는 그 정도의 수익률은 만족스럽게 생각하고 그 채권에 투자하기를 원하지만 수익률이 하락할 것을 염려하고 있다. 그 채권가격이 96−08이고 T−bond선물(액면가 $100,000)의 가격이 94−24이다. 다음해 1월 15일까지 그 채권의 수익률이 8¾%로 하락하고 그 자금관리자가 선물포지션을 101−08에 마감한다면 이익 혹은 손실은 얼마인가?

08. 어떤 회사가 내년 3월에 AAA등급채권 2,000만 달러를 발행할 예정에 있고 내년에 경제가 물가상승국면에 있으리라 예측하고 있다. 따라서 물가변동위험에 대처하기 위해 가격이 88−08인 T−bond(액면가는 $100,000임)와 가격이 90−12인 선물을 이용하여 헷지하고자 한다. 내년 3월에 T−bond가격이 83−20이 되고 선물가격이 84−16이 된다면 그 회사가 현재 2000만 달러로 헷지포지션을 취함으로써 내년에 갖게되는 총현금은 얼마가 되는가?

09. 한 고객이 95.24의 가격으로 T−bill선물 3계약(계약단위는 $1,000,000임) 매도포지션을 취한 후, 선물가격이 94.36일 때 그의 포지션을 마감하였다. 수수료와 거래비용을 제외한 고객의 이익은 얼마인가?

10. 스프레드전략을 구사하고 있는 한 투자자가 9월 T−note를 97−04의 가격에, 그리고 12월 T−note를 97−01에 스프레드매도포지션을 취하고, 그의 포지션을 9월물은 96−07에, 12월물은 94−26에 마감하였다. 모든 계약이 동일한 년도에 이루어졌다면 이러한 스프레드전략으로부터 얻을 수 있는 이익 혹은 손실은?

11. 한 투기자가 96.24의 가격으로 12월 T-bill선물 1계약을 매입하고 나중에 97.10에 매도하였다. 이 선물의 기초자산이 100만달러 90일짜리 T-bill이라고 할 때, 수수료를 무시하면 이 거래로부터 얻는 이익은?

12. 당신의 고객이 수년간 금융시장에서 경험을 가지고 있어 이자율변화에 대한 나름대로의 육감(sixth sense)을 가지고 있다고 하자. 그는 다음 달쯤 장기금리가 오를 것으로 예견하고 있다. 1월 15일 현재 3월물 T-bond선물가격은 101-06이고 6월물은 102-10이다(거래단위는 계약당 $100,000이다). 그 고객이 10개의 6월/3월 스프레드로 위험을 헷지하고자 한다. 3주 후 6월물 가격은 103-24가 되었고 3월물은 102-03이 되었을 때 그 고객은 헷지포지션을 마감하였다. 이 스프레드거래의 결과 손익은?

13. 어떤 은행이 장래에 주택저당채권(mortgage)을 $3,500,000어치 발행할 계획이고, 주택저당채권(GNMA)선물을 이용해 그 채권을 헷지하고자 한다. 헷지가 시작되었을 때 GNMA선물가격은 89-11이었고 현물가격은 89-06이었다. 헷지포지션이 마감 될 당시의 GNMA선물가격은 89-01이고 현물가격은 88-29라면, 은행의 실질적인 주택저당채권 판매가격은 얼마인가?

14. 어떤 투자자가 시카고상품거래소(CBOT)에서 T-bond선물을 63-21에 매도포지션을 취하고 금리하락 시의 손실을 막기 위해 64-01에 역지정가 매입(buy-stop order) 주문을 냈다. 금리가 하락하여 'stop'이 발효되었고 포지션은 64-01에 마감되었다. 수수료를 고려하지 않을 경우 그 투자자의 손실은 얼마인가?

15. 한 상호은행(S&L; Savings & Loan)이 $1,000,000상당의 주택저당채권(mortgage)을 발행하고 손실위험을 GNMA선물(액면가=$100,000, 1.00포인트=$1,000)을 이용하여 헷지하였다. 만일 금리가 상승하여 GNMA선물가격이 70−02에서 68−26으로 변하였다면 그 은행의 이익은?

16. 어떤 투자자가 향후 미국의 금리가 상승할 것으로 전망하고 5월 15일에 9월물 T−bond선물 100계약을 103−22에 매도하였다. 증거금은 계약 당 $2,500이고 1주일 뒤 선물포지션을 101−28에 마감하였다면, 증거금투자 대비 수익률은?

17. 현재 거래되는 채권가격이 $150이고, 시중에서의 금리가 연 10%, 채권의 표면금리(coupon rate)가 8%이며 선물의 만기가 2년 남았다고 할 때, 이 채권을 기초자산으로 하는 금리선물의 적정한 가격은 얼마인가? (단, 이자는 연속복리로 계산하기로 함)

18. 현재 채권가격이 $1,000이고 연 수익률이 10%이다. 이 채권을 매입하기 위해 은행에서 자금을 대출받고자 하는데 금리가 연간 5%이다. 이 채권을 매입하여 6개월간 보유하는데 드는 총비용은 얼마인가?

19. 현재 거래되는 채권가격이 $100이고, 시중에서의 금리가 연 8%, 채권의 표면금리(coupon rate)가 10%이며 선물의 만기까지 6개월 남았다고 할 때, 이 채권을 기초자산으로 하는 금리선물의 적정한 가격은 얼마인가? (단, 이자는 이산복리로 계산하기로 함)

20. 어떤 투자자가 현물시장에서 액면가가 $1,000,000이고 표면금리가 8%인 T-bond를 115-21에 매입하였다. 그는 장래의 금리상승에 따른 채권가격 하락위험을 헷지하기 위해 선물시장에서 T-bond선물 10계약을 118-10에 매도하였다. 1개월 후에 현물시장에서 T-bond를 110-10에 매도하고 T-bond선물 10계약은 114-10에 마감하였다. 현물보유기간 동안 수입이자는 없었으며 수수료 등의 비용을 고려하지 않을 경우 이 투자자의 손익은?

21. 유로달러선물의 가격이 96.76에서 96.82로 변하였다. 이 선물 2계약을 매도한 투자자의 총손익은 얼마인가?

22. 300일 LIBOR이자율이 연속복리기준으로 3%이고, 300일 지나서 만기가 되는 유로달러선물계약으로부터 계산된 선도이자율이 연속복리기준으로 3.3%이다. 390일 무이표채이자율을 구하면 얼마인가?

23. 수익률곡선이 평행이동한다고 가정하면, 듀레이션에 근거한 최적선물계약수 (N)는 다음과 같음을 증명하라.

$$N = \frac{PD_P}{VD_F}$$

(단, P＝헷지대상현물가치, V＝금리선물 1계약가치, D_P＝헷지대상현물의 헷지만기시 듀레이션, D_F＝금리선물기초자산의 만기 시 듀레이션)

24. 1월 1일 현재 한 펀드매니저가 $1,000,000의 채권포트폴리오를 운영하고 있다. 6개월 후 이 채권포트폴리오의 수정듀레이션이 7.5년이 될 것으로 예상된다. 만일 9월만기 T-bond선물가격이 현재 103-16이며 최저가인도채권이 9월에 6.5년의 만기듀레이션을 가질 것으로 예상된다. 향후 6개월간의 이자율리스크에 대비하기 위한 듀레이션 기반 헷지전략을 설명하라.

25. 90일 T-bill의 공시가격이 10.00이다. 이 채권의 현재 가격은 얼마인가? 그리고 이 투자자가 90일간 T-bill로부터 얻는 연간 실제수익률(실제경과일수/365기준)은 얼마인가?

26. T-bond의 선물가격이 101-12이다. 다음 4개의 채권 중 최저가인도채권은?

채권	가격	전환계수(CF)
A	125-05	1.2131
B	142-15	1.3792
C	115-31	1.1149
D	144-02	1.4026

27. 만기가 60일 후인 유로달러선물의 공시가격이 90이다. 60일이후부터 150일 사이의 LIBOR선도이자율은 얼마인가? (단, 선물계약과 선도계약의 차이는 무시함)

28. 채권시장에서 액면가 100,000원인 순수할인채 A, B가 다음과 같이 거래되고 있다.

채권	만기	시장가격
A	1년	95,000원
B	2년	89,000원

한편, 선물시장에서는 액면가 100,000원, 만기 1년인 순수할인채를 기초자산으로 하고, 1년후에 인도가 이루어지는 채권선물의 가격이 96,000원이다.

(1) 선물매도포지션과 유사한 효과를 얻기 위한 현물채권 투자전략을 제시하라.

(2) 1)의 투자전략에 기초하여 차익거래가 가능한지, 가능하다면 그 과정을 설명하라.

29. 5월 10일 현재 채권등가수익률에 의한 90일간의 이자율이 연 8%이고, 180일간의 이자율은 연 8.5%라 할 때, 만기일이 6월 10일인 T−bill선물의 이론가격을 구하라. (단, T−bill선물의 기초자산은 잔존만기 90일, 액면가 $100만인 T−bill이며, 1개월은 30일, 1년은 360일로 하며, 이자는 이산복리로 계산함)

30. 1월 1일 현재 시장에 다음과 같은 순수할인채권이 거래되고 있다.

채권	액면가	만기	시장가격
A	1,000원	1년	900원
B	1,000원	2년	800원

1년에서 2년 사이의 내재 선도이자율을 이산복리로 구하라.

31. 금리선물과 관련된 다음 질문에 답하라.

(1) 다음 표는 채권관련 정보를 보여주고 있다.

액면가($)	만기(년)	연간 표면이자($)	채권가격($)
100	0.50	0.0	98
100	1.00	0.0	95
100	1.50	6.2	101
100	2.00	8.0	104

표면이자가 6개월마다 지급된다고 할 때, 연속복리를 이용하여 6개월~12개월, 18개월~24개월 선도이자율을 계산하라.

(2) 유로달러선물의 1계약단위가 $1,000,000이고, t부터 T까지의 현물이자율은 S_T, t부터 $(T+90)$까지의 현물이자율은 S_{T+90}이라 한다. T는 유로달러선물의 만기이다. 시장에 arbitrage가 없고, 이자계산은 이산복리로 한다고 할 때, 3개월 만기 유로달러선물의 현재가격($F_{t,T}$)을 구하라.

32. T−bill의 할인수익률을 DY라 하고, 채권등가수익률을 BEY라 할 때 다음 식이 성립함을 증명하라. (단, B는 채권의 현재가격, F는 채권의 액면가, DTM은 채권의 잔존만기일수(Days To Maturity)라 정의함)

$$BEY = \frac{DY}{\left(\dfrac{360}{DTM} - DY\right)} \times \frac{365}{DTM}$$

33. 액면가격이 1,000원으로 동일한 채권들의 만기, 시장가격, 표면이자율 (coupon rate)은 다음과 같다.

채권	만기(년)	시장가격(원)	표면이자율(%)
A	1	909.09	0
B	2	756.14	0
C	2	1,000.00	15

거래비용은 없으며, 불편기대가설이 성립한다고 가정하자.

(1) 채권 A, B, C의 만기수익률(YTM)을 구하라.

(2) 1년 후 시점의 1년 만기 선도이자율(forward rate)을 구하라.

(3) 채권 C의 균형가격을 계산하라.

(4) 채권 C를 100개 거래한다고 가정할 때, 채권 A와 B로 구성한 포트폴리오를 이용하여 차익거래(arbitrage)의 예를 제시하라.

정답해설

객관식

01. C

5월물 T-bond선물이 2월에 과대평가되어 있다면 그 선물가격은 2월에 최고를 보이고 5월에 하락할 것이 예상되므로 2월물을 매입하고 5월물은 매도하는 매입스프레드(혹은 강세스프레드)전략을 통해 이익을 얻을 수 있다.

02. A

T-bill은 할인채이고 나머지는 통상 8%의 고정이자를 연 2회 지급한다.

03. D   **04. D**

05. A

헷지대상자산이 거래소에서 거래되지 않을 때 유사한 자산을 헷지대상으로 이용하는 것을 '교차헷지(cross hedge)'라 한다.

06. B

$98-02-(96-28)=1-06=1+06/32=1.1875\%$

이를 달러로 환산하면, $1.1875\% \times \$10$만$=\$1,187.50$

07. C   **08.**   **D**

09. B

CP를 발행할 예정이므로 발행가격하락에 대비해 T-bill같은 단기금리선물로 매도포지션을 취해야 헷지할 수 있다.

10. A

11. A

NOB 스프레드는 T-note와 T-bond 사이의 스프레드인데, 이자율이 상승할 경우 T-bond가격의 하락 폭이 T-note가격의 하락폭 보다 더 커지므로 T-note는 매입하고 T-bond는 매도하여 NOB스프레드를 구성해야 한다. 이자율이 하락할 경우는 반대로 구성한다.

12. A

만기가 1년 이하인 자금시장을 '화폐시장(money market)'이라 한다.

13. B

FRB가 공개시장에서 재무성 채권을 사들이면 그 만큼 자금(현금)이 시중에 풀리게 되어 시중에 유통되는 자금이 증가되며, 자금이 증가되면 일반적으로 은행에 예치되는 금액도 증가한다.

14. B

FRB가 공개시장을 통해 재무성 채권을 사들이면 그만큼 시중에 자금이 풀려 통화량이 증가되어, 은행의 예치금(deposit)이 늘고, 예치금의 증가는 곧 지불준비금(reserve)의 증가를 가져온다. 즉, 지불준비금은 예치금에 비례한다.

15. D

FRB가 의무적인 지불준비금(reserve requirement)을 강화시킨다는 것은 예치금당 준비금이 늘어나는 것을 의미하며, 따라서 은행들은 더 많은 자금을 지불준비금으로 확보해야 하므로 시중에 사용가능한 자금이 줄어들게 되어 통화량이 감소한다. 통화량의 감소는 금리를 상승시키며, 상품에 대한 수요를 감소시켜 물가를 하락시키고, 자본지출(capital outlay) 혹은 자금시장 대출규모가 줄어들게 된다.

16. C

연방기금금리(federal fund rate)란 초과 지불준비금을 가진 은행이 지불준비금이 부족한 타 은행에 대출할 때 적용되는 금리이다.

[참조] 미국 은행체제에서 자주 사용되는 기타 금리용어는 다음과 같다.
1) 할인금리(discount rate): 연준(FRB)이 회원 은행들 중 가장 신용이 좋은 은행에게 자금을 빌려 줄 때 적용하는 금리. 이 금리수준은 시중금리 보다 일반적으로 낮기 때문에 은행들은 이 자금을 바로 시중에 투자하여 무위험 차익(아비트라지)을 얻을 수 있고 이 때문에 종종 특혜시비가 일곤 한다.
2) 우대금리(prime rate): 주요 은행이 자신의 고객들 중 신용이 가장 좋은 고객에게 적용하는 금리. 기타 고객에게는 이 우대금리에 신용상태에 따라 일정율이 가산된 금리가 적용된다.

17. B

회사채를 발행할 예정이므로 금리상승 혹은 채권가격하락을 걱정할 것이며, 따라서 T-bond선물 매도헷지(short hedge)포지션을 취해야 한다.

18. B

19. C

'최저가인도채권'이란 다음 식으로 구한 비용이 가장 낮은 채권을 말한다.
비용＝채권가격－(선물가격×전환계수)
위의 식에서 비용이 낮아지기 위해서는 전환계수가 작은 것이 유리함을 알 수 있다.
다만, 전환계수가 크면 채권가격도 높으므로 전환계수 하나가 크다고 전체비용이 반드시 작아지는 것은 아니다.
또한, 최저가인도채권이 되기 위한 조건에 다음과 같은 것이 있다.

– 시장수익률이 6% 미만인 경우: 듀레이션이 작을수록, 이자지급액(coupon)이 많을수록, 만기가 짧을수록 최저가인도채권이 될 가능성이 커진다.

– 시장수익률이 6%를 초과하는 경우: 듀레이션이 클수록, 이자지급액(coupon)이 적을수록, 만기가 길수록 최저가인도채권이 될 가능성이 커진다.

20. C

시카고상품거래소(CBOT)는 어느 특정한 채권에 매수세가 몰리지 않도록 청구금액을 조정하기 위해 전환계수(CF)를 도입하였는데, 전환계수란 액면금액이 $1라 가정하고 채권의 미래 현금흐름을 연이율 6%로 할인하여 구한 현재가치(PV; present value)이다. 전환계수(CF)의 특징을 요약하면 다음과 같다.

ⅰ) 지급이자율(coupon rate)이 6%인 채권의 전환계수는 1.00이다.

ⅱ) 지급이자율(coupon rate)이 6%를 초과하면 채권의 전환계수는 1.00보다 크다.

ⅲ) 지급이자율(coupon rate)이 6% 미만이면 채권의 전환계수는 1.00보다 작다.

ⅳ) 일정한 지급이자율(coupon rate)에 대해 잔존 만기가 짧을수록 전환계수는 1에 가까워 진다.

21. B   22. D

23. D

수익률곡선이 우상향하면 만기가 길수록 수익률은 높아지게 된다. 수익률은 채권가격과 역의 관계에 있으므로, 수익률이 더 높다는 것은 채권가격이 더 낮다는 것을 의미한다. 즉, 수익률곡선이 만기에 대해 우상향한다면, 만기가 길수록 채권가격은 낮아지게 된다.

24. C

최저가인도채권은 다음 식에서 구한 비용이 최소가 되는 채권을 말한다.

선물매도자의 비용＝채권가격－(선물가격×전환계수)

차례대로 대입해 보면,

A: 비용＝150.0－(111.0×1.30)＝5.70

B: 비용＝135.0－(111.0×1.17)＝5.13

C: 비용＝125.0－(111.0×1.10)＝2.90

D: 비용＝118.0－(111.0×0.95)＝12.55

비용이 최소가 되는 세 번째 채권(C)이 최저가인도채권이다.

25. A

보유비용(즉, Repo rate)이 4.0%로서 내재환매수익률(IRR: implied repo rate) 4.5%보다 낮으므로 선물이 과대평가되어 있다. 따라서, 과대평가되어 있는 선물은 매도하고, 현물은 매입하는 아비트라지 전략을 구사해야 한다.

26. C

27. C

먼저, 보유하고 있는 채권의 미래 가치하락을 염려하고 있으므로, 매도헷지 (short hedge) 포지션을 취해야 한다. 다음에, 적절한 선물계약수를 구하기 위해 전환계수모형을 이용하면 다음과 같다.

선물계약수＝(현물의 총가치/선물기초자산의 가치)×전환계수

＝($100,000,000/$100,000)×1.35＝1,350(계약)

28. A

TED(T－bill over Euro－Dallar)스프레드란 T－bill선물과 유로달러선물의 가격차이를 이용하여 이익을 얻고자 하는 거래전략이다. 만일 금융시장이 긴축되어 시장수익률이 상승할 경우에는 TED를 매입함으로써 TED스프레드가 확대될 때 이익을 보게 될 것이고, 반면에 시장수익률이 하락할 경우에는 TED를 매도함으로써 TED스프레드가 축소될 때 이익을 얻게 될 것이다.

29. B

NOB(Notes over Bonds)스프레드란 T-note선물과 T-bond선물의 가격차이를 이용하여 이익을 얻고자 하는 거래전략으로서 오늘날 가장 활발히 거래되고 있는 '상품간스프레드(inter-commodity spread)'전략이다. NOB스프레드는 다음과 같이 정의된다.

NOBspread＝T-note선물가격－T-bond선물가격

$$=(104-02)-(97-14)=(103-34)-(97-14)=6-20$$

30. D

금리선물간의 가격차이를 이용한 스프레드거래에는 다음과 같은 것이 있다.

ⅰ) NOB(Notes over Bond)＝T-note선물가격－T-bond선물가격

ⅱ) TED(T-bill over Eurodollar)＝T-bill선물가격－Eurodollar선물가격

ⅲ) Turtle(Bills over Bonds)＝T-bill선물가격－T-bond선물가격

ⅳ) MOB(Municipal over Bonds)＝Municipal선물가격－T-bond선물가격

31. C

Coupon이자율이 낮을수록 원리금상환기간이 길어지므로 듀레이션은 증가하게 된다.

32. D

내재수익률(implied rate of return)을 구하는 문제이다. 다음의 2가지 전략이 같은 수익을 가져야 아비트라지 기회가 없게 된다. 즉,

전략1: 수익률이 12%인 2년 만기 채권을 지금 매입하여 2년간 보유

전략2: 수익률이 10%인 1년 만기 채권을 지금 구입한 후 1년 후에 매도하고, 1년 후에 만기가 1년이고 수익률이 r%인 채권을 매입하여 1년 동안 보유

전략1의 수익＝$(1+0.12)(1+0.12)=1.2544$

전략2의 수익＝$(1+0.10)(1+r)$

두 전략의 수익이 같아야 하므로,

$(1+0.10)(1+r)=1.2544 \Rightarrow r=0.1404$ 혹은 약 14%

33. A

향후 채권을 매도하고자 한다면 채권가격의 하락을 염려할 것이고, 따라서 금리선물 매입포지션이 아닌 매도포지션을 취해야 한다.

34. B

실제 금리선물가격과 이론적인 금리선물가격과의 차이가 차익거래 시 거래비용 보다 클 경우에 한해 차익거래기회가 생긴다. 가격차이가 비용(즉, 차익거래 수수료)보다 커야 비용을 상쇄하고 이익을 낼 수 있기 때문이다.

35. B   36. C

37. A

T-bill선물과 T-bond선물의 매매조건은 만기에 관계없이 동일하나, T-note선물의 경우 만기별로 거래조건이 다르므로 유의하여야 한다. 예컨대, 2년 만기의 경우 액면가가 \$200,000인 반면, 5년과 10년 만기 선물의 경우 액면가는 \$100,000이다.

38. D

대표적인 단기금리선물에는 T-bill선물과 Eurodollar선물이 있고, 중기금리선물에는 T-note선물, 장기금리선물에는 T-bond선물 등이 있다. 여기서 말하는 단기란 통상 1년 이하의 만기를 말하고, 중기는 1년 초과 10년 이하, 장기는 10년을 초과하는 만기를 말한다.

39. A

표면이자(coupon rate)가 높을수록 현금회수가 빨라지므로 듀레이션은 작아지게 된다.

40. A

앞으로 이자율이 상승할 것으로 예상하는 투자자는 이자율의 상승으로 발생할 채권가격의 하락에서 이익을 취하려 할 것이다. 따라서, 채권가격의 하락이 이익을 가져다 주는 채권매도포지션을 취함으로써 이익을 보려 할 것이다.

41. C

잔존만기가 길수록 이자율변동에 따른 채권가격변동폭이 커진다. 따라서, 이자율이 전반적으로 하락하는 시기에는 만기가 긴 장기채권의 투자비중을 높여 시세차익의 기회를 높이고, 이자율이 상승할 때는 단기채권에 투자하여 시세차손을 최소화하는 투자전략이 바람직하다.

42. D **43.** B

44. C

시중 자금사정이 양호하면 TED를 매도함으로써 TED스프레드가 축소될 때 이익을 얻을 수 있게 된다.

45. D

NOB스프레드＝T－note선물가격－T－bond선물가격
즉, NOB스프레드를 매입한다는 것은 T－note선물을 매입하고, T－bond선물을 매도하는 것을 의미한다.
한편, 장기채(T－bond)가 중기채(T－note)나 단기채(T－bill)에 비해 시장수익률 변동에 따른 가격변동폭이 더 크다. 따라서 수익률곡선이 우상향한다면 동일한 수준의 수익률 상승으로 수익률곡선이 평행이동한다 해도 수익률 상승에 따른 장기채의 가격이 단기채에 비해 가격하락폭이 상대적으로 더 커지므로 NOB스프레드를 매입하는 전략이 유리하다. 반대로 수익률이 동일한 수준만큼 하락하리라고 예상하면 NOB스프레드를 매도하는 전략이 더 유리하다.

46. C

Turtle스프레드＝T−bill선물가격−T−bond선물가격

수익률곡선의 기울기가 급해지는 경우에는 T−bond선물가격이 T−bill선물가격 보다 더 많이 하락하므로 T−bill선물을 매입하고 T−bond선물을 매도하는 Turtle매입 전략이 더 유효하다.

47. A

헷지의 대상은 투자자가 3개월 후에 매입할 T−bond이다. T−bond의 현재 만기수익률이 7.25%이므로 헷지의 목적은 향후 시장이자율의 변동에 관계없이 이 7.25%의 수익률을 확보하는 것이다. 그리고, 향후 3개월 후에 T−bond를 매입할 예정이므로 매입가격의 상승을 헷지하여야 하고, 따라서 매입헷지(long hedge)포지션을 취해야 한다.

48. D

bear spread＝단기채선물가격−장기채선물가격

수익률곡선이 우상향할 경우 수악률곡선의 기울기가 완만하게 변하면 이익이 발생한다. 왜냐하면, 수익률곡선이 급하게 변하면 장기채의 수익률이 단기채에 비해 변동폭이 더 크며, 따라서 매입포지션을 취한 장기채의 가격이 큰 폭으로 감소하고 매도포지션을 취한 단기채의 가격은 조금 하락하므로 장기채에서의 손실이 단기채에서의 이익보다 더 크게 되므로 손실이 발생한다.

49. C

1965년 이후 미국 정부채권(U.S. government debt)의 특징을 요약하면 다음과 같다.

ⅰ) 최근에는 단기채권(T−bill)의 발행량이 중, 장기채권(T−note, T−bond)보다 더 많다. 그 이유는 재무성(Treasury)이 장기채권을 발행함으로써 오랜 기간 높은 금리를 지불하는 것을 꺼려하기 때문이다.

ⅱ) 현재의 정부채권은 개인투자자가 아닌 주로 기관(은행, 보험회사, 투자회사, 기금 등)들이 보유하고 있다.

iii) 최근 들어 정부채권 보유비율이 가장 많이 늘어난 계층은 개인투자자들이며, 이를 '비 중개투자(dis-intermediation) 혹은 (금융 중개기관을 통하지 않는) 직접투자' 현상이라 한다.

50. A

주관식

01. 현재 T-bond를 보유하고 있으므로 선물매도표지션을 취하여야 하고, 선물가격이 하락하였으므로 이익을 보게 된다. 즉,

$$90-19(S)-77-07(L)=13-12(\text{이익})=13-12/32$$

02. 위의 문제 01로부터 선물에서는 $13-12$의 이익을 얻었고, 현물에서는 가격이 하락하였으므로 손실을 입었다. 즉,

현물: $81-04(S)-92-27(L)=-11-23(\text{손실})$

따라서, 현물과 선물 둘 다 고려할 경우,

순거래 결과$=13-12(\text{선물이익})+11-23(\text{현물손실})=1-21(\text{이익})$

달러로 환산하면, $(1-21)\times\$10\text{만}=(1+21/32)\times\$10\text{만}$
$$=1.6563\%\times\$10\text{만}=\$1,656.25$$

총 $100만어치의 채권을 가지고 있으므로 계약수$=\$100\text{만}/\$10\text{만}=10\text{계약}$

따라서, 총이익$=\$1,656.25\times10=\$16,562.50$

03. 유효가격$=S_2+F_1-F_2=(97-08)+(97-00)-(98-02)=96-06$

(단, $S_1=$계약 시 현물가격; $S_2=$마감 시 현물가격, $F_1=$계약 시 선물가격; $F_2=$마감 시 선물가격)

04. 채권수익률과 채권가격은 반대로 움직이므로, 채권수익률의 하락은 채권가격의 상승을 의미한다. 그리고, 채권가격은 100에서 수익률을 뺀 값으로 표시하므로,

마감 시 채권가격=100−채권수익률=100−9.50%=90.50(S)

계약 시 채권가격=100−채권수익률=100−9.75%=90.25(L)

매입포지션이므로 채권가격의 상승은 이익을 의미한다. 즉,

이익=90.50−90.25=0.25(이익)=25bp=25ticks

달러로 환산하면, 25ticks×\$25/tick=\$625

수수료가 \$50이므로 이익=\$625−\$50=\$575.

05. 계약당 필요증거금이 \$12,000이므로 \$40,000로 3계약을 매입할 수 있다.

마감 시 선물가격이 상승하였으므로 매입포지션은 이익을 실현하게 된다.

즉, 94.22(S)−91.64(L)=2.58(이익)=258bp

달러가격으로 환산하면, 258bp×\$25=\$6,450.

3계약을 매입하였으므로,

순이익=이익−비용=(\$6,450−2×\$75)×3=\$18,900

순이익률=순이익/총투자=(\$18,900/\$40,000)×100%=47.25%

06. 8월 11일 선물가격이 3월 8일 선물가격에 비해 모두 상승하였으므로 매입포지션은 이익을, 매도포지션은 손실을 보게 된다. 즉, 10월물은 이익을, 12월물은 손실을 보게 된다.

10월물: 94.60(S)−94.35(L)=0.25(이익)

12월물: 94.88(S)−95.25(L)=−0.37(손실)

합계=0.25(이익)+0.37(손실)=0.12(손실)=12bp=12tick

이를 달러금액으로 바꾸면, 12×\$25×3계약=\$900(손실)

07. 총계약수=\$350만/\$10만=35(계약)

6개월 후 채권에 투자하기를 희망하므로 선물매입포지션을 취해야 하는데, 매입포지션 후 선물가격이 상승하였으므로 이익을 얻는다. 즉,

선물: 101−08(S)−94−24(L)=6−16(이익)

이를 달러로 환산하면 $6-16=(6+16/32)\% \times \$100,000=\$6,500$

총이익$=\$6,500 \times 35(계약)=\$227,500(이익)$.

08. T−bond가격은 하락하므로 손해를 보지만 매도포지션에 있는 선물가격은 하락하므로 이익을 보게 된다. 즉,

T−bond: $83-20(S)-88-08(L)=-4-20(손실)$

선물: $90-12(S)-84-16(L)=5-28(이익)$

합계$=4-20(손실)+5-28(이익)=1-08(이익)$

따라서 계약당 헷지포지션의 가치$=88-08+1-08=89-16$

$89-16$을 달러금액으로 표시하면,

$89-16=(89+16/32)\% \times \$100,000=\$89,500$

그런데, 총계약수$=\$2,000만/\$10만=200(계약)$

그러므로 1년후 총현금$=(89-16) \times 200(계약)=\$89,500 \times 200=\$17,900,000$

09. 매도포지션을 취한 후 가격이 하락하였으므로 이익을 얻는다. 즉,

$95.24(S)-94.36(L)=0.88(이익)=88bp$

이를 달러금액으로 환산하면, $88(bp) \times \$25 \times 3계약=\$6,600(이익)$

[참조] T−bill의 1tick=액면가의 $1bp=0.01\% \times \$1,000,000 \times 90/360=\$25$.
$1bp=0.01\%=0.0001$

10. 매도스프레드(혹은 약세스프레드)란 근월물을 매도(S)하고 원월물을 매입(L)하는 전략을 말한다. 따라서, 이 문제의 경우 9월물은 매도하고 12월물은 매입하여야 하며, 마감 시 가격이 계약 시 가격보다 모두 하락하였으므로 매도한 9월물에서는 이익을, 매입한 12월물에서는 손실이 발생하였다. 즉,

9월물: $97-04(S)-96-07(L)=00-29(이익)$

12월물: $94-26(S)-97-01(L)=-2-07(손실)$

따라서, 합계는 $(00-29)-(2-07)=-(1-10)(손실)$

그런데, $1-10$을 달러로 환산하면,

$1-10=(1+10/32) \times \$1,000=\$1,000+\$312.5=\$1,312.50(손실)$

[참조] 가격인용 시 '$yy-xx=(yy+xx/32) \times 액면가$'를 의미함.

11. 선물매입포지션을 취하고 선물가격이 상승하였으므로 이익이다.

선물손익: $97.10(S) - 96.24 = 0.86$(이익) = 86ticks

달러로 환산하면, $86 \times \$25 = \$2,150$(이익)

12. 장기금리가 오를 것이라는 예상은 장기채권가격의 하락을 예상하는 것과 동일하므로 약세스프레드거래(혹은 매도스프레드)를 해야 한다. 즉, 3월물을 매도하고 6월물은 매입한다.

3월물 손익: $101 - 06(S) - 102 - 03(L) = -00 - 29$(손실)

6월물 손익: $103 - 24(S) - 102 - 10(L) = 01 - 14$(이익)

합계 $= 01 - 14 - (00 - 29) = 00 - 17$(이익)

달러로 환산하면,

$00 - 17bp \times \$10$만 $\times 10$계약 $= (17/32)bp \times \$10$만 $\times 10 = \$5,312.50$(이익)

13. 은행에서 주택저당채권을 발행할 예정이므로 채권가격하락을 대비한 매도헷지(short hedge)포지션을 취해야 한다. 발행예정액이 $3,500,000이고 GNMA의 액면가격이 $100,000이므로 35계약(즉, $3,500,000/$100,000)이 필요하다.

실질 혹은 유효가격 = 매도 시 현물가격 + 선물손익

$$= S_2 + (F_1 - F_2)$$
$$= 88 - 29 + [(89 - 11) - (89 - 01)]$$
$$= 88 - 29 + (0 - 10)$$
$$= 88 - 39$$
$$= 88 + (1 + 7/32)$$
$$= 89 - 07 포인트$$
$$= 89 - 07/32 = 89.2188$$

89 - 07을 $로 환산하면, 89.2188포인트 $\times \$1,000$/포인트 $= \$89,218.75$/계약

총 35계약이 필요하므로, 총 실질채권액 $= \$89,218.75$/계약 $\times 35$계약

$$= \$3,122,656.25$$

14. 매도포지션을 취하였는데 가격이 상승하였으므로 손실이다. 즉,

거래결과 $= (63 - 21)(S) - (64 - 01)(L)$

$$=(63-21/32)-(64-01/32)$$

$$=63.6563-64.0313=-0.3750포인트(손실)$$

이를 $가치로 환산하면, -0.3750포인트$\times\$1,000/$포인트$=-\$375$(손실)

15. 주택저당채권을 발행하고 채권가격의 하락(즉, 금리의 상승)을 염려하고 있으므로 GNMA선물에 매도헷지(short hedge)포지션을 취함으로써 손실을 막을 수 있다. 매도헷지포지션을 취하였는데 선물가격이 하락하였으므로 이익이다. 즉,

$$거래결과=70-02(S)-(68-26)(L)$$

$$=(70-02/32)-(68-26/32)$$

$$=70.0625-68.8125=1.25포인트(이익)/계약$$

이를 $가치로 환산하면, 1.25포인트$\times\$1,000/$포인트$=\$1,250/$계약(이익)

채권발행액이 $1,000,000이므로 총계약수$=\$1,000,000/\$100,000=10$개

따라서, 총이익$=\$1,250/$계약$\times10$계약$=\$12,500$

16. 선물매입 포지션을 취하였는데 가격이 하락하였으므로 이익이다. 즉,

$$이익=(103-22)(S)-(101-28)(L)$$

$$=(103-22/32)-(101-28/32)$$

$$=1-26/32=1.8125포인트$$

T-bond의 액면가가 $100,000이므로 1.8125포인트를 $로 환산하면,

$(1.8125$포인트$\div100)\times\$100,000=\$1,812.50$

따라서, 수익률$=$이익/증거금$=\$1,812.50/\$2,500=0.7250$ 혹은 72.50%

17. 다음 공식을 이용하여 선물의 적정가격을 계산할 수 있다.

$$F_t = S_t \times e^{(r-c)(T-t)}$$

(단, $F_t=$현재시점에서의 선물가격

　　 $S_t=$현재시점에서의 채권 현물가격

　　　 $r=$시장이자율

　　　 $c=$채권의 표면금리(coupon rate)

　 $T-t=$만기까지의 잔존기간

$$e = 2.7183\cdots\cdots)$$

따라서, $F_t = S_t \times e^{(r-c)(T-t)} = \$150 \times e^{(0.10-0.08)(2)} = \$156.12$

18. 우선, 채권의 시가가 \$1,000이므로 \$1,000의 비용이 필요하다. 다음으로, 은행에서 자금을 조달하여 매입하므로 이자가 발생한다. 연간 이자가 5%이므로 6개월간 이자는 \$25[즉, \$1,000×5%×½(반년)]이다.
한편, 채권을 보유하면 연간 10%(즉, \$100)의 수익이 발생하므로 6개월 보유할 경우 \$50의 수익이 발생한다. 이상의 결과를 종합하면,

총비용＝채권매입가격＋차입이자－채권수익
　　＝\$1,000＋\$25－\$50＝\$975

19. 이산복리로 이자를 계산하므로 위의 문제 18과는 달리 다음 공식을 이용하여 선물의 적정가격을 계산해야 한다.

$$F_t = S_t \times [1 + (r-c)]^{(T-t)}$$

(단, 　F_t＝현재시점에서의 선물가격

　　　S_t＝현재시점에서의 채권 현물가격

　　　r＝시장이자율

　　　c＝채권의 표면금리(coupon rate)

　$T-t$＝만기까지의 잔존기간)

따라서, $F_t = S_t \times [1 + (r-c)]^{(T-t)} = \$100 \times [1 + (0.08 - 0.10)]^{0.5}$

$$= \$98.9949 ≒ \$99$$

20. 현물포지션: $(110-10)(S)-(115-21)(L)=-(5-11)$포인트(손실)

선물포지션: $(118-10)(S)-(114-10)(L)=(4-00)$포인트(이익)

계약 당 총손익＝$-(5-11)$포인트(손실)＋$(4-00)$포인트(이익)

　　　　　＝$-(1-11)$포인트(손실)

이를 \$가치로 환산하면,

총손익＝$-(1-11)$포인트/계약×\$1,000/포인트×10계약

　　＝$-(1+11/32)\times\$1,000\times10=-\$13,438$(손실)

21. 선물을 매도하였는데 가격이 올랐으므로 손실이다.

가격변동=96.82−96.76=0.06 혹은 6bp.

그런데 1 bp=$25에 해당되므로 계약당 손실=6bp×$25/bp=$150 손실.

총손실=2계약×$150/계약=$300

22. 연속복리에 대한 선도이자율을 구하는 식을 적용하면 된다. 즉,

$$f_{m,n} = \frac{nr_n - mr_m}{n-m}$$

$$\rightarrow r_n = \frac{f_{m,n}(n-m) + mr_m}{n} = \frac{3.3\%(90) + 300(3\%)}{390} = 3.0692\%$$

23. 연속복리기준으로 채권가격을 수익률에 대해 1차미분하면 다음 식을 얻는다.

$$\frac{dB}{dY} = (-)D_B B$$

$$\rightarrow dB = (-)D_B B(dY)$$

이를 채권포트폴리오(P)와 금리선물가치(V)에 적용하면, 다음의 두 가지 식을 얻는다.

$$dP = (-)D_P P(dY_P) \tag{1}$$

$$dV = (-)D_V V(dY_V) \tag{2}$$

그런데, 최적계약수(N)$= \dfrac{dP}{dV}$ (3)

만기 시 선물듀레이션(D_V)과 선물기초자산듀레이션(D_F)이 수렴한다고 가정하고, 식(1)과 (2)를 식(3)에 대입하면,

$$N = \frac{(-)D_P P(dY_P)}{(-)D_F V(dY_V)} = \frac{PD_P}{VD_F}\left(\frac{dY_P}{dY_V}\right)$$

그런데, 만일 수익률곡선이 평행이동하면, $dY_P = dY_V$이므로,

$$N = \frac{PD_P}{VD_F}.$$

Q.E.D.

24. 선물가치(V) = 선물가격(백분율)/100 × \$100,000

$$= (103 + 16/32)/100 × 100,000 = \$103,500$$

채권포트폴리오가치(P) = \$1,000,000

채권포트폴리오 만기 시 수정듀레이션(D_p) = 7.5

선물기초자산의 만기 시 수정듀레이션(D_p) = 6.5

따라서 듀레이션기반 최적계약수(N)는,

$$N = \frac{PD_P}{VD_F} = \frac{\$1,000,000(7.5)}{\$103,500(6.5)} = 11.15.$$

펀드매니저는 채권가격이 하락하면 손실을 입게되므로 매도포지션을 취해야 된다.

즉, 최적 헷지전략은,

1) T-bond선물 약 11계약에 매도헷지포지션을 취하고,

2) 6개월 뒤인 7월 1일 이전에 마감(close out)하면 된다.

25. T-bill은 표면이자가 지급되지 않는 대신 할인되어 발행되므로 1년을 360일 기준으로 '할인수익률(DY: discount yield)'로 공시되며, 할인수익률은 다음과 같이 계산한다.

$$DY = \left(\frac{F-B}{F}\right) = \left(\frac{360}{DTM}\right)$$

단, B = 채권의 현재 가격, F = 채권의 액면가, DTM = 잔존만기일수(days to maturity).

따라서, 할인수익률(DY)이 0.10(=10/100)으로 주어졌으므로 채권의 현재가격(B)은 다음과 같이 계산할 수 있다.

$$B = F\left(1 - DY\frac{DTM}{360}\right) = 100\left(1 - 0.10\frac{90}{360}\right) = \$97.50$$

또한, 채권으로부터 얻게 되는 실제수익률, 즉 채권등가수익률(BEY: bond equivalent yield)은 다음과 같이 계산한다.

$$BEY = \left(\frac{F-B}{B}\right)\left(\frac{365}{DTM}\right) = \left(\frac{100-97.5}{97.5}\right)\left(\frac{365}{90}\right) = 0.1040$$

혹은 10.40%

26. 채권인도가격＝채권공시가격－(선물가격×전환계수)

채권A: $125.15625 - 101.375 \times 1.2131 = \$2.178$

채권B: $142.46875 - 101.375 \times 1.3792 = \$2.652$

채권C: $115.96875 - 101.375 \times 1.1149 = \$2.946$

채권D: $144.06250 - 101.375 \times 1.4026 = \$1.874$

따라서, 최저가인도채권은 D이다.

27. 유로달러선물가격이 90이라는 것은 유로달러선물이자율이 $100 - 90 = 10\%$라는 것을 의미한다. 그리고 이는 90일～150일 사이의 LIBOR선도이자율이 10%라는 것과 같은 의미이며, 분기마다 복리계산이 이루어지고, '실제경과기간/360'으로 이자를 계산함을 의미한다.

28. (1) 선물매도: 1년후 96,000원을 받고, 액면가가 100,000원인 1년만기 채권을 인도해야 하므로 2년후에는 액면가 100,000원을 지급해야 한다. 즉, 선물매도의 현금흐름은 다음과 같다.

시점(t)	현금흐름
1년말	+96,000원
2년말	−100,000원

선물매도포지션과 동일한 현금흐름을 만들기 위해 채권을 이용할 수 있다. 즉, 채권A를 0.96단위 매입하고, 채권B를 1단위 공매하면 된다.

그러면, 1년후 현금흐름: 채권A로부터 100,000원×0.96＝+96,000

2년후 현금흐름: 채권B로부터 환매수비용＝－100,000원.

(2) (1)의 채권투자전략을 구사하기 위한 총비용＝95,000원(0.96)－89,000

＝2,200원.

즉, 선물투자전략과 채권투자전략은 미래에 동일한 현금흐름을 실현하면서도 투자비용은 다르다. 채권투자비용은 2,200원, 선물투자비용은 0원으로 서로 다르므로 차익거래기회가 존재한다. 만일 1)의 투자전략과 반대포지션을 취하고 동시에 선물을 매도하면 +2,200원의 이익을 기대할 수 있다. 그러므로,

'차익거래전략＝투자전략 (1) 매도＋선물매도'

이 차익거래의 현금흐름은 다음과 같다.

투자전략	현금흐름		
	$t=0$	$t=1$	$t=2$
채권A를 0.96단위 공매	+91,200	−96,000	−
채권B를 1개 매입	−89,000	−	+100,000
선물매도	−	96,000	−100,000
차익거래합계	+2,200	0	0

29. 문제에서 주어진 자료들을 시간선으로 표시하면 다음과 같다.

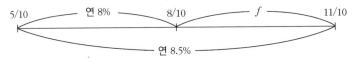

따라서 8월 10일부터 11월 10일 사이의 90일간의 선도이자율을 구하면 다음과 같다.

$$\left(1+0.085\frac{180}{360}\right)=\left(1+0.08\frac{90}{360}\right)\left(1+f\frac{90}{360}\right)$$

→ $f=0.0882$ 혹은 8.82%

한편, 만기일이 6월 10일인 T−bill선물의 이론가격은 6월 10일부터 9월 10일까지의 90일간의 선도이자율(f^*)로 기초채권액면가를 할인한 값이다. 따라서 선도이자율 f^*를 구해보자(다음 시간선 참조).

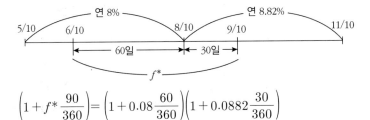

$$\left(1+f^*\frac{90}{360}\right)=\left(1+0.08\frac{60}{360}\right)\left(1+0.0882\frac{30}{360}\right)$$

→ $f^*=0.0813$

따라서 만기일이 6월 10일인 T−bill선물의 이론가격은 다음과 같다.

$$F_{t,T}=\frac{\$1,000,000}{1+f_{T,T+90}}=\frac{\$1,000,000}{1+0.0813\left(\frac{90}{360}\right)}=\$979,648$$

30. 먼저, 현물이자율을 구해보자.

1년만기 현물이자율(r_1) 공식: 900원 $= \dfrac{1000원}{(1+r_1)} \Rightarrow (1+r_1) = \dfrac{1000}{900} = \dfrac{10}{9}$

2년만기 현물이자율(r_2) 공식: 800원 $= \dfrac{1000원}{(1+r_2)^2} \Rightarrow (1+r_2)^2 = \dfrac{1000}{800} = \dfrac{10}{8}$

따라서, 내재선도이자율은,

$$f_{1,2} = \frac{(1+r_2)^2}{(1+r_1)} - 1 = \frac{10/8}{10/9} - 1 = \frac{9}{8} - 1 = \frac{1}{8} \;\; 혹은 \;\; 12.50\%.$$

31. (1) a) $_{0.5}f_1$

$$r_{0.5} = 2\ln(100/98) = 0.0404$$

$$r_1 = 2\ln(100/95) = 0.0513$$

$$\exp(0.5 \times 0.0404)\exp(0.5 \times {}_{0.5}f_1) = \exp(0.0513)$$

$$0.5 \times 0.0404 + 0.5 \times {}_{0.5}f_1 = 0.0513.$$

$$\therefore \; {}_{0.5}f_1 = 0.0622 (= 6.22\%)$$

b) $_{1.5}f_2$

$$101 = 3.1e^{r_{1.5} \times 0.5} + 3.1e^{r_{1.5} \times 1} + 103.1e^{r_{1.5} \times 1.5}$$

$$\Rightarrow r_{1.5} = 0.0546 (= 5.46\%)$$

$$104 = 4e^{r_2 \times 0.5} + 4e^{r_2 \times 1} + 4e^{r_2 \times 1.5} + 104e^{r_2 \times 2}$$

$$\Rightarrow r_2 = 0.0580(5.80\%)$$

$$\exp(1.5 \times 0.0535)\exp(0.5_{1.5}f_2) = \exp(2 \times 0.0569)$$

$$1.5 \times 0.0546 + 0.5_{1.5}f_2 = 2 \times 0.0580$$

$$\therefore \; {}_{1.5}f_2 = 0.0682 (= 6.82\%)$$

(2) Contract size $= \$1,000,000$

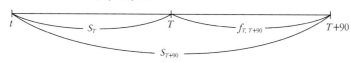

$$F_{t,T} = B_T = \frac{1{,}000{,}000}{1 + f_{T,T+90}}$$

$$f_{t,T+90} = \frac{(1 + S_{T+90})^{\frac{T+90-t}{90}}}{(1 + S_T)^{\frac{T-t}{90}}} - 1$$

$$F_{t,T} = B_T = \frac{1{,}000{,}000}{1 + \left[\dfrac{(1 + S_{T+90})^{\frac{T+90-t}{90}}}{(1 + S_T)^{\frac{T-t}{90}}} \right] - 1}$$

$$= \frac{1{,}000{,}000}{\dfrac{(1 + S_{T+90})^{\frac{T+90-t}{90}}}{(1 + S_T)^{\frac{T-t}{90}}}} = \frac{1{,}000{,}000 \times (1 + S_T)^{\frac{T-t}{90}}}{(1 + S_{T+90})^{\frac{T+90-t}{90}}}$$

32. ▎증명 ▎

$$DY = \left(\frac{F - B}{F} \right)\left(\frac{360}{DTM} \right)$$

$$\rightarrow F - B = F(DY)\frac{DTM}{360} \tag{1}$$

$$\rightarrow B = F\left(1 - DY\frac{DTM}{360} \right) \tag{2}$$

$$BEY = \left(\frac{F - B}{B} \right)\left(\frac{365}{DTM} \right)$$

$$= \left(\frac{F(DY)\dfrac{DTM}{360}}{F\left(1 - DY\dfrac{DTM}{360} \right)} \right)\left(\frac{365}{DTM} \right)(\text{식 (1)과 (2)로 부터})$$

$$= \left(\frac{DY}{\dfrac{360}{DTM} - DY} \right)\left(\frac{365}{DTM} \right)$$

Q.E.D.

33. (1) 채권 A: $y_1 = s_1 = 1,000/909.09 - 1 = 0.10$ (or 10%)

　　　채권 B: $y_2 = s_2 = \sqrt{1,000/756.14} - 1 = 0.15$ (or 15%)

　　　채권 C: 채권가격=액면가 $\Rightarrow$ 표면이자율=만기수익률

　　　　　$\Rightarrow y_2{}^C = 0.15$ (or 15%)

[참조] s_t=만기가 t인 현물이자율(spot rate)을 의미함

(2) $f_{12} = \dfrac{(1+s_2)^2}{1+s_1} - 1 \equiv \dfrac{1.15^2}{1.1} - 1 = 0.2023$ (or 20.23%) (채권 A와 B는 무이표채이므로)

(3) 채권 C의 균형가격: $\dfrac{C_1}{1+s_1} + \dfrac{C_2 + Par}{(1+s_2)^2} = \dfrac{150}{1.1} = 1,005.9245$

[참조] 채권 C의 균형가격은 1,005.9245인데 시장가격은 1,000이므로 이 채권은 현재 시장에서 저평가되어 있다.

(4) 무이표채인 A와 B로 채권 복제포트폴리오를 구성하여, 채권 C의 1시점과 2시점의 payoff를 복제하면 다음과 같다:

시점 1: $1,000x = 150 \Rightarrow x = 0.15$

시점 2: $1,000y = 1,150 \Rightarrow y = 1.15$

여기서, x는 채권 A의 포지션, y는 채권 B의 포지션을 나타낸다.

차익거래는 저평가되어 있는 채권 C를 매입하고, 채권 복제포트폴리오를 매도함으로써 실현할 수 있다. 즉, 채권 A는 15개 매도, 채권 B는 115개 매도, 채권 C는 100개 매수함으로써, 현재시점에서 592.45원을 차익거래 이익을 누릴 수 있다(아래 표 참조).

	포지션	현금흐름		
		현재시점	$t=1$	$t=2$
채권 A 매도	-15	$15 \times 909.09 = 13,636.35$	$-15 \times 1,000$	0
채권 B 매도	-115	$115 \times 756.14 = 86,956.10$	0	$-115 \times 1,000$
채권 C 매수	$+100$	$-100 \times 1,000 = -100,000$	100×150	$100 \times 1,150$
합계		592.45	0	0

Chapter 15

주가지수선물과 주식선물

연습문제

객관식

01. 다음 중 가치가중지수(value weighted index)가 아닌 것은?

A. Value Line

B. S&P

C. NYSE Composite

D. NYSE Financial

02. 만일 어떤 주식의 R계수(R coefficient)가 0이라면, 이는 시장전체와의 상관계수가 어떠함을 의미하는가?

A. 높음

B. 낮음

C. 없음

D. 역(negative)의 관계

03. 우선주(preferred stock)들로 분산투자된 포트폴리오를 가지고 있는 투자자가 포트폴리오를 헷지하기 위해서는 다음 중 어느 것으로 매도포지션을 취해야 하는가?

A. S&P500

B. NYSE Composite

C. MMI

D. T−bond

04. $220,000상당의 보통주로 구성된 포트폴리오(베타는 1.60)를 가지고 있는 투자자가 향후 주식시장 하락을 염려하여 S&P500 지수선물을 이용하여 헷지하고자 한다. S&P500지수가 현재 109.85라면 다음 중 가장 적절한 헷지포지션은?

A. 8계약 매입

B. 11계약 매도

C. 13계약 매도

D. 15계약 매입

05. 당신의 고객이 S&P500지수가 302.30이고 지수선물이 306.90일 때 매도포지션을 취한 후, 지수가 307.00이고 지수선물이 308.50일 때 포지션을 마감했다면, 지수와 베이시스의 변화에 따른 헷지의 결과는?

A. 1.80 이익 혹은 계약당 $950 이익

B. 1.80 손실 혹은 계약당 $950 손실

C. 4.90 손실 혹은 계약당 $2,450 손실

D. 3.10 이익 혹은 계약당 $775 이익

06. 현재 10억원의 주식포트폴리오(베타는 1.80)를 보유하고 있는 한 펀드매니저가 주가상승에 따른 이익을 적극적으로 얻고자 KOSPI200주가지수선물 10계약을 120포인트에 매입하였다면 이는 주식포트폴리오의 베타를 얼마로 변경시키는 효과가 있는가? (단, KOSPI200주가지수선물의 지수승수는 25만원임)

A. 2.40

B. 2.20

C. 2.10

D. 1.80

07. S&P500선물 매도자가 인도고지서를 송부하였다. 선물매입자가 인도 받는 것은?

A. 주식증서

B. 기탁(escrow)영수증

C. 현금

D. 지수증서(index certificate)

08. 하나의 주식 혹은 주식포트폴리오의 헷징과 관련한 NYSE Composite과 S&P500선물의 베이시스위험은 다음 중 어느 것에 의존하는가?

A. 개별주식가격과 개별주식들의 평균과의 관계

B. 개별주식가격, 개별주식들의 평균, 그리고 주가지수선물가격과의 관계

C. 개별주식가격과 주가지수와의 관계

D. 주가지수와 주가지수선물가격과의 관계

09. 보통주 포트폴리오를 보유하고 있는 투자자가 주가지수가 108.800이고 지수선물이 113.40일 때(1포인트 = $500) 매도헷지포지션을 취하였다. 주가지수가 114.100이 되고 선물가격이 114.900이 되었다면 거래비용을 감안하지 않을 경우 이익은?

A. 1.50 혹은 $750

B. 3.80 혹은 $1,900

C. 5.30 혹은 $2,650

D. 5.80 혹은 $2,900

10. 2월에 한 투자자가 A주식 1,500주를 공매(sell short)하고 3월물 S&P500지수선물(현재가격 104.90)을 이용하여 자신의 포지션을 헷지하고자 한다. 그 투자자가 해야 할 일은?

A. 3월물 선물을 104.90에 매입

B. 3월물 선물을 104.90에 매도

C. 공매포지션을 청산하고, 3월물 선물을 104.90에 매입

D. 3월물 선물을 104.90에 매입하고 지수에 포함되어 있는 주식 인도

11. 주가지수선물계약의 만기 시 정산은 무엇으로 하는가?

    A. 증권 포트폴리오
    B. 현금
    C. 특정지수에 포함된 증권
    D. 정산서

12. 뉴욕선물거래소(NYFE)의 주가지수선물을 이용하여 가장 잘 헷지할 수 있는 것은?

    A. 전기 등 공공사업(utility)관련 주식으로만 구성된 포트폴리오
    B. 제조업관련 주식 포트폴리오
    C. 제조업과 전기관련 주식 포트폴리오
    D. 잘 분산된 대규모 보통주 포트폴리오

13. 7월 8일 NYSE Composite지수선물가격이 65.60에 마감되었다. 그날 아침 선물 미결제약정(open interest)이 없는 한 투자자가 65.05에 선물1계약 매입포지션을 취하고(1포인트 = $500) $7,000을 증거금으로 예치하였다. 그 날 장 종료 후 증거금계좌 잔액은?

    A. $7,550
    B. $6,275
    C. $7,275
    D. $6,950

14. 기본적인 경제지표나 통계가 의미하는 것은?

    A. 시장심리의 계량적 판단자료

    B. 약세시장 장세

    C. 경제력과 신용수요의 계량적 자료

    D. 가격지지와 저항의 척도

15. MMI지수가 공시되는 단위는?

    A. 1/32nds

    B. 1/64ths

    C. 10진법

    D. 베이시스 포인트(1bp=0.01%)

16. 2개월 후에 $100만 상당의 주식을 NYSE에서 매입하고자 하는 투자자가 있다. 현재 대부분의 경제 전문가들은 정보통신 분야의 활황에 힘입어 주식시장이 향후 6개월 이상 계속 상승할 것이라 예측하고 있고 이 투자자도 이러한 예측에 공감하고 있다. 현재 NYSE 지수선물가격이 450이고 매입예정 주식포트폴리오의 베타는 1.50으로 추정된다. NYSE지수선물의 지수승수가 $500일 때, 이 투자자의 최적 헷지전략은?

    A. NYSE 지수선물 4계약을 매도

    B. NYSE 지수선물 4계약을 매입

    C. NYSE 지수선물 7계약을 매도

    D. NYSE 지수선물 7계약을 매입

17. S&P500 지수선물계약에서 최종 정산가격(final settlement price)으로 이용되는 것은 무엇인가?

    A. 정산일(settlement day)의 실제 지수

    B. 정산일 전일(前日)의 실제 지수

    C. 정산일의 지수선물가격

    D. 정산일 전일(前日)의 지수선물가격

18. 작은 규모의 연금을 운영하고 있는 한 펀드관리자(fund manager)가 현재 시장가치 $510,000로 평가되고 있는 우량주(blue chip)들로 구성된 포트폴리오를 가지고 있다. 향후 약세시장을 예상하고 있는 그 관리자는 MMI지수선물을 418.40에 6계약 매도함으로써 자신이 보유하고 있는 포트폴리오를 헷지하였다(1포인트 = $250). 예상대로 시장이 약세가 되어 포트폴리오 가치가 $375,000로 하락하였고, 따라서 그 관리자는 보유 주식들을 매각하고 6개의 선물계약도 312.20에 마감하였다. 헷지의 결과는?

    A. 포트폴리오에서의 손실 $135,000를 완전히 보호하였고, 선물에서 $24,300의 추가이익을 얻었다.

    B. 포트폴리오에서의 손실 $135,000를 완전히 보호하였고, 선물에서 $26,550의 추가이익을 얻었다.

    C. 선물거래에서 $159,300의 이익을 얻었고, 포트폴리오에서의 총 손실 $26,500중 거의 $16,750을 보호하였다.

    D. 선물거래에서 $159,300의 이익을 얻었고, 포트폴리오에서의 총 손실 $26,500중 거의 $850을 보호하였다.

19. 보통주(common stock)들로 구성된 $110,000 상당의 포트폴리오를 보유하고 있는 한 투자자가 주식시장에서의 가격하락을 우려하고 있다. 그가 보유하고 있는 포트폴리오의 베타(β)가 1.5라 하면, 108.85의 가격(1포인트 = $500)에 거래되고 있는 지수선물을 이용하여 자신의 포트폴리오를 헷지하고자 한다면, 다음 중 가장 적절한 전략은 무엇인가?

   A. 1계약 매입

   B. 2계약 매도

   C. 3계약 매도

   D. 4계약 매입

20. 한국에서 거래되고 있는 KOSPI200주가지수선물과 관련한 다음 설명 중 틀린 것은?

   A. 기초자산은 KOSPI200지수이다.

   B. 선물이 만기가 되면 기초자산인 200개의 주식을 인도한다.

   C. 계약단위는 KOSPI200지수에 250,000원을 곱한 값이다.

   D. 호가가격단위는 0.05포인트이다.

21. 주가지수선물 가격에 영향을 주는 요인들에 관한 다음 설명 중 틀린 것은?

   A. 현물 주가지수가 상승하면 이론 선물가격도 상승한다.

   B. 이자율이 상승하면 이론 선물가격도 상승한다.

   C. 잔존 만기일이 길수록 이론 선물가격도 상승한다.

   D. 배당 수익률이 상승하면 이론 선물가격도 상승한다.

22. 주가지수선물과 관련한 다음 설명 중 옳지 않은 것은?

   A. 결제는 현금결제(cash settlement)를 통해 이루어진다.

   B. 시장위험의 헷지에 유용하다.

   C. 포트폴리오의 고유위험을 헷지하는데 유용하다.

   D. 미국의 캔사스시티 상품거래소(KCBT: Kansas City Board of Trade)에서 1982년 최초로 거래가 시작되었다.

23. 주가지수선물거래의 기초자산으로 세계 최초로 도입된 지수는?

   A. VLI(Value Line Composite Index)

   B. S&P100 Index

   C. NYSE Composite Index

   D. KOSPI200 Index

24. 세계 증권시장에서 사용되고 있는 다음 지수들 중에서 지수와 지수산출 방법이 잘못 연결되어 있는 것은?

   A. MMI(Major Market Index) − 가격가중평균(price − weighted average) 방법

   B. KOSPI200 Index − 동등가중평균(equal − weighted average) 방법

   C. DJIA(Dow Jones Industrial Average) − 가격가중평균(price − weighted average) 방법

   D. S&P500 Index − 시가총액가중평균(value − weighted average) 방법

25. 세계 증권시장에서 사용되고 있는 다음 지수들 중에서 지수산출을 위한 기준시점, 기준지수의 연결이 잘못되어 있는 것은?

    A. S&P500 – 1930년 1월 2일 – 100
    B. NYSE Index – 1965년 12월 31일 – 50
    C. KOSPI200 – 1990년 1월 3일 – 100
    D. VLI – 1961년 6월 30일 – 100

26. 이자를 연속복리(continuous compounding)로 계산할 경우, 주가지수선물의 이론가격을 구하는 모형으로 적절한 것은? (단, S = 현물 주가지수, F = 주가지수선물 이론가격, r = 무위험이자율, q = 배당 수익률, e = 자연로그의 밑으로 2.718282..., T = 선물 만기)

    A. $F_t = S_t \times e^{(q-r)(T-t)}$
    B. $F_t = S_t \div e^{(r-q)(T-t)}$
    C. $F_t = S_t + e^{(q-r)(T-t)}$
    D. $F_t = S_t \times e^{(r-q)(T-t)}$

27. 이자를 이산복리(discrete compounding)로 계산할 경우, 주가지수선물의 이론가격을 구하는 모형으로 가장 적절한 것은? (단, S = 현물 주가지수, F = 주가지수선물 이론가격, r = 무위험이자율, q = 배당 수익률, $T-t$ = 잔존 만기일수)

    A. $F_t = S_t \times [1 + (q-r)(T-t)/365]$
    B. $F_t = S_t \div [1 + (q-r)(T-t)/365]$
    C. $F_t = S_t \times [1 + (r-q)(T-t)/365]$
    D. $F_t = S_t \times [1 + (r+q)(T-t)/365]$

28. A주식에 6억원, B주식에 4억원을 투자하여 포트폴리오를 구성한 투자자가 있다. A주식의 베타는 2.0이고, B주식의 베타는 1.2이다. 이 포트폴리오를 KOSPI200지수로 헷지하고자 하는데, KOSPI200의 현 지수가 200이고 주가 지수선물의 계약단위가 지수에 25만원을 곱한 값이라 하면, 완전헷지를 위해 필요한 매도선물 계약수는?

   A. 34계약

   B. 30계약

   C. 17계약

   D. 10계약

29. 다음 중 주가지수선물의 경제적 기능이 아닌 것은?

   A. 주식시장의 거래 활성화

   B. 주식시장 전체에 대한 투자수단 제공

   C. 포트폴리오의 비체계적 위험 헷지수단 제공

   D. 주식시장의 장래가격 예측

30. 주가지수선물의 시장가격이 이론가격보다 높게 거래되고 있을 때, 다음 중 적절한 차익거래(아비트라지)전략은?

   A. 현물주식 매도, 주가지수선물 매도

   B. 현물주식 매입, 주가지수선물 매입

   C. 현물주식 매입, 주가지수선물 매도

   D. 현물주식 매도, 주가지수선물 매입

31. 다음 중 주가지수선물을 이용하는 주요 목적이 아닌 것은?

   A. 헷지

   B. 불리한 가격변동에 대비

   C. 포트폴리오 보험

   D. 분산 투자

32. 다음 중 주가지수선물의 장점이 아닌 것은?

   A. 유동성 증대

   B. 낮은 초기 투자비용

   C. 낮은 위험률

   D. 포트폴리오 보험효과

33. 주가지수선물의 매매조건에 관한 다음 설명 중 옳지 않은 것은?

   A. S&P500지수선물의 호가단위는 0.05포인트이다.

   B. MMI지수선물의 결제월은 3, 6, 9, 12월이다.

   C. NYSE지수선물의 최종거래일은 결제월 제 3목요일이다.

   D. KOSPI200지수선물의 지수승수는 25만원이다.

34. 선물가격이 전일종가 대비 일정기준이상 변동하여 1분간 지속 시 프로그램매매 호가의 효력을 일시 정지하되 정지시간 경과 시 자동해제 하며, 통상 1일 1회만 발동되는 제도를 무엇이라 하는가?

   A. Side Car 제도

   B. CB(Circuit Breakers) 제도

   C. 프로그램매매(Program trade) 제도

   D. 자동개입(automatic interruption) 제도

35. 다음 중 가중치를 구할 때 파셰(Paasches) 방식을 사용하지 않는 경우는?

    A. NYSE지수

    B. S&P500지수

    C. KOSPI지수

    D. CPI지수

36. 주가지수선물 거래에 관한 다음 설명 중 옳지 않은 것은?

    A. 차익거래는 지수선물의 이론가격과 시장가격간에 거래비용 이상의 괴리가 발생할 때 가능하다.

    B. 프로그램 매매로 지수차익거래가 축소되었다.

    C. 보유하고 있는 포트폴리오의 베타가 커질수록 헷지를 위한 선물계약수는 커진다.

    D. 주가지수선물 덕택으로 주식시장의 예측기능이 강화되었다.

37. 보유하고 있는 포트폴리오의 시장가치는 200억원이고, 주가하락에 대비하여 KOSPI200 지수선물을 이용하여 헷지하고자 한다. 이 포트폴리오의 베타가 1.15이고 선물지수가 현재 112일 경우, 올바른 헷지전략은? (단, 지수승수는 25만원이다)

    A. KOSPI200지수선물 821계약 매입

    B. KOSPI200지수선물 821계약 매도

    C. KOSPI200지수선물 714계약 매입

    D. KOSPI200지수선물 714계약 매도

38. 다음 중 주가지수선물을 이용한 포트폴리오의 헷지에서 헷지비율(HR: Hedge Ratio)을 올바로 나타낸 것은? (단, V_P = 헷지 대상 포트폴리오의 가치, V_F = 주가지수선물 1계약의 가치 = 주가지수×지수승수, β_P = 헷지대상 포트폴리오의 베타)

A. $HR = (V_P / V_F) \times \beta_P$

B. $HR = (V_F / V_P) \times \beta_P$

C. $HR = (V_F / \beta_P) \times V_P$

D. $HR = (V_P / \beta_P) \times V_F$

39. 포트폴리오의 위험을 관리하는데는 전통적으로 포트폴리오에 포함되어 있는 주식의 종목을 적절히 변경시켜 포트폴리오의 베타(β_P)를 조정하는 방법을 이용한다. 이러한 방법을 이용하면 주가지수선물을 이용한 포트폴리오 위험관리에 비해 몇 가지 문제점이 있다. 다음 중 이러한 문제점에 해당되지 않는 것은?

A. 유동성 문제가 있다.

B. 목표베타의 달성이 쉽지 않다.

C. 비용이 많이 든다.

D. 보유할 수 있는 계약수에 제한이 있다.

40. 주가지수선물의 이론가격과 시장가격간에 괴리(gap)가 발생할 경우 차익거래가 행해지고 따라서 괴리는 오래 지속되지 못한다. 그러나, 때로는 그러한 괴리가 존재하고 어느 정도 지속되는 경우가 있는데, 그 이유로 적절하지 않은 것은?

A. 거래비용의 존재

B. 스프레드거래의 한계

C. 기초자산의 공매(short selling) 불가능

D. 이론가격산정의 오류

주관식

01. 한 거래자가 가까운 장래에 S&P500지수가 NYSE종합지수보다 더 강세를 보일 것으로 예측하고 12월물 선물을 이용하여 다음과 같이 시장간 스프레드(inter-market spread)전략을 구사하고자 한다.

	S&P500 12월물	NYSE 12월물
6월	244.60에 매입	140.75에 매도
8월	245.85에 매도	141.45에 매입

S&P500지수선물과 NYSE종합지수선물의 계약단위가 지수포인트당 $250라 할 때, 거래비용을 무시할 경우 위 스프레드전략의 결과 손익은?

02. 한 투자자가 S&P500지수가 168.15일 때 선물을 매입하여 167.65일 때 포지션을 마감하였다면 이 투자자의 이익 혹은 손실은? (단, 계약당 수수료는 $75임)

03. 8월 15일에 한 투기자가 449.40의 가격에 MMI선물 매입포지션 4계약을 체결하였다(1포인트는 $250). 8월 20일에 449.95에 포지션을 마감하였다면 수수료를 무시할 경우 거래 결과 손익은?

04. 보통주 포트폴리오를 보유하고 있는 한 포트폴리오관리자가 선물시장을 이용하여 자신의 포트폴리오를 헷지하고자 한다. MMI지수선물(1포인트=$250)을 이용하여 헷지하고자 하며, 공시가격은 다음과 같다.

	MMI지수	MMI선물
9월	402.37	399.90
12월	403.11	398.24

만일 헷지가 9월에 이루어졌고 12월에 마감되었다면 헷지 결과 계약당 손익은?

05. 한 투기자가 399.99의 가격에 MMI지수선물 20계약의 매입포지션을 취하였고, 선물가격이 $403.20일 때 포지션을 마감하였다. 지수 1포인트가 $250에 해당된다면 헷지 결과 손익은?

06. 한 고객이 6월물 Value Line지수선물을 123.65에 매입하였다. 다음날 그 선물가격이 124.80에 마감되었다면 달러로 환산한 손익은? (단, Value Line지수선물의 지수승수는 포인트당 $500라 가정함)

07. 보통주 포트폴리오를 보유하고 있는 투자자가 주가지수가 105.70이고 지수선물이 111.50일때 매도헷지(short hedge)포지션을 취하였다(1포인트=$500). 주가지수가 112.40이 되고 선물가격이 112.80이 되었다면 거래비용을 감안하지 않을 경우 손익은?

08. 한 투자자가 KOSPI200 지수를 기초자산으로 하는 선물로서 만기가 1개월 남은 선물을 매입하고자 한다. 지수를 구성하는 주식의 연간 배당률이 5%, 무위험이자율이 8%, 현물지수가 220이라 할 경우, 연속복리로 이자를 계산하는 경우 이 선물의 이론가격을 구하면 얼마인가?

09. 한 투자자가 S&P100지수를 기초자산으로 하는 선물로서 만기가 90일 남은 선물을 매입하고자 한다. 지수를 구성하는 주식의 연간 배당률이 3%, 무위험이자율이 5%, 현물지수가 450이라 할 경우, 이산복리로 이자를 계산할 때 이 선물의 이론가격을 구하면 얼마인가?

※ 다음은 한 투자자가 보유하고 있는 포트폴리오에 포함되어 있는 주식들에 관한 정보이다. 이를 이용하여 다음 물음에 답하라(문제 10~11).

주식	베타(β)	시가총액
A	1.5	$50,000
B	0.8	$30,000
C	1.2	$100,000
D	1.8	$40,000
E	1.3	$80,000

10. 이 포트폴리오의 베타를 구하면 얼마인가?

11. 향후 시장이 약세로 전환될 것을 염려하는 이 투자자가 MMI지수선물을 이용하여 자신의 포트폴리오를 헷지하고자 한다. MMI의 현 지수가 200이고 주가지수선물의 계약단위가 지수에 $250를 곱한 값이라 하면, 가장 적절한 헷지전략은 무엇인가?

12. 투자자가 지수선물 3계약을 450.20에 매입하고 2주 후에 460.40에 마감하였다. 계약당 수수료가 $800라면 순이익은 얼마인가? (단, 이 지수선물의 지수승수는 $500이다)

13. 2월 15일 현재, 한 증권회사의 펀드매니저가 운영하고 있는 펀드는 우리나라의 대표적 우량주(블루칩) 30종목으로 구성되어 있고 시가총액은 100억원이다. 상반기 동안 펀드를 운영하고자 하며, 4월 가격의 급격한 하락을 헷지하기 위해서 주가지수선물을 이용하려고 한다. 현재 KOSPI200지수는 110이며, 주가지수선물의 가격변동성은 3%, 펀드의 변동성은 5%, 주가지수선물과 펀드간의 상관계수가 0.75이다. KOSPI200 지수선물과 최소분산헷지비율(minimum variance hedge ratio)을 이용하여 펀드를 헷지한다면, 가장 좋은 헷지전략은 무엇인가? (단, 이 KOSPI200지수선물의 지수승수는 25만원임)

14. 한 펀드매니저가 대형 우량주 20종목으로 구성된 펀드를 운영하고 있다. 3월 초 현재 펀드의 시가총액은 10억원이고 펀드의 베타는 1.12이다. 향후 주가 하락을 염려한 펀드매니저가 KOSPI200지수선물을 통해 자신의 펀드를 헷지하고자 9월물 선물을 105.50에 매도하였다. 6월에 선물을 마감할 당시의 선물가격이 100.50이고 펀드시가가 9억 5천만원으로 감소하였다면, 펀드의 순가치변동은 얼마인가? (단, KOSPI200지수선물의 계약단위는 1포인트당 25만원이며, 선물거래 수수료는 계약당 5만원이라 함)

15. 한 투자자가 4월 실시되는 선거영향으로 주식시장이 상승세가 될 것으로 예상하고 KOSPI200지수선물 6월물을 110.25에 10계약 매입하였다. 그러나, 갑작스런 원유가격의 급등에 의해 원가상승 등으로 기업의 수익이 악화될 것으로 예상되어 주식시장이 폭락하자 선물계약들을 107.04에 전매하였다. 계약당 수수료가 5만원이라 할 경우 총 손익은 얼마인가? (단, KOSPI200 지수선물의 계약단위는 1포인트당 25만원임)

16. 20**년 2월 10일 현재 MMI지수가 450.25이고 20**년 3월물 MMI지수선물의 이날 종가가 458.00이며 20**년 6월물 MMI지수선물의 이날 종가가 462.00이라 하면 MMI지수의 베이시스(basis)는 얼마인가?

17. 20**년 2월 10일 현재 S&P500지수가 1,225이고 20**년 3월물 S&P500지수선물의 이날 종가가 1,248이고 20**년 6월물 S&P500지수선물의 이날 종가가 1,262라 하면 S&P500지수선물의 스프레드(spread)는 얼마인가?

18. 한 투자자가 증권시장이 하락할 것으로 예상하고 20**년 2월 20일에 6월물 KOSPI200주가지수선물을 120.50에 5계약 매도하였다. 예상대로 시장은 하락하였고 6월 10일에 110.25포인트가 되었다. 더 이상 시장이 하락할 것 같지 않아 110.25포인트에 5계약을 환매하였다. 계약당 선물거래 수수료가 5만원이라 할 경우, 이 투자자의 손익은? (단, KOSPI200주가지수선물의 지수승수는 25만원임)

19. KOSPI200지수는 시가총액식으로 산출된다. KOSPI200에 포함된 주식이 다음과 같이 5개라 가정하고 KOSPI200지수를 계산하면 얼마인가? (단, 1990년 1월 3일을 기준시점으로 하고 기준시점의 지수는 100이며 기준시점의 시가총액은 500억이라 함)

주식	주식 수(數)	현재 주당 가격
가	500만주	20,000원
나	400만주	18,000원
다	300만주	15,000원
라	200만주	12,000원
마	100만주	10,000원

20. 한 투자자가 현재 보유하고 있는 포트폴리오의 베타를 1.5에서 1.0으로 감소시키고자 한다. 이를 위해 매도 혹은 매입해야 할 주가지수선물의 계약수는 얼마인가? (단, 현재 포트폴리오의 시가는 $800만이고 선물가격은 210.50, 선물의 지수승수는 $500임)

21. 서강증권은 2천만달러의 미국 주식포트폴리오를 보유하고 있으며, 이 포트폴리오의 베타는 1.2이다. 서강증권은 미국의 대표적인 지수선물인 S&P500 지수선물을 이용하여 보유하고 있는 포트폴리오의 리스크를 헷지하려고 한다. 지수선물은 현재 1,080이고 지수선물의 지수승수는 포인트당 $250이다. 다음 물음에 답하라.
   (1) 이 포트폴리오의 리스크를 최소화하는 헷지전략은 무엇인가?
   (2) 앞으로 주식시장이 나빠질 것으로 예상되어 지수선물을 이용해 베타를 0.6으로 줄이려고 한다면 선물에 어떤 포지션을 취해야 하는가?

22. 현재 보유하고 있는 주식포트폴리오의 베타가 β_S, 시장전체를 잘 대표하는 주가지수선물의 베타를 β_F라 하자. 이 주식포트폴리오의 베타를 시장상황에 맞게 조정하되 주가지수선물을 이용하고자 하며, 목표 포트폴리오의 베타를 β_P라 한다. 이러한 베타조정을 위해 사용해야 하는 최적 헷지비율(h)을 유도하라.

정답해설

객관식

01. A

02. C

R계수는 주식가격과 시장지수와의 상관관계를 의미한다. 즉, R이 (+)이면 주식가격이 시장지수와 같은 방향으로 움직임을 의미하며, (−)일 때는 서로 반대로 움직임을 의미한다. 만일 R이 0이라면, 이는 주식가격의 움직임이 시장과 전혀 관계가 없음을 의미한다.

03. D

우선주(preferred stock)는 채권과 마찬가지로 이자율의 변화에 민감하므로 T−bond 혹은 T−note를 기초자산으로 하는 채권선물을 이용하여 헷지할 수 있다.

04. C

지수의 달러가치＝109.85×\$250＝\$27,462.50
계약수＝(포트폴리오가치/지수가치)×베타(β)
＝(\$220,000/\$27,462.50)×1.60＝12.8175
그러므로 13개의 S&P500매도포지션을 취하면 포트폴리오를 헷지할 수 있다.

05. D

현물매입, 선물매도포지션이므로,

현물: $307.00(S) - 302.30(L) = 4.70$(이익)

선물: $306.90(S) - 308.50(L) = -1.60$(손실)

합계$= 4.70$(이익)$+ 1.60$(손실)$= 3.10$(이익).

이를 달러로 환산하면,

$3.10 \times \$250 = \$775$(이익)

06. C

계약 수$=$(현물의 시장가치/선물의 계약단위)$\times$포트폴리오 베타

$\Rightarrow$ 포트폴리오 베타$=$필요 계약 수$\div$(현물의 시장가치/선물의 계약단위)

$$= 10 \div [10억원/(120 \times 250,000원)]$$

$$= 0.30$$

즉, 지수선물 매입은 베타를 0.3만큼 상승시켜, 2.10(즉, 1.80＋0.30)이 되게 한다.

07. C

주가지수는 매매되는 금융자산이 아니므로 주가지수선물은 현금으로 정산된다.

08. B

베이시스$=$현물가격$(S) -$선물가격(F)이므로,

주식가격(혹은 개별주식의 평균)과 주가지수선물과의 관계가 베이시스에 영향을 준다.

09. B

매도포지션을 취하였는데 선물가격이 상승하였으므로 선물에서는 손실을 입고, 현물가격은 상승하였으므로 이익을 얻게 된다. 즉,

현물: $114.10(S) - 108.80(L) = 5.30$(이익)

선물: $114.90(L)-113.40(S)=-1.50(손실)$

합계$=5.30(이익)+1.50(손실)=3.80(이익)$.

이를 달러로 환산하면,

$3.80\times\$500=\$1,900(이익)$

10. A   **11.** B

12. D

NYSE지수는 보통주들로 구성된다.

13. C

아침에 선물매입포지션을 취하였는데 선물가격이 상승하였으므로 이익이다. 즉,

선물: $65.60(S)-65.05(L)=0.55$포인트(이익).

이를 달러로 환산하면, 0.55포인트$\times\$500/$포인트$=\$275$

아침에 증거금계좌에 $\$7,000$를 예치하였으므로,

장 종료 후 계좌잔액$=\$7,000+\$275=\$7,275$.

14. C   **15.** C

16. D

먼저, 2개월 후에 포트폴리오를 보유할(즉, 주식포트폴리오를 매입할) 예정이므로 지수선물 매입포지션을 취해야 한다.

매입해야 하는 계약수는 다음과 같다.

필요 계약수$=$(현물의 시장가치/선물의 계약단위)$\times$포트폴리오 베타

$=[\$1,000,000/(450\times\$500)]\times1.50=6.67(즉,$ 약 7계약)

따라서, NYSE 지수선물 7계약을 매입하면 적절한 헷지가 된다.

17. A

MMI지수선물을 제외한 모든 선물의 최종 정산가격은 정산일(settlement day)의 실제 현물 지수를 사용한다.

18. A

현물 포트폴리오: $375,000($S$) - $510,000($L$) = -$135,000(손실)

선물포지션: 매도포지션을 취하였는데 가격이 하락하였으므로 이익이다. 즉, 선물거래 결과 = 418.40 - 312.20 = 106.20포인트(이익)

선물 총이익 = 106.20포인트/계약 × $250/포인트 × 6계약 = $159,300

합계 = 현물손익 + 선물손익 = -$135,000(손실) + $159,300(이익)
　　　= $24,300(순이익)

따라서, 현물 포트폴리오에서는 손해를 보았으나, 선물에서 더 많은 이익을 얻었으므로 헷지가 성공적이었다. 즉, 선물에서의 이익으로 현물손실을 완전히 보호(cover)하였고, 추가로 $24,300의 순이익을 얻었음을 알 수 있다.

19. C

지수의 계약가치 = 108.85 × $500 = $54,425

그러므로, 계약수 = (포트폴리오 가치/지수가치) × 베타(β)
　　　　　　　　= ($110,000/$54,425) × 1.5 = 3.031

따라서 포트폴리오 가격하락에 따른 손실을 보호(cover)하기 위해 3개의 지수선물을 매도해야 한다.

20. B

주가지수선물은 기초자산을 실제로 주고받기 곤란하기 때문에 실물결제가 이루어지지 않고 현금결제(cash settlement)가 이루어진다.

21. D

배당수익률은 선물이론가격과 반비례 관계가 있다. 왜냐하면, 배당수익률이 커지면 현물 주가지수는 하락하는 효과가 있기 때문이다.

22. C

23. A

주가지수선물은 미국의 캔사스시티상품거래소(KCBT: Kansas City Board of Trade)에서 1982년 최초로 거래가 시작되었는데 거래대상은 VLI였다.

24. B

시가총액가중평균(value-weighted average)방법이 세계적으로 가장 많이 사용되는 지수 산출방법이며, KOSPI200지수, 일본의 동증지수(TOPIX), 영국의 FTSE100지수, S&P500지수, NYSE종합지수 등이 이에 해당된다.

25. A

S&P500지수 산출의 기준은 1941년에서 1943년까지의 평균 시가총액을 10으로 하는 것으로 다른 지수들이 대개 일정 시점을 기준으로 삼는 것과는 대조적이다.

26. D   27. C

28. A

먼저 포트폴리오의 베타를 계산해 보자.

$\beta_P = W_A \times \beta_A + W_B \times \beta_B = (0.6)(2.0) + (0.4)(1.2) = 1.68$

(단, W_A=주식A에의 투자비중; W_B=주식B에의 투자비중)

따라서, 최적 선물계약 수=N=(포트폴리오 시가총액/선물계약당 가격)×베타

$$= (S/F) \times \beta_P$$

$$= [10억원/(200 \times 25만원)] \times 1.68 = 33.6$$

그러므로, 그 투자자는 KOSPI200지수선물 약 34계약을 매도함으로써 보유한 포트폴리오의 가치를 최적으로 헷지할 수 있다.

29. C

포트폴리오의 비체계적 위험은 포트폴리오에 포함되는 주식수를 늘리면 제거할 수 있다. 경험적 연구에 따르면 주식 25개 정도에 분산투자하면 시장전체의 수익률과 비슷한 수익률을 얻을 수 있다고 알려져 있다. 따라서, 지수선물은 비체계적 위험(unsystematic risk)이 아닌 체계적 위험(systematic risk)에 대한 헷지수단으로 적절하다.

30. C

차익거래(아비트라지)전략의 핵심은 '고평가되어 있는 것은 매도, 상대적으로 저평가되어 있는 것은 매입'하는 것이다. 이를 기억하기 쉽게 정리하면 다음과 같다.

차익거래(아비트라지)＝비싼 것은 팔고(매도), 싼 것은 산다(매입)

좀 더 단계적으로 설명하면 다음과 같다.

1단계) 현물주식을 매입할 자금을 은행에서 대출받는다.

2단계) 대출한 자금으로 주식을 S에 매입한다.

3단계) 지수선물 매도포지션을 취한다.

이상의 3단계에서 투자자의 자금은 전혀 투입되지 않았고(no investment), 매입된 주식이 주가지수 매도포지션으로 헷지되었으므로 위험도 없고(no risk), 과대평가된 선물가격이 하락하여 조정되었을 때 이익(즉, 선물가격－주식가격)을 얻을 수 있으므로(positive profit), 이는 아비트라지 거래이다.

[참조] 아비트라지의 3가지 조건
  1) No investment
  2) No risk
  3) Positive profit

31. D

분산투자(portfolio diversification)효과는 여러 주식에 분산투자 하는 것만으로도 얻을 수 있다. 분산투자를 위해 반드시 주가지수선물을 이용할 필요는 없다.

32. C

33. B

MMI지수선물의 결제월은 매월이고, 다른 대부분의 지수선물의 결제월은 3, 6, 9, 12월이다.

34. A   **35.** D

36. B

프로그램 매매의 발달은 지수차익거래를 더욱 활성화(확대)함으로써 시장을 효율화시키는 데 기여하고 있다. 여기서 말하는 시장의 '효율성'이란 시장에 있는 정보들이 얼마나 빨리, 그리고 정확하게 가격에 반영되는가의 정도를 나타낸다. 보다 많은 시장참가자들이 매매에 참여하면, 정보획득노력이 강화되어 시장이 효율화되고 결국에는 차익거래 기회가 점차 줄어들게 될 것이다.

37. B

먼저, 포트폴리오를 보유하고 있으므로 지수선물 매도포지션을 취해야 한다. 매도해야 하는 계약수는 다음과 같다.

필요 계약수 = (현물의 시장가치/선물의 계약단위) × 포트폴리오 베타
= [200억원/(112×25만원)] × 1.15
= 821.43(즉, 약 821계약)

따라서, 지수선물 821계약을 매도하면 적절한 헷지가 된다.

38. A

39. D

포트폴리오의 위험을 관리하기 위해 포트폴리오의 베타(β_P)를 조정하는 방법에 대한 문제점을 좀 더 구체적으로 설명하면 다음과 같다.

1) 유동성 문제: 베타를 조정하기 위해 주식 종목을 변경할 때, 원하는 주식들을 원하는 시점에 사지 못할 수가 있다. 수요와 공급의 불균형, 거래량의 한계, 자금동원능력 등의 문제로 원하는 주식의 거래가 어려울 수 있다.

2) 목표베타의 달성 곤란: 많은 연구결과에 따르면 주식의 베타는 시간에 따라 일정하지 않고 예측하기 어렵게 변동하는 경향이 있다. 이러한 베타의 변동성은 주식의 종목을 변경할 때 과거의 자료를 이용하여 원하는 베타를 찾는 것이 쉽지 않음을 의미한다.

3) 많은 비용: 종목을 변경하기 위해서는 개별 주식의 매매가 빈번히 발생하는데, 이에 따른 거래수수료 및 거래세금 등 많은 비용이 요구된다.

4) 비체계적 위험의 증대: 체계적 위험(즉, 베타)에 초점을 맞춰 주식 종목을 조정하다 보면 비체계적 위험이 증가될 수도 있다.

40. D

주관식

01. S&P500가 NYSE보다 더 강세를 보일 것으로 예상하므로 S&P500에 매입포지션을 취하고 NYSE에 매도포지션을 취해야 하며, 이익 혹은 손실은 다음과 같다.

S&P500: $245.85(S) - 244.60(L) = 1.25$(이익)

NYSE: $140.75(S) - 141.45(L) = -0.70$(손실)

합계$=1.25$(이익)-0.70(손실)$=0.55$(이익)

그런데, 지수 1포인트는 \$250이므로, 달러로 환산하면,

$0.55 \times \$250 = \$137.50$(이익)

02. 선물매입포지션을 취한 후 가격이 하락하였으므로 손실을 보게 된다. 즉,

선물: $167.65(S) - 168.15(L) = -0.50$(손실). 이를 달러로 환산하면,

$0.50 \times \$250 = \$125$(손실)

수수료를 감안할 경우, 순손실$=\$125 + \$75$(수수료)$=\$200$

03. 선물매입포지션을 취하였는데 선물가격이 올랐으므로 이익이다. 즉,

선물: 449.95(S) $-$ 449.40(L)$=$0.55(이익). 이를 달러로 환산하면, 총 4계약이
므로, 0.55$\times$\$250$\times$4계약$=$\$550(이익)

04. 보유하고 있는 주식포트폴리오를 헷지하고자 하므로 선물매도포지션을 취해
야 한다. 그런데 현물가격(MMI지수)이 상승하였으므로 현물에서 이익이고,
선물가격이 하락하였으므로 매도포지션인 선물에서도 이익이 된다. 즉,
현물: 403.11(S) $-$ 402.37(L)$=$0.74(이익)
선물: 399.90(S) $-$ 398.24(L)$=$1.66(이익)
따라서, 합계$=$0.74(이익)$+$1.66(이익)$=$2.40(이익). 이를 달러로 환산하면,
2.40$\times$\$250$=$\$600(이익)

05. 매입포지션을 취했는데 선물가격이 상승했으므로 이익이 된다. 즉,
선물: 403.20 $-$ 399.90$=$3.30(이익). 이를 달러로 환산하면, 총 20계약이므로,
3.30$\times$\$250$\times$20$=$\$16,500(이익)

06. 매입한 선물가격이 상승했으므로 이익이다. 즉,
선물: 124.80(S) $-$ 123.65(L)$=$1.15(이익). 이를 달러로 환산하면,
1.15$\times$\$500$=$\$575(이익)

07. 현물포지션: 112.40(S) $-$ 105.70(L)$=$6.70(이익)
선물포지션: 111.50(S) $-$ 112.80(L)$=-$1.30(손실)
합계$=$6.70(이익)$-$1.30(손실)$=+$5.40(이익). 이를 달러로 환산하면,
이익$=$5.40포인트$\times$\$500/포인트$=$\$2,700

08. 연속복리로 이자계산을 할 경우의 이론지수선물가격은 다음과 같다.
$$F_t = S_t \times e^{(r-q)(T-t)} = 220 \times e^{(0.08-0.05)(1/12)} = 220.55$$

09. 이산복리로 이자계산을 할 경우의 이론 지수선물 가격은 다음과 같다.
$$F_t = S_t \times [1 + (r-q)(T-t)/365] = 452.22$$

10. 포트폴리오의 베타를 구하는 공식은 다음과 같다.

$$\beta_P = W_A \times \beta_A + W_B \times \beta_B + W_C \times \beta_C + W_D \times \beta_D + W_E \times \beta_E$$

$$= (50,000/300,000)(1.5) + (30,000/300,000)(0.8)$$

$$+ (100,000/300,000)(1.2) + (40,000/300,000)(1.8)$$

$$+ (80,000/300,000)(1.3)$$

$$= 1.32$$

11. 최적 선물계약 수$=N=($포트폴리오 시가총액/선물계약당 가격$)\times$베타

$$= (S/F) \times \beta_P$$

$$= [\$300,000/(200 \times \$250)] \times 1.32 = 7.92$$

투자자는 약세시장으로의 전환을 염려하므로 MMI 지수선물 '8계약을 매도'
해야 한다.

12. 매입포지션을 취하였는데 선물가격이 상승하였으므로 이익이다. 즉,

지수 포인트의 변화$=460.40(S)-450.20(L)=10.20$

따라서, 총이익$=$지수 포인트의 변화$\times$(지수승수/포인트)$\times$계약 수

$$= 10.20포인트 \times \$500/포인트 \times 3계약 = \$15,300$$

순이익$=$총이익$-$총비용$=\$15,300-(3\times\$800)=\$12,900$

13. 1) 먼저, 최소분산 헷지비율(h^*)을 구해야 한다.

$h^* = \sigma_{S,F}/\sigma_F{}^2 = ($선물과 펀드 사이의 공분산$)/($선물의 분산$)$

선물과 펀드 사이의 공분산을 구하기 위해 다음의 공식을 이용한다.

상관계수$=$공분산/(선물변동성$\times$펀드변동성)

→ 공분산$=$상관계수$\times$(선물변동성$\times$펀드변동성)

$$= 0.75 \times (0.03 \times 0.05) = 0.001125$$

따라서, $h^* = \sigma_{S,F}/\sigma_F{}^2 = 0.001125/0.03^2 = 1.25$

2) 펀드를 보유하고 있으므로 헷지를 위해서는 주가지수선물에 매도포지션
을 취해야 하는데, 필요한 계약 수는 위에서 구한 헷지비율을 이용하여
다음과 같이 계산한다.

$$주가지수선물\ 계약수 = (S/F) \times h^*$$
$$= (펀드의\ 시장가치/선물계약단위) \times 헷지비율$$
$$= [100억원/(110 \times 25만원)] \times 1.25 = 454.55계약$$

따라서, 헷지를 위해서는 KOSPI200지수선물 455계약을 매도해야 한다.

14. 먼저, 헷지를 위해 선물 몇 계약을 매도해야 하는지 계산해 보자.

$$계약수 = N = (펀드가치/선물계약단위) \times 펀드의\ 베타$$
$$= [10억원/(105.50 \times 25만원)] \times 1.12 = 42.46\ (즉, 약\ 43계약)$$
$$선물의\ 손익 = [105.50포인트(S) - 100.50포인트(L)] \times (25만원/포인트)/계약$$
$$\times 43계약 - (43계약 \times 50,000/계약)(수수료)$$
$$= +5,160만원(이익)$$

$$현물(펀드)의\ 가치변동 = 9억\ 5천만원 - 10억원 = -5천만원(손실)$$

$$따라서, 펀드의\ 순가치변동 = 선물손익 + 현물손익$$
$$= +5,160만원(이익) - 5천만원(손실)$$
$$= +160만원(이익)$$

(만일 헷지를 하지 않았다면 현물에서 5천만원의 순손실이 발생하였을 텐데, 헷지를 통해 오히려 160만원의 이익을 냈음을 알 수 있다.)

15. 선물을 매입하였는데 가격이 하락하였으므로 손실이다. 즉,

$$선물손익 = [107.04포인트(S) - 110.25포인트(L)] \times (25만원/포인트)/계약$$
$$\times 10계약 = -802.5만원(손실)$$
$$총수수료 = 계약당\ 수수료 \times 계약수 = 5만원/계약 \times 10계약 = 50만원$$
$$따라서. 총손익 = 선물거래\ 손익 - 총수수료$$
$$= -802.5만원(손실) - 50만원$$
$$= -852.5만원(손실)$$

16. 동일상품에 대해 만기가 다른 여러 개의 선물이 존재할 경우 베이시스는 현물가격과 만기가 가장 짧은 근월물 가격과의 차이를 의미한다. 이 문제의 경우 3월물이 6월물보다 만기가 짧으므로,

$$베이시스 = 현물가격 - 근월물가격 = 450.25 - 458.00 = -7.75포인트$$

17. 스프레드＝근월물가격−원월물가격＝1,248−1,262＝−14포인트

18. 선물을 매도하였는데 가격이 하락하였으므로 이익이다. 즉,

손익＝지수의 변화×(지수승수/포인트)/계약×계약수

$\qquad$＝$[120.50(S)-110.25(L)]$×25만원/계약×5계약

$\qquad$＝12,812,500원(이익)

총수수료＝5계약×5만원/계약＝25만원

따라서, 순이익＝이익−총수수료＝12,812,500원−250,000원＝12,562,500원

19. 시가총액식에 따른 지수＝(현재 시가총합/기준시점 시가총합)×100

현재 시가총합＝(500만×20,000원＋400만×18,000원＋300만×15,000원

$\qquad$＋200만×12,000원＋100만×10,000원)

$\qquad$＝2,510억원

따라서, 지수＝(2,510억원/500억원)×100＝502포인트

20. 베타를 1.5에서 1.0으로 0.5만큼 감소시켜야 하므로 필요한 주가지수선물 계약수는 다음과 같이 계산할 수 있다.

필요 계약수＝베타의 변화×(포트폴리오의 총 시가/선물계약단위)

$\qquad$＝$(1.5-1.0)$×$[\$800만/(210.50\times\$500)]$

$\qquad$＝38계약

21. (1) 최적 헷지전략

포트폴리오의 리스크를 최소화하는 최소분산헷지전략을 사용할 경우, 최적계약수는 다음과 같이 구할 수 있다.

주어진 문제에서, β＝1.2, V_A＝헷지대상 주식포트폴리오의 가치＝$20,000,000, 주식선물 1계약의 가치＝V_F＝주식선물가격×주가지수 승수(IM)＝$1,080\times\$250=\$270,000$.

따라서, 최적계약수＝$N^* = \beta\dfrac{V_A}{V_F} = 1.2 \times \dfrac{20,000,000}{270,000} = 88.89$

즉, 현재 주식을 보유하고 있으므로 S&P500주가지수선물 89계약에 매도포지션을 취하면 주식포트폴리오의 리스크를 최소화할 수 있다.

(2) 베타를 0.6으로 줄이는 방법

주가지수선물을 이용하여 주식포트폴리오의 베타를 다음과 같이 줄일 수 있다.

베타를 줄이고자 할 때 적정계약수,

$$N^* = (\beta - \beta^*)\frac{V_A}{V_F} = (1.2 - 0.6)\frac{20,000,000}{270,000} = 44.44$$

따라서, S&P500주가지수선물 44계약에 매도포지션을 취하면 주식포트폴리오의 리스크를 1.2에서 0.6으로 줄일 수 있다.

22. $R_P = R_S + hR_F$

$\rightarrow Cov(R_P, R_M) = Cov(R_S + hR_F, R_M) = Cov(R_S, R_M) + h\,Cov(R_F, R_M)$

$\rightarrow \dfrac{Cov(R_P, R_M)}{\sigma_M^{\,2}} = \dfrac{Cov(R_S, R_M) + h\,Cov(R_F, R_M)}{\sigma_M^{\,2}}$

$\rightarrow \beta_P = \beta_S + h\beta_F$

최적 헷지비율, $h = \beta_P - \beta_S$ $(\because \beta_F = 1)$.

Chapter 16

상품선물

연습문제

객관식

01. 다음 중 한국거래소(KRX)에서 거래되는 상품선물 설명과 거리가 먼 것은?

A. 금선물과 돈육선물이 거래되고 있다.

B. 금선물의 계약크기는 100g이다.

C. 돈육선물은 주가지수선물처럼 현금결제방법을 사용한다.

D. 돈육선물 최장 거래기간은 1년이다.

02. 한 투자자가 옥수수선물 매입스프레드(long spread) 포지션을 취하고 있다. 스프레드는 날짜별로 다음과 같이 변하였다.

날짜	스프레드
3월 1일	−4.00
3월 15일	+1.00
4월 1일	+2.33
4월 15일	+3.00

투자자에게 당신은 어떤 조언을 해야 하는가?

A. 포지션을 당장 마감하도록 한다.

B. 더 좋은 스프레드성과를 위해 다른 인도월을 이용할 것을 고려하라고 한다.

C. 공매(sell short)를 권한다.

D. 현재 포지션을 유지하도록 한다.

03. 한 캔디생산업자가 면실유(棉實油: cottonseed oil)의 가격상승을 헷지하고자 하나 면실유선물이 없어 대신 두유(豆油)선물(soybean oil futures)에 매입포지션을 취하고자 한다. 이러한 투자전략을 무엇이라 하는가?

A. 스트래들(straddle)

B. 교차헷지(cross hedge)

C. 역 크러쉬(reverse crush)

D. 상품생산물 스프레드(commodity product spread)

04. 정상시장(normal market)에서 근월물(near futures)과 원월물(deferred futures) 사이의 차이를 무엇이라 하는가?

A. 베이시스(basis)

B. 크러쉬(crush)

C. 역 크러쉬(reverse crush)

D. 보유비용(carrying charge)

05. 스프레드포지션에 대한 증거금이 순 투기포지션에 대한 증거금보다 적은 이유는?

A. 스프레드 투자자는 실제로 현물자산을 다룰 수 있고, 가격변동위험이 적기 때문에

B. 스프레드포지션에 있는 두 선물간의 가격변동이 순매입 혹은 순매도 포지션의 가격변동 보다 적기 때문에

C. 단지 두 선물간의 순가격차이만이 증거금 계산 시 고려되기 때문에

D. 법(law)이 그렇게 요구하기 때문에

06. 상품선물 중 실제로 인도되는 3%의 선물이 하는 역할은?

A. 상품이 전국으로 쉽게 유통되도록 촉진한다.

B. 현물가격과 선물가격 사이의 관계를 유지시킨다.

C. 3%인도는 선물계약 약관에 의해 필요한 것이다.

D. 위의 세 가지 모두 맞다.

07. 상품선물거래소에서 12월물 옥수수선물 5계약을 매입한 투자자가 그 5개의 12월물을 매도하고 3월물 5계약을 매입하고자 한다. 그 투자자의 증거금이 필요한 계약은?

A. 12월물 계약

B. 3월물 계약

C. 12월물과 3월물 계약 둘 다

D. 그의 포지션이 마감되었으므로 12월물과 3월물 둘 다 해당되지 않는다.

08. 당신 고객이 금선물 10계약을 온스당 $325.50에 매도주문을 내었다. 이 주문은 얼마나 유효한가?

A. 계약기간 동안

B. 주문을 낸 날 하루 동안

C. 주문을 낸 한 달 동안

D. 주문을 취소할 때까지

09. 한 거래자가 서로 다른 달(month)의 돼지선물가격 스프레드가 $0.05임을 알게 되었다. 즉, 원월물(distant futures)의 가격이 $0.77이고 근월물(near futures)의 가격이 $0.72이다. 이 거래자는 $0.05의 스프레드가 시장상황에 비추어 지나치게 크다고 믿고 있고, 따라서 앞으로 스프레드가 줄어들 것이라 예상한다. 이러한 상황하에서 이익을 얻기 위해 그 거래자가 취해야 하는 투자전략은?

A. 근월물을 매도하고 원월물을 매입함

B. 근월물을 매입하고 원월물을 매도함

C. 근월물을 매입함

D. 원월물을 매도함

10. NYMEX에서 거래되는 금선물(gold futures)의 인도월별 가격이 다음과 같을 때, 가장 이익이 큰 강세스프레드(bull spread)전략은 어느 것인가?

인도월	선물가격
4월	$487.50/lb
6월	$494.00/lb
8월	$501.00/lb
10월	$506.00/lb
12월	$503.00/lb
2월(다음해)	$501.00/lb

A. 6월물 매도, 12월물 매입

B. 4월물 매도, 2월물 매입

C. 8월물 매입, 2월물 매도

D. 4월물 매입, 10월물 매도

11. 시카고상업거래소(CME)에서 목재선물의 계약단위가 130,000bd.ft.이다. 1,000bd.ft.당 가격이 12Ø(센트)변화할 때, 목재선물의 가치변화는 얼마인가?

A. $1,560.00/계약

B. $156.00/계약

C. $15.60/계약

D. $1.56/계약

12. 시카고상품거래소(CBOT)에서 대두선물의 경우 모든 인도월의 마지막 3일 동안에는 제한폭 입찰(limit bid)을 금지시키고 있고, 결과적으로 일일 가격변동 폭(daily price limit)이 30¢에서 45¢로 확대되었다. 이러한 경우 증거금은 어떻게 되는가?

   A. 변동이 없다

   B. 증거금도 올라간다.

   C. 증거금이 내려간다.

   D. 위의 세 가지 모두 아니다.

13. 헷저(hedger)의 '베이시스 매입(long the basis)'포지션에 해당되는 것은 다음 중 어느 것인가?

   A. 팔리지 않고 남아있는 재고에 대해 선물 매도헷지(short hedge) 포지션을 취함

   B. 상품인도를 위해 현물을 매도함

   C. 현물은 매입하였으나, 그것에 대해 아직 매도포지션을 취하지 않음

   D. 상품선물 매도포지션을 마감함

14. 한 석유 유통업자가 난방유(heating oil) 840,000갤론(gal.)에 '베이시스 매입 (long the basis)'포지션을 취하였다. 그 포지션이 헷지되는 동안 베이시스가 60포이트 강화 (strengthen)되었다면, 헷지를 통한 유효판매비용(effective sales price)의 증가 혹은 감소는?

   A. $2,520 감소

   B. $5,040 감소

   C. $2,520 증가

   D. $5,040 증가

15. 다음 중 냉동 브로일러(iced broiler)의 인도수단(delivery instrument)을 올바르게 설명한 것은 어느 것인가?

    A. 인도하지 않음; 현금정산만 함(cash settlement only)

    B. 청구증명서(demand certificate)

    C. 창고 영수증(warehouse receipt)

    D. 예치증서(depositary receipt)

16. 고객 계좌에 대해 지나치게 과도한 거래를 수행하는 규칙위반(violation)을 무엇이라 하는가?

    A. 교란(churning)

    B. 부정거래(bucketing)

    C. 사재기(매점; 買占)(cornering)

    D. 한계매매(margining)

17. 한 투기자가 생우(生牛; live cattle)선물 6계약을 파운드(lb.)당 59.50¢에 매입하고, 가격이 파운드당 65.65¢로 상승했을 때 그 포지션을 마감하였다. 생우선물 1계약이 40,000파운드라면 수수료를 무시할 경우 이익은 얼마인가?

    A. $1,500

    B. $1,476

    C. $7,760

    D. $14,760

18. 한 고객이 옥수수선물 1계약을 부쉘(bu.)당 $2.53¼에 매도하였다. 개시증거금 (initial margin)이 부쉘당 $0.12이고 유지증거금(maintenance margin)이 부쉘당 $0.10이라 하면, 그 고객은 선물가격이 부쉘당 얼마일 때 증거금납입요청(margin call)을 받는가?

   A. $2.63¼

   B. $2.55¼

   C. $2.51¼

   D. $2.50¼

19. 베이시스(basis)의 예측(forecasting)과 관련된 다음 설명 중 옳은 것은?

   A. 계속 생산되는 상품이 계절에 따라 생산되는 상품보다 베이시스를 예측하기가 더 쉽다.

   B. 베이시스를 예측하는 것이 선물가격을 예측하는 것 보다 더 쉽다.

   C. 베이시스를 예측하는 것이 현물가격을 예측하는 것 보다 더 쉽다.

   D. 위의 세 가지 모두 맞다.

20. 한 고객이 생우(生牛; live cattle)선물 2계약을 cwt.당 $65.85에 매입하였다. 수수료는 계약당 $50이고 선물가격이 cwt.당 150포인트 상승하였을 때 포지션을 마감하였다. 생우선물의 계약단위가 40,000파운드(lb.)라면, 고객의 이익(profit)은 얼마인가?

   A. $300

   B. $400

   C. $700

   D. $1,100

01. 한 투자자가 대두유(大豆油: soybean oil)선물을 $27.50/cwt.에 매도포지션을 취하였다. 증거금이 계약당 $800이고 대두유선물계약단위가 대두유 60,000파운드(lb)를 포함한다면, 증거금은 선물계약가치의 몇 %인가?

02. 뉴욕상품거래소에서 한 고객이 금선물을 2월물은 온스(oz)당 $346.10에, 같은 해 6월물은 온스당 $348.80에 강세스프레드(bull spread)포지션을 취하였다. 그 고객이 2월물 가격이 $345.70가 되고, 6월물은 $350.30가 되었을 때 스프레드포지션을 마감하였다면 고객의 이익 혹은 손실은?

03. 한 투기자가 한 상품선물거래소에서 합판(plywood)선물 2계약을 매입하였다 (1계약은 76,032평방피트(sq.ft.)). 선물가격이 1,000평방피트당 $14(즉, 1,400 포인트)상승하여 2계약을 마감하였다. 계약당 수수료가 $30이라면, 그 고객이 거래로부터 얻은 순이익은?

04. 한 스프레드 투자자가 옥수수선물 4월물을 부쉘당 $1.78에 매도하고 7월물을 $1.82에 매입하였다. 그리고 같은 해에 4월물 가격이 $2.00가 되고, 7월물 가격이 $2.49이 되었을 때 스프레드 포지션을 마감하였다면, 이 스프레드 거래의 결과 부쉘당 손익은?

05. Bull-Bear spread포지션을 취한 고객이 생우(生牛)선물 3월물 10계약을 파운드당 $0.6800에 매입하고 5월물 생우선물 10계약을 파운드당 $0.6530에 동시에 매도함으로써 스프레드 10개 포지션을 취하였다(생우 1계약 단위는 40,000파운드). 나중에 스프레드가 더 약해지고(widened), 그 스프레드를 마감할 때 3월물은 가격이 $0.6755, 5월물은 $0.6445가 되었다면, 이 스프레드 거래의 결과 손익은?

06. 한 투기자가 옥수수선물을 부쉘당 $3.53½에 매입하였다. 개시증거금이 부쉘당 $0.12이고, 유지증거금이 부쉘당 $0.10라 하면, 정산가격이 얼마일 때 고객의 증거금이 유지증거금 수준에 도달하는가?

07. Bear spread 포지션을 취한 고객이 돼지고기선물(1계약단위는 40,000파운드) 2월물 2계약을 매도하고 5월물 2계약을 매입하는 포지션을 취하였다. 포지션을 취할 당시의 2월물 가격은 5월물에 비해 100포인트 낮았고(under), 포지션을 마감할 당시의 2월물 가격은 5월물에 비해 400포인트 낮았다(under)면, 손익은 몇 포인트인가?

08. 한 제재소(sawmill) 운영업자가 합판(plywood)선물에 '베이시스 매입(long the basis)' 포지션을 취하였다. 만일 헷지를 하고 있는 동안 베이시스가 -300포인트에서 +100포인트로 변화하였다면 베이시스의 변화로 한 계약당 그 업자가 실현하는 이익 혹은 손실은 얼마인가? (단, 계약당 수수료는 $60이고, 합판 1계약단위는 76,032평방피트(sq.ft.)임).

09. 주택에 대한 높은 수요 때문에 주택가격이 급격히 상승해 왔다. 당신의 고객은 이러한 주택경기의 활성화는 목재(lumber)선물의 강세를 가져올 것이라 믿고 있다(목재선물 1계약은 130,000평방피트(sq.ft.)임). 현재 목재선물의 3월물은 1,000sq.ft.당 $154.50이고 5월물은 1,000sq.ft.당 $158.90이다. 당신의 고객은 5월물이 3월물에 비해 가격이 너무 비싸다고 생각하고 3월물 10계약을 매입하고, 5월물은 10계약 매도하는 스프레드 포지션을 취하였다. 3월물 가격이 $168.40가 되고 5월물은 $170.10가 되었을 때 포지션을 모두 마감하였다면, 그 고객의 손실 혹은 이익은?

10. 한 육류포장업자(meat packer)가 돼지선물을 총 비용 cwt.당 $30.96에 매입 헷지(long hedge) 포지션을 취하였는데 이 때 현물가격은 cwt.당 $30.55였다. 선물가격이 cwt.당 $31.46이 되고 현물가격이 cwt.당 $31.35가 되었을 때 포지션을 마감하고 돼지를 현물가격에 매입하였다면, 그가 돼지구입에 실제로 지불한 순가격(net price)은 cwt.당 얼마인가?

정답해설

01. D

02. D

매입스프레드(long spread)란 강세스프레드(bull spread)를 의미하며, 따라서 스프레드가 커질수록 이익이 된다. 표에서 보는 바와 같이 스프레드가 점점 강화되고 있으므로 현 포지션을 유지하는 것이 바람직하다.

[참조] 매도스프레드(short spread)는 약세스프레드(bear spread)를 의미하며, 따라서 스프레드가 작아 질수록 이익이 된다.

03. B

헷지하고자 하는 자산과 선물의 기초자산이 유형(type), 품질(quality), 등급(grade) 등에서 일치하지 않을 경우, 헷저는 헷지대상 자산과 유사한 기초자산을 가진 선물로 헷지하게 되는 데, 이러한 헷지를 '교차헷지(cross hedge)'라 한다.

04. D   **05.** B   **06.** B

07. B

동일한 기초자산에 대한 선물을 인도월만 다른 선물로 교체하는 것을 '교체주문(switch order)'이라 하는데, 이러한 주문의 경우 증거금은 새로운 포지션에서 대해서만 납부한다. 즉, 12월물을 마감하고 3월물을 새로 매입하였으므로 3월물에 대해서만 증거금을 납부한다.

08. D

09. B

원월물가격이 근월물가격보다 높으므로 정상시장(normal market)이다. 정상시장에서 향후 스프레드가 줄어들 것(즉, narrow 혹은 strengthen)이라 예상하므로 강세스프레드(bull spread)포지션을 취해야 이익을 얻을 수 있다. 따라서, 근월물은 매입하고 원월물은 매도하여야 한다.

10. D

인도월간 스프레드(inter-delivery spread)에서는 스프레드가 다음과 같이 정의된다.

인도월간 스프레드＝근월물 선물가격－원월물 선물가격

각 투자전략 별 스프레드를 월단위로 계산하면 다음과 같다.

A: 6월물 매도, 12월물 매입(6개월): 스프레드/월＝($494.00－$503.00)/6개월
＝－$1.5

B: 4월물 매도, 2월물 매입(10개월): 스프레드/월＝($487.50－$501.00)/10개월
＝－$1.35

C: 8월물 매입, 2월물 매도(6개월): 스프레드/월＝($501.00－$501.00)/6개월
＝$0

D: 4월물 매입, 10월물 매도(6개월): 스프레드/월＝($487.50－$506.00)/6개월
＝－$3.08

강세스프레드 전략은 근월물을 매입하고 원월물을 매도하는 것이고, 반대로 약세스프레드는 근월물을 매도하고 원월물를 매입하는 것이다. 따라서, 위의 A와 B는 약세스프레드전략이고 C와 D는 강세스프레드전략이다. 강세스프레드전략에서는 스프레드가 큰 D에서 이익이 가장 크다.

11. C

목재선물 1계약당 가치변화＝가격변화×계약단위

$$＝12 ¢/1,000피트×130,000피트$$
$$＝1,560 ¢＝\$15.60$$

12. B

CBOT에서 가격제한폭이 상승하면 증거금도 자동적으로 가격제한폭 상승률 만큼 상승하게 된다. 이 문제의 경우 가격제한폭이 30¢에서 45¢로 50% 확대되면 자동적으로 증거금도 50% 상승하게 된다.

13. A

'베이시스 매입(long the basis)'이란 매도헷지(short hedge)를 의미하고, '베이시스 매도(short the basis)'란 매입헷지(long hedge)를 의미한다.

14. D

베이시스매입(long the basis) 혹은 매도헷지(short hedge)에서 베이시스의 강화는 이익을 가져다준다. 통상 난방유는 ¢/gal.로 표시되므로 1포인트는 1 ¢의 1/100인 0.01¢ 혹은 $0.0001을 의미한다. 따라서, 베이시스가 60포인트/gal. 강화되었다는 것은 총 계약액 840,000gal.에 대해서는 $5,040의 이익이 발생함을 의미한다.

즉, 이익＝$0.0060/gal.×840,000gal.＝$5,040

15. B

저장 및 운송 상에 어려움이 있어 직접 인도가 어려운 상품에 대한 몇 가지 인도방법은 다음과 같다.

* 곡물(grain)의 인도: 창고영수증(warehouse receipt) 이용
* 냉동 브로일러(iced broiler)와 같이 저장이 어려운 상품(perishables): 청구증명서(demand certificate)
* 귀금속(precious stone) 혹은 일부 금융상품(financial instrument): 예치증서(depositary or vault receipt)

16. A

선물거래에 있어 브로커 등 선물중개인들의 몇 가지 중요한 불법거래(vio-
lation)를 소개하면 다음과 같다.

*교란(churning): 고객은 고려하지 않고 자신의 수수료수입을 늘리기 위해
과도하게 빈번히 거래하는 행위

*부정거래(bucketing): 거래소에서 경쟁없이 자신의 계좌 혹은 자신과 이해
관계가 있는 계좌로 고객의 포지션과 직접적 혹은 간접적으로 반대포지션
(opposite-side position)을 취하여 이익을 취하려는 행위

*사재기(cornering): 필요 이상 과도하게 포지션을 취하여 시장을 조종
(market manipulation)하는 행위

17. D

선물을 매입하였는데 가격이 상승하였으므로 이익이다. 즉,

이익=단위당 가격변화×계약단위×계약수

$$=[65.65(S)-59.50(L)]\,¢/lb.\times40,000lb./계약\times6계약$$

$$=1,476,000\,¢=\$14,760$$

18. B

고객이 매도포지션을 취하였으므로 가격이 하락하면 이익을 얻고 상승하면
손실을 입는다. 증거금납입요청(margin call)은 손실이 발생하여 증거금 잔액
이 유지증거금 아래로 떨어지게 될 때 발생하게 된다. 개시증거금과 유지증
거금 사이의 차이가 $0.02이므로 가격이 부쉘당 $0.02를 초과하여 상승하면
증거금납입요청이 있게 된다. 매도 시 가격이 $2.53¼이므로 가격이 $2.55¼
을 초과할 때 margin call이 발생한다.

19. D

20. D

매입포지션을 취하였는데 가격이 상승하였으므로 이익이다.

매입헷저의 순가격(net price)＝현물가격－선물거래 이익

총이익＝단위당 가격변화×계약단위×계약수

＝$1.50/cwt.×40,000lb./계약×2계약×1cwt/100lb.＝$1,200

총수수료＝계약당 수수료×계약수＝$50/계약×2계약＝$100

순이익＝총이익－총수수료＝$1,200－$100＝$1,100

[참조] 1cwt.(hundred weight)＝100lb.

---

01. 1계약의 가치＝선물가격×계약단위＝$27.50/cwt.×60,000lb.×1cwt./100lb.

＝$16,500

따라서, 증거금/계약가치＝$800/$16,500＝0.0485 혹은 4.85%

[참조] 계약가치를 구할 때 1cwt./100lb.를 곱한 이유는
1cwt.(hundred weight)＝100lb.이기 때문이다.

02. 포지션을 취할 당시의 베이시스＝$346.10－$348.80＝－$2.70

포지션을 마감할 당시의 베이시스＝$345.70－$350.30＝－$4.60

강세스프레드 포지션을 취하였는데 베이시스가 약화(weaken 혹은 widen)되었으므로 손실이다.

온스(oz.)당 손실액을 계산하면, －$4.60－(－$2.70)＝－$1.90

[참조] 다른 방법으로 손실액을 구할 수도 있다.
2월물: 매입포지션인데 가격이 하락하였으므로 손실이다. 즉,
온스당 손실액은, $345.70($S$)-$346.10(L)＝-$0.40
6월물: 매도포지션인데 가격이 상승하였으므로 손실이다. 즉,
온스당 손실액은, $348.80($S$)-$350.30(L)＝-$1.50
손실 합계액은, 2월물 손실＋6월물 손실＝-$0.40-$1.50＝-$1.90(손실)

03. 매입포지션을 취하였는데 가격이 상승하였으므로 이익이다. 즉,

이익＝$14/1,000평방피트×76,032평방피트/계약×2계약＝$2,128.90

그런데, 계약당 수수료가 $30이므로 2계약에 대한 총수수료는 $60이다. 따라서,

순이익＝이익－수수료＝$2,128.90－$60＝$2,068.90

04. 근월물(즉, 4월물)을 매도하고 원월물(즉, 7월물)을 매입하였으므로 약세스프레드(bear spread)이고, 스프레드가 약화(weaken 혹은 widen)되었으므로 이익이다. 즉,

	4월물	7월물	스프레드
포지션 개시	$1.78($S$)	$1.82($L$)	－$0.04
포지션 마감	$2.00($L$)	$2.49($S$)	－$0.49
변화	－$0.22	＋$0.67	＋$0.45

약세스프레드 거래 결과 부쉘당 $0.45의 이익이 발생하였다.

05. 스프레드거래의 손익은 다음과 같다.

스프레드	강세스프레드(bull spread)	약세스프레드(bear spread)
강해짐	이익(profit)	손실(loss)
약해짐	손실(loss)	이익(profit)

＊ 강해짐＝narrow(strengthen); 약해짐＝widen(weaken)

주어진 문제의 경우 근월물(nearby; 즉, 3월물)을 매입하고 원월물(deferred; 즉, 5월물)을 매도하였으므로 강세스프레드 전략이다. 강세스프레드인데 스프레드가 다음에서 보는 바와 같이 강화되었으므로 이익이 발생한다. 즉, 스프레드 변화는,

	3월물(March)	5월물(May)	스프레드
스프레드 개시	$0.6800($L$)	$0.6530($S$)	$0.027
스프레드 마감	$0.6755($S$)	$0.6445($L$)	$0.031
	－$0.0045	＋$0.0085	＋$0.004(강화)

따라서, 총이익＝$0.004/파운드×40,000파운드/계약×10계약＝$1,600

06. 개시증거금−유지증거금＝$0.12/bu.−$0.10/bu.＝$0.02/bu.

고객이 매입포지션을 취하였으므로 가격이 하락해야 증거금이 줄어들게 된다. 즉, 가격이 개시증거금과 유지증거금의 차이인 부셸당 $0.02만큼 하락하면 고객증거금이 유지증거금 수준으로 떨어지게 된다. 현재가격이 $3.53½이므로,

$3.53½−$0.02＝$3.51½ 이하로 떨어지면 유지증거금 수준으로 증거금이 감소한다.

07. 스프레드가 −100에서 −400으로 300포인트 감소(약화; weaken)되었다. 그런데, 고객이 취한 스프레드는 근월물(2월물)을 매도하고 원월물(5월물)을 매입하였으므로 약세스프레드(bear spread)이다. 약세스프레드에서는 스프레드가 약화될 때 이익이 발생하므로 이 투자자는 이익을 얻게 된다. 즉, 1계약당 300포인트 이익이므로 2계약에 대해 총 600포인트의 이익을 얻게 된다.

[참조] 강세스프레드(bull spread)는 근월물을 매입하고 원월물을 매도하는 것을 의미하며, 스프레드가 증가(강화;strengthen)될 때 이익을 얻게 된다. 강세스프레드는 근월물이 원월물에 비해 상대적으로 더 상승할 것이라는 강세시장을 예상할 때 이용하는 스프레드전략이다.

08. 제재소가 베이시스 매입포지션을 취했으므로, 즉 매도헷지포지션을 취했으므로 베이시스의 증가(widen 혹은 weaken)는 이익이 된다. 베이시스가 −300포인트에서 +100포인트로 변했다면 400포인트 증가(즉, 1,000평방피트 당 $4.00 증가)한 것이므로,

이익＝$4/1,000sq.ft.×76,032sq.ft.＝$304.13

수수료＝$60

따라서, 실현된 순이익＝이익−수수료＝$304.13−$60＝$244.13

[참조] ⅰ) 선물시장에서 목재의 가격은 1,000평방피트(sq.bd.ft 혹은 sq.ft.)로 표시된다. 따라서, 특별한 언급이 없는 경우 목재선물의 가격 혹은 목재선물의 베이시스변화는 1,000평방피트당 달러 혹은 포인트로 표시된다.

ⅱ) 베이시스의 변화를 나타내는 '포인트(point)'는 특별한 언급이 없으면 가격단위의 1/100 혹은 통상 $1의 1/100인 1¢를 의미한다. 즉,
1포인트＝1¢ 혹은
100포인트＝100 ¢ ＝ $1

09. 원월물(즉, 5월물)의 가격이 근월물(즉, 3월물)의 가격보다 높으므로 정상시장(normal market)이며, 고객이 근월물을 매입하고 원월물을 매도하였으므로 이는 강세스프레드(bull spread)전략이다. 정상시장에서 스프레드의 강화(strengthen 혹은 narrow)는 강세스프레드 투자자에게 이익이 된다. 이 문제의 경우 다음과 같이 스프레드가 강화되므로 고객은 이익을 보게 된다. 즉,

	3월물	5월물	스프레드
스프레드 개시	$154.50($L$)$	$158.90($S$)$	$-$4.40
스프레드 마감	$168.40($S$)$	$170.10($L$)$	$-$1.70
결과	$+$13.90	$-$11.20	$+$2.70

총이익 = $2.70/1,000$sq.ft.$\times 130,000$sq.ft./계약$\times 10$계약 = $3,510

10. 매입헷저의 순가격(net price) = 현물가격 - 선물거래 이익 + 선물거래 손실

$$= S_2 - (F_2 - F_1) + 0$$
$$= \$31.35 - (\$31.46 - \$30.96)$$
$$= \$30.85$$

Chapter 17

통화선물

연습문제

객관식

01. 투자자가 통화선물 거래를 위해 통상 중개인에게 증거금으로 예치할 수 없는 것은?

   A. 외국통화
   B. 미국 달러
   C. 유동성증권
   D. 미국정부발행 증권

02. 다음 중 한국거래소(KRX)에서 거래되는 통화가 아닌 것은?

    A. 영국 파운드화

    B. 미국 달러

    C. 일본 엔화

    D. 유럽연합 유로화

03. 한 프랑스 소매업자가 미국 자전거제조회사에 자전거 1,000대를 주문하였다. 자전거는 3개월 안에 인도될 예정이고 인도 시 환율은 달러당 0.7000유로이다. 환율변동에 따른 위험을 헷지하기 위해 미국 자전거제조회사가 해야 할 조치는?

    A. 유로선물의 매입

    B. 유로선물의 매도

    C. 달러선물의 매도

    D. 달러선물의 매입

04. 당신의 고객이 달러선물에 매입포지션을 취하는 것이 좋겠다는 당신의견에 동의를 표시하였다. 그가 당신에게 말하기를 "당신이 최선이라고 생각하는 조치를 취해 주시오."라고 했다면 당신이 해야 할 일은?

    A. 주문을 내는 일

    B. 주문을 내지 않는 일

    C. 주문을 내기 전 고객으로부터 확실한 설명을 듣는 일

    D. 주문을 하기 전 상급자의 허락을 얻는 일

05. 독일의 카메라 회사가 미국의 코닥으로부터 3차원 필름현상기술을 수입하고 달러로 지급하기로 하였다. 현재까지 미국달러가치가 유로에 비해 가치가 증가해 왔다고 할 때 환위험을 헷지하기 위해 독일 카메라 회사가 취해야 하는 조치는?

A. 미국달러선물 매입

B. 미국달러선물 매도

C. 유로선물 매입

D. 유로선물 매도

06. 스위스산 시계판매가 한창이던 지난 수개월 동안 스위스의 인플레이션은 현저히 감소하였고, 북해의 영국석유매장량은 급속히 줄어들고 있다는 정보를 감안해 볼 때 다음 중 어느 스프레드전략이 최고의 이익을 가져오는가?

A. 스위스프랑을 현물시장에서 매도하고 스위스프랑을 선물시장에서 매입

B. 스위스프랑을 선물시장에서 매입하고 영국파운드를 선물시장에서 매도

C. 스위스프랑을 선물시장에서 매도하고 영국파운드를 선물시장에서 매입

D. 스위스프랑과 영국파운드를 선물시장에서 매입하고 현물시장에서 영국파운드를 인도

07. 한 미국 제조업체가 스위스의 여러 회사에게 중장비를 수출하고 6개월 이내에 5,000,000 스위스프랑(CHF)을 받을 예정이다. 그 미국제조업체가 앞으로 6개월 동안 CHF가치가 하락할 것으로 예상하고 있다면 어떤 포지션을 취해야 하는가?

A. CHF선물 매도포지션

B. CHF선물 매입포지션

C. CHF선물 매입포지션 및 상품인도

D. CHF선물 매입포지션 및 상품인도

08. 다음 중 시카고상업거래소(CME)의 국제금융시장(IMM)에서 거래되는 통화선물이 아닌 것은?

    A. 덴마크크론(DC)

    B. 영국파운드(£)

    C. 일본엔(¥)

    D. 스위스프랑(CHF)

09. 한 미국 레저회사가 독일 제조업체로부터 스키장비들을 구입하고 9개월 안에 EUR200,000,000를 지불하기로 하였다. 다음 중 미국레저회사의 적절한 헷지전략은?

    A. EUR선물 매도

    B. EUR선물 매도 및 장비인도

    C. EUR선물 매입

    D. EUR선물 매입 및 장비인도

10. 영국은 새로운 유전을 발견했고, 일본은 노동시장의 불안을 경험하고 있다. 다음 중 어느 스프레드전략이 적절한가?

    A. 파운드선물을 매입하고 엔선물을 매입

    B. 파운드선물을 매도하고 엔선물을 매도

    C. 파운드선물을 매입하고 엔선물을 매도

    D. 파운드선물을 매도하고 엔선물을 매입

11. 미국에 있는 한 의류제조업체가 일본의 수입업체로부터 물건주문을 받았다. 미국 의류업체가 자신의 포지션을 헷지하기 위해 해야 할 일은 다음 중 어느 것인가?

    A. 면화선물(cotton futures) 매입
    B. 면화선물(cotton futures) 매도
    C. 일본 엔화선물 매입
    D. 일본 엔화선물 매도

12. 한 미국 회사가 독일로부터 상품을 수입할 계획을 가지고 있고 상품가격상승위험을 헷지하기 위해 유로선물을 매입하였다. 매입초기에는 베이시스가 −120이었고 지금은 −180이다. 미국회사의 이익 혹은 손실은?

    A. 300포인트 이익
    B. 60포인트 손실
    C. 60포인트 이익
    D. 180포인트 이익

13. 다음 금융선물 중 가장 먼저 거래가 시작된 것은?

    A. 주가지수선물
    B. 통화선물
    C. 유로달러선물
    D. T−bond선물

14. 현재 외환시장에서 스위스프랑(CHF)선물 가격이 이론가격보다 높게 거래되고 있다면 다음 중 어떤 투자전략이 가장 적절한가?

    A. 은행에서 자금을 차입하여 CHF현물을 매입함과 동시에 CHF선물을 매도한다.
    B. CHF를 차입하여 은행에 예치하고 동시에 CHF선물을 매도한다.
    C. 은행에서 자금을 차입하여 CHF현물을 매입함과 동시에 CHF선물을 매입한다.
    D. CHF를 차입하여 은행에 예치하고 동시에 CHF선물을 매입한다.

15. 장래에 일본에 의류를 수출하려는 미국 회사가 환율변동위험을 헷지하기 위해서는 다음 중 어떤 포지션을 취하여야 하는가?

    A. 미국달러($)선물 매도
    B. 미국달러($)선물 매입
    C. 일본엔(¥)선물 매도
    D. 일본엔(¥)선물 매입

16. 미국의 수출회사가 호주달러(AUD)화로 자금을 조달할 계획을 가지고 있다. 이 회사가 환율변동 위험을 헷지하기 위해 다음 중 어떤 거래를 해야 하는가?

    A. 미국 T-bill선물 매입
    B. 미국 T-bill선물 매도
    C. 호주달러(AUD)선물 매입
    D. 호주달러(AUD)선물 매도

17. 통화선물시세와 선물환율을 비교할 때 옳지 않은 것은?

   A. 통화선물시세는 체결가격인데 반해 선물환율은 매입율과 매도율이 동시에 고시된다.

   B. 통화선물시세는 증거금에 대한 이자비용만큼 선물환율보다 높게 결정된다.

   C. 통화선물의 만기일은 3, 6, 9, 12월의 셋째 수요일로 고정되어 있다.

   D. 선물환율은 딜러(dealer)마다 다르게 고시된다.

18. 11월말에 캐나다달러(CAD)차관 원리금 100만CAD를 상환해야 하는 기업이 환위험을 헷지 하기 위해 할 수 있는 거래는? (단, CAD선물의 1계약단위는 CAD100,000임)

   A. 12월물 CAD선물 10계약 매입

   B. 12월물 CAD선물 100계약 매도

   C. 3월물 CAD선물 10계약 매입

   D. 3월물 CAD선물 100계약 매도

19. 한 투자자가 3월 엔(¥)선물 10계약을 0.8678에 매입하였다. 만일 선물 만기 전에 선물가격이 0.8698로 상승하였다면 투자자의 손익은?

   A. 선물거래에서 이익이 발생

   B. 선물거래에서 손실이 발생

   C. 아직 만기가 도래하지 않았으므로 손익을 알 수 없음

   D. 위의 세 가지 모두 아니다.

20. 한 미국 무역업자가 일본에서 의약품원료를 수입하여 의약품을 제조한 후, 캐나다에 수출하고 있다. 이 무역업자는 수입할 때는 자국통화로, 수출에서는 수출국 통화로 결제한다고 할 때, 이 무역업자가 환위험을 헷지하기 위해 해야 하는 거래는?

    A. 캐나다달러(CAD)선물 매입
    B. 캐나다달러(CAD)선물 매도
    C. 일본엔선물 매입
    D. 일본엔선물 매도

21. 시카고상업거래소(CME)에서 통화선물을 인도하는 방법으로 올바른 것은?

    A. 인도에 따른 대금결제는 언제나 외국에서 한다.
    B. 거래소가 매입포지션을 취한 자에게 인도한다.
    C. 만기에 현물통화가 통화 발행국의 지정된 은행계좌를 통해 인도한다.
    D. 매도포지션을 취한 자가 인도장소를 결정할 수 있다.

22. 한국의 한 건설회사는 리비아의 공사입찰을 따내는 데 성공하였다. 공사자재는 미국회사로부터 들여오기로 하고 달러표시 신용장(L/C)을 개설하였다. 이 회사가 공사자재에 대한 환율변동에 대해 헷지하기 위해 한국거래소에서 취하는 포지션으로 적당한 것은?

    A. 금리선물 매입
    B. 상품선물 매입
    C. 달러선물 매입
    D. 달러선물 매도

23. 이자를 이산복리(discrete compounding) 혹은 연속복리(continuous compounding)로 계산한다고 할 때, 다음 중 통화선물의 이론가격을 구하는 공식으로 옳지 않은 것은? (단, F_t = 선물의 현재 이론가격, S_t = 현물 통화환율, R = 국내 이자율, R^* = 외국(상대국) 이자율, T = 선물의 만기, t = 현재 시점, e = 자연로그(natural log)의 밑(base)으로서 2.7183......)

A. $F_t = S_t [1 + (R - R^*)]^{(T-t)}$

B. $F_t = S_t [1 + (R - R^*)(T-t)]$

C. $F_t = S_t e^{(R-R^*)(T-t)}$

D. $F_t = S_t [(1 + R)/(1 + R^*)]^{(T-t)}$

24. 선물거래와 관련한 다음 설명 중 옳지 않은 것은?

A. 최초의 주가지수선물 거래는 1982년 캔사스시티상품거래소(KCBT: Kansas City Board of Trade)에서 VLI를 기초자산으로 시작되었다.

B. 미국 거래소에서 거래되는 통화선물에는 일본엔, 미국달러, 영국파운드 등이 있다.

C. S&P500 지수는 미국 시카고상업거래소(CME)에서 거래되고 있다.

D. 싱가포르의 SIMEX에서는 Nikkei225가 상장되어 거래되고 있다.

25. 다음 중 통화선물을 이용한 헷지전략으로 적절하지 않은 것은?

A. 보유하고 있는 외화의 가치하락에 대비

B. 수출업자의 수출대금 결제 시 결제통화의 가치하락 대비

C. 외화로 표시된 자산의 가치하락 대비

D. 수입업자가 지급할 대금의 가치하락 대비

26. 다음 중 통화선물시장과 선도환시장에 대한 설명으로 올바른 것은?

    A. 통화선물시장에서는 대부분 수도결제가 이루어지지 않는다.

    B. 선도환시장에는 신용위험에 대처하기 위한 청산소가 존재한다.

    C. 선도환시장에서는 거래에 대해 일일정산(daily settlement)을 한다.

    D. 통화선물시장은 지정된 거래소가 아닌 거래쌍방이 편리한 곳에서 거래를 체결한다.

27. 한 제조회사가 프랑스에 기계류를 수출하는데 결제조건은 영국파운드(£)화이다. 통화 가치의 변동에 대해 헷지하고자 한다면 그 회사가 취해야 하는 거래전략은?

    A. 유로선물을 매입

    B. 유로선물을 매도

    C. 영국파운드(£)선물을 매입

    D. 영국파운드(£)선물을 매도

28. 다음 통화선물에 관한 설명 중 틀린 것은?

    A. 특정 통화에 대한 현재의 선물환율이 균형 이론가격보다 높다면, 그 통화선물을 매입하고 현물환율에 매도포지션을 취함으로써 차익을 얻을 수 있다.

    B. 통화선물은 거래대상 자산인 외국통화 선물거래를 말한다.

    C. 향후 외국화폐를 수출대금으로 받을 투자자는 해당 통화선물을 매도함으로써 헷지할 수 있다.

    D. 통화선물은 금융선물 중에서 가장 먼저 거래가 시작되었다.

29. 다음 중 두 나라 사이의 기대 물가 상승률 차이가 환율의 기대변동 환율과 같다는 이론은 어느 것인가?

    A. 피셔효과(Fisher effect)

    B. 상대적 구매력 평가이론(Relative PPP)

    C. 절대적 구매력 평가이론(Absolute PPP)

    D. 국제 피셔효과(International Fisher effect)

30. 실질이자율(real interest rate)이 시간에 따라 변하지 않는다면, 명목이자율(nominal interest rate)이 실질이자율과 기대인플레이션의 합과 같다는 이론은 어느 것인가?

    A. 피셔효과(Fisher effect)

    B. 일물일가의 법칙(Law of one price)

    C. 절대적 구매력 평가이론(Absolute PPP)

    D. 국제 피셔효과(International Fisher effect)

31. 투자자가 위험중립(risk neutral)인 경우, 환율의 기대 변동률이 두 나라간의 명목이자율의 차이와 동일하다는 이론은 무엇인가?

    A. 일물일가의 법칙(Law of one price)

    B. 구매력 평가이론(PPP: Purchasing Power Parity)

    C. 절대적 구매력 평가이론(Absolute PPP)

    D. 국제 피셔효과(International Fisher effect)

32. 선물환율의 할인율 내지 할증률이 두 나라간의 금리차이와 동일하다는 이론은 무엇인가?

    A. 피셔효과(Fisher effect)

    B. 금리 평가이론(IRP)

    C. 절대적 구매력 평가이론(Absolute PPP)

    D. 국제 피셔효과(International Fisher effect)

33. 선물환할인 혹은 할증이 현물환율의 기대 변동률과 동일하다는 이론은 무엇인가?

    A. 피셔효과(Fisher effect)

    B. 일물일가의 법칙(Law of one price)

    C. 절대적 구매력 평가이론(Absolute PPP)

    D. 선물환 평가이론(FP: Forward Parity)

34. 선물환할인 혹은 할증이 두 나라간의 기대 인플레이션의 차이와 동일하다는 이론은 무엇인가?

    A. 선물환 구매력 평가이론(FPPP)

    B. 금리 평가이론(IRP)

    C. 절대적 구매력 평가이론(Absolute PPP)

    D. 선물환 평가이론(FP: Forward Parity)

35. 통화선물거래에 관한 다음 설명 중 옳지 않은 것은?

    A. 적은 증거금으로 높은 레버리지(leverage)효과를 낼 수 있다.

    B. 거래소 내에 상장된 상품만을 대상으로 하지는 않는다.

    C. 선물인수도가 아닌 차금결제 방식으로 거래된다.

    D. 청산소가 존재하므로 거래불이행 위험이 없다.

36. 통화선물에 관한 다음 설명 중 틀린 것은?

    A. 보유비용은 통상 자금조달비용을 의미한다.

    B. 보유수익은 통상 이자수익을 의미한다.

    C. 통화선물가격은 일반적으로 [현물가격＋(보유비용－보유수익)]이 된다.

    D. 통화선물은 상품선물이 아니므로 보유비용모형으로 가격을 계산할 수 없다.

37. 완전경쟁시장하에서 미국달러($)와 원화 사이에 현물환율이 1,150원/$이고, 한국에서의 햄버거 값이 1,300원이라 할 때, 일물일가의 법칙이 성립한다면 동일한 햄버거 값이 미국에서는 얼마에 판매되어야 하는가?

    A. $0.88

    B. $1.13

    C. $2.55

    D. $3.27

38. 스위스프랑(CHF)은 현물시장에서 $0.21이다. $0.22인 CHF선물은 1년 만기이다. 이 시기의 미국 이자율이 10%이면, 스위스의 이자율은 얼마인가?

    A. 10%

    B. 8%

    C. 5%

    D. 3%

39. 한 캐나다의 투자자가 미국의 물가가 점차 상승할 것이고, 미국 정부는 통화공급을 빠른 속도로 팽창시키고 있다는 정보를 가지고 있다. 반면, 캐나다 정부는 긴축정책을 펴고 있다. 이 투자자가 이러한 상황을 이용하여 이익을 극대화할 수 있는 투자전략 중 가장 적절한 것은 다음 중 어느 것인가?

    A. 캐나다달러(CAD) 매도

    B. 캐나다달러(CAD) 매입

    C. 유로달러 매입

    D. 유로달러 매도

40. 현재시점은 5월 10일이고, 미국달러(USD)와 캐나다달러(CAD) 사이의 현물환율은 0.6161(USD/CAD), 6월 선물환율은 0.6125(USD/CAD), 캐나다의 연 이자율이 8.50%, 만기까지의 기간(5월 11일부터 6월 17일까지)은 38일이다. 이러한 상황하에서, CAD투자에 대한 내재 환매조건부수익률(IRR; implied repo rate)은 얼마인가?

    A. 8.50%

    B. 6.40%

    C. 4.50%

    D. 2.56%

주관식

01. 어떤 거래자가 9월 유로선물을 $0.5622에 매입하고 동시에 12월 유로선물을 $0.5517에 매도하였다. 그리고 그의 스프레드포지션을 9월 유로선물이 $0.5674이고 12월 유로선물이 $0.5512일 때 마감하였다. 모든 거래가 동일한 연도에 이루어졌다고 할 때 유로당 이러한 스프레드의 손익은?

02. 한 미국 수입업자가 가격이 25,000,000엔인 일제 카메라를 3개월 이내에 인도받는 조건으로 구입하기로 하였고 환위험을 헷지하기를 원한다. 일본환선물의 계약단위는 12,500,000엔이고 구입 당시의 엔화현물가격은 0.004075($/엔)이고 9월 선물은 0.004225였다. 인도 시 현물환은 0.004250이고 선물환은 0.004395이다. 수입업자가 지불하는 유효가격(effective price)은?

03. 미국회사가 일본 자동차부품회사로부터 2억 5천만엔어치 부품을 수입하기로 하고 3개월내에 대금을 지급하기로 하였다. 엔화가치가 향후 오를 것을 염려한 미국회사가 20개의 선물계약을 통해 그 위험을 헷지하고자 한다(엔선물 1계약단위는 12,500,000임). 현재 엔화 현물은 달러당 0.004176이고 선물가격은 0.004228이다. 3개월 후 현물환율은 0.004470이고 선물환율은 0.004518이라 할 때, 헷지를 하지 않았다면 미국회사가 부담해야 하는 추가비용은 얼마인가?

04. 한 투기자가 캐나다달러(CAD)선물의 매도포지션을 $0.7830에 3계약 취하고 (계약단위는 CAD100,000) 그 포지션을 0.8075에 마감했다면 총손실은?

05. 한 투기자가 스위스프랑(SF)선물 4계약을 6월에 $0.7356(계약단위는 SF125,000)에 매입하고, 8월에 그 4계약을 $0.7482에 매도하였다. 수수료를 무시한다면 총이익은?

06. 한 미국 회사가 독일로부터 상품을 수입할 계획을 가지고 있고 상품가격상승위험을 헷지하기 위해 유로선물을 매입하였다. 매입초기에는 베이시스가 −120이었고 지금은 −170이다. 미국회사의 이익 혹은 손실은?

07. 한 헷저가 캐나다달러(CAD)화에 대해 현물환율이 CAD당 USD0.5823이고 선물환율이 USD0.5900일 때 매입포지션을 취하고, 현물환율이 CAD당 USD0.6339이고 선물환율이 USD0.6424일 때 포지션을 마감하였다면 헷지포지션을 통한 실제 적용환율은?

08. 한 미국 수입업자가 캐나다회사로부터 기계류를 주문하였고 물건을 인도받을 때 대금 CAD3,500,000를 지불해야 한다. 현재 선물환율은 CAD당 USD0.3445이고 현물환율은 USD0.3285이다. 수입업자가 물품을 인수할 때 현물환율은 USD0.3765였고 선물환율이 USD0.3845일 때 선물을 마감하였다면 CAD의 총유효비용(total effective costs)은?

09. 한 미국 자동차회사가 캐나다 석유회사에 대형트럭을 수출하고 그 대금으로 20,000,000 캐나다달러(CAD)를 6개월 안에 받기로 하였다. 그 수출업자는 6개월 동안 CAD의 가치하락을 염려하여 현물환율이 CAD당 USD0.8300, 선물환율이 USD0.8230일 때 헷지포지션을 취하고, 6개월 후 현물환율이 USD0.8275이고 선물환율이 USD0.8235일 때 포지션을 마감했다면 수출업자의 이익 혹은 손실은?

10. 10월 12일 한 고객이 3월물 일본엔선물 8계약을 $0.004379에 매입하고 11월 1일에 계약당 60포인트 이익을 보고 마감하였다. 수수료가 계약당 $65이라면 고객의 순이익은? (단, 엔선물 1계약단위=12,500,000엔, 엔선물 호가 1포인트=$0.000001/엔)

11. 한 외환투기자는 미국 달러가격이 유럽의 통화들에 비교해서 최고 수준에 도달했다고 믿고 있다. 따라서, 미국의 인플레이션이 다시 시작될 경우 달러가치가 하락할 것으로 생각하고 있고, 3월물 스위스프랑(CHF)선물 3개를 $0.6560/CHF에 매입하였다(스위스프랑선물 1계약은 125,000CHF). 투기자가 예상한대로 달러가치가 약화되었고, 2월초에는 달러가치의 조정이 시작되어 매입한 선물포지션을 $0.6625/CHF에 마감하였다. 이 투기자의 거래결과 손익은?

12. 10월 12일에 어떤 고객이 3월물 일본엔(¥)선물 4계약을 0.004379에 매입하고, 11월 1일에 계약당 50포인트의 이익을 얻고 계약을 마감하였다. 계약당 수수료가 $65이라면 그의 순이익(net profit)은 얼마인가?

13. 현재 환율이 $1당 1,150원이고 우리나라의 연간 이자율이 10%, 미국의 연간 이자율이 5%라 하면, 만기가 60일 남은 달러통화선물의 이론가격은 얼마인가? (단, 이자계산은 이산복리(discrete compounding)로 한다고 가정한다)

14. 현재 환율이 $1당 1,000원이고 우리나라의 연간 이자율이 8%, 미국의 연간 이자율이 4%라 하면, 만기가 30일 남은 달러통화선물의 이론가격은 얼마인가? (단, 이자계산은 연속복리(continuous compounding)로 한다고 가정한다)

15. 한국의 무역회사가 미국에 컴퓨터부품을 수출하고 1개월 후에 1000만 달러를 받을 예정에 있다. 현재 환율은 1,110원/$이고 선물가격은 1,125원/$이다. 달러가치 변동에 대비해 헷지포지션을 취하였고 포지션을 1개월 후 마감하였을 때 선물가격이 1,135원/$이 되었다면 선물거래에서의 손익은? (단, 한국거래소(KRX)에서 미국달러선물 1계약단위는 $10,000이다)

16. 한 투자자가 1억원의 여유자금을 한국거래소(KRX)에서 미국 달러선물에 투자하고자 한다. 현재 달러환율이 1,200원/$이고 선물가격이 1,250원/$인데 향후 달러가 원화에 대해 강세가 될 것으로 예상하고 1억원 모두를 달러선물 매입에 투자하였다(달러선물의 계약단위는 $10,000이고 증거금율은 10%이다). 1개월 후 예상대로 달러가 강세가 되어 선물가격이 10% 상승하였다면, 수수료를 무시할 경우 투자액 대비 수익률은 얼마인가?

17. 당신은 라디오에서 달러가치가 원화에 비해 20% 상승했다는 뉴스를 들었다. 즉, 환율이 1,000원/$에서 1,200원/$으로 변동하였다면, 원화는 달러화에 비해 몇% 가치가 하락한 것인가?

18. 현재 스위스프랑(CHF)과 미국달러($) 사이의 현물환율이 2.00(CHF/$)이다. 향후 1년간 스위스에서의 기대물가상승률이 2%, 미국에서의 기대물가상승율이 5%로 예상되고 있다. 구매력 평가이론(PPP)에 따르면, 1년 후 환율수준은 어느 정도로 기대되는가?

19. CHF와 USD 사이의 환율이 5.350CHF/USD로 공시되어 있고, USD와 CAD 사이의 환율이 0.500USD/CAD로 공시되어 있는 경우, CHF와 CAD 사이의 교차환율(cross exchange rate: CHF/CAD)은?

20. 스위스프랑(CHF)에 대해 매입헷지(short hedge)거래를 하고자 하는 한 투자자가 현물환율이 $0.6789이고 선물환율이 $0.6887일 때 12계약을 매입하였다. 현물환율이 $0.7112이고 선물환율이 $0.7235일 때, 헷지거래를 마감하였다면 유효환율(effective exchange rate)은 얼마인가?

정답해설

객관식

01. A   **02.** A

03. B

미국회사는 3개월후에 유로를 받게 되므로 유로의 가치하락을 헷지하기 위해 유로선물매도 전략을 구사해야 한다.

04. C

05. D

유로를 달러화로 교환하기 위해서는 유로선물(EUR/USD)매도포지션 혹은 달러선물(USD/EUR)매입포지션을 취해야 하나 달러선물은 선물시장에서 거래되지 않으므로 유로선물매도포지션을 취해야 한다.

06. B

스위스 인플레이션의 감소와 시계수출의 증가는 스위스프랑의 강세를 가져오고, 북해영 국석유매장량의 감소는 영국경제에 악영향을 끼쳐 영국파운드의 약세를 가져올 것이므로, 스위스프랑에 대해 매입포지션을 취하고, 영국파운드에 대해 매도포지션을 취해야 이익을 극대화할 수 있다.

07. A   **08.** A   **09.** C

10. C

영국의 파운드화는 유전의 발견으로 강세가 예상되고, 엔화는 노동시장의 불안으로 약세가 예상되므로 파운드화에는 매입포지션을, 엔화에는 매도포지션을 취하면 이익을 얻을 수 있다.

11. D

미국 제조업체는 일본 수입업자에게 물건을 팔고 일본 엔화로 결제할 것이므로 엔화가치 하락에 대비한 엔화선물 매도헷지(short hedge)포지션을 취해야 한다.

12. C

매입헷지에서 베이시스가 감소하면 유효가격이 감소하게 되어 이익이 되고, 매도포지션에서는 베이시스가 증가해야 이익이 된다. 이 문제에서는 베이시스가 −120에서 −180으로 60포인트만큼 감소하였으므로 이익이 된다.

[참조] 60포인트는 0.0060($/유로)이므로 이를 $로 환산하면 다음과 같다.
0.0060($/유로)×EUR125,000 = $750(이익)

13. B

통화선물은 1972년 시카고상업거래소(CME: Chicago Mercantile Exchange)의 국제통화 시장(IMM: International Monetary Market)에 도입된 최초의 금융선물계약이다. 통화선물은 금리선물보다 3년 정도 먼저 도입되었다. 통화선물 발달의 주요한 원동력은 고정환율제도의 폐지와 변동환율제의 광범위한 사용으로 인한 환위험(exchange risk)의 증가이다.

14. A

차익거래(아비트라지)의 기본 원리는 상대적으로 저평가되어 있는 자산은 매입하고, 동시에 상대적으로 고평가되어 있는 자산은 매도함으로써 그 차액을 실현하는 것이다. 이 문제의 경우 선물의 시장가격이 이론가격보다 높으므로 시장이 효율적이라면 앞으로 시장가격이 이론가격과 같아지는 방향으로 조정될 것이다. 즉, 상대적으로 과대평가되어 있는 시장가격이 향후 이론가격수준으로 하락할 것이므로 선물을 매도하고 현물을 매입하는 차익거래전략을 구사함으로써 이익을 극대화할 수 있다.

15. C

일본에 의류를 수출하는 미국기업은 대금결제 시 받을 일본엔화의 가치하락을 염려할 것이므로 일본엔화선물 매도포지션을 취해야 한다. 원리상으로 볼 때 미국달러선물을 매입하는 것도 대안이 될 수 있으나, 미국 시장에서는 달러선물이 거래되지 않으므로 가능하지 않다.

16. C

장차 호주달러(AUD)를 매입할 예정이므로 호주달러(AUD)화의 가치상승에 대비한 호주달러(AUD)선물 매입헷지(long hedge) 포지션을 취해야 한다.

17. B

통화선물시세는 시장에서 수요와 공급에 의해 결정되는 현재의 체결가격인데 반해, 선물 환율이란 딜러마다 미래의 환율변화를 다르게 예상하므로 서로 다르게 고시하는 예측환율이라 할 수 있다.

18. A

CAD차관을 상환하기 위해서는 CAD가 필요한데, 11월 상환 전에 CAD가치의 상승이 염려되므로 CAD선물 매입포지션을 취해야 한다. CAD선물의 계약단위가 100,000CAD이므로 100만 CAD를 헷지하기 위해서는 10계약(즉, 1,000,000CAD/100,000CAD)이 필요하다. 그리고, 11월말에 필요하므로 11월과 가장 가까운 12월물을 이용하면 된다.

19. A

선물매입 포지션을 취하였는데 선물가격이 상승하였으므로 선물거래에서 이익이 발생하였다. 투자자는 만기 전에 언제라도 반대포지션을 취하여 선물거래를 마감할 수 있으므로 만기 전이라도 이익을 언제나 실현할 수 있다. 따라서, 만기 전이라도 이익 혹은 손실을 알 수 있다.

20. B

캐나다에 수출하고 받을 캐나다달러(CAD)의 가치하락에 대비한 CAD선물 매도포지션을 취해야 한다. 일본에서 원료를 수입할 때는 자국화폐로 결제하므로 수입에 대해 일본엔선물로 헷지할 필요가 없다.

21. C

통화선물의 인도는 전신(wire transfer)을 이용하되, 거래소가 지정한 해당 통화 발행국에 소재한 은행 등의 예금기관에 해당 통화로 입금시키면 된다.

22. C

한국거래소에서 미국달러선물이 거래되고 있으므로 달러선물에 매입포지션을 취하면 미국으로부터 들여오는 자재비용의 환위험을 헷지할 수 있다.

23. B

이산복리로 이자를 계산할 경우의 통화선물 이론가격이 첫 번째와 네 번째 식이고, 세 번째 식은 연속복리로 계산할 때의 이론가격이다. 두 번째 식은 복리가 아닌 단리(simple interest)로 계산할 때의 이론 가격인데, 문제의 조건에 복리로 이자를 계산한다고 하였으므로 답이 될 수 없다.

24. B

미국 선물거래소에서는 미국달러선물이 거래되지 않는다.

25. D

통상 수입업자는 자국통화로 대금을 결제하므로 자국통화에 대해서는 헷지할 필요가 없다.

26. A

선도환시장에는 공식적인 청산소가 없으며 일일정산을 하지 않는다. 통화선물은 공식적인 거래소에서 거래가 이루어진다.

27. D

프랑스에 기계류를 수출하고 대금은 영국파운드(£)화로 결제하므로 영국파운드(£)선물로 헷지해야 하는데, 영국파운드(£)화를 받고 가치하락을 대비하므로 매도포지션을 취해야 한다.

28. A

특정 통화에 대한 현재의 선물환율이 균형 이론가격보다 높다면, 선물가격이 과대평가된 것이고 앞으로 조정을 거쳐(즉, 선물가격이 하락되어) 이론가격과 균형을 이룰 것이다. 따라서, 선물가격 하락 시 이익이 되도록 그 통화선물을 매도하고 현물환율에 매입포지션을 취함으로써 차익(아비트라지)을 얻을 수 있다.

29. B   30. A   31. D

32. B   33. D   34. A

35. B

통화선물은 선물환거래와는 달리 거래소에 상장된 통화만을 거래대상으로 한다.

36. D

통화선물에서 보유비용(cost of carry)이란 통상 자금조달비용을 의미하며, 따라서 상품선물은 아니지만 보유비용모형에 의해 가격을 결정할 수 있다.

37. B

거래비용과 수송비 등 마찰비용이 없는 완전경쟁시장에서 일물일가(一物一價)의 법칙(the law of one price)이 성립한다면, 다음이 만족되어야 한다. $S = P/P^*$

$\rightarrow$ $P^* = P/S = 1,300$원$/1,150($원$/\$) = \$1,300/1,150 = \$1.13$

(단, S=환율; P=제품의 국내가격; P^*=제품의 외국가격)

38. C

금리평가이론(IRP: interest rate parity)에 따르면,

$F = S(1+R^*)/(1+R)$

$\rightarrow 0.22\$/SF = 0.21\$/SF \times (1+0.1)/(1+R) \Rightarrow R = 0.05$ 혹은 5%

(단, F=선도환율; S=현물환율; R^*=외국이자율; R=국내이자율)

39. B

미국의 인플레이션이 상승하고 있고 미국정부가 통화팽창정책(즉, 금리의 하락)을 펴고 있다는 사실은 상대적 구매력등가이론(Relative PPP)과 금리등가이론(IRP)에 의해 미국 달러가치가 외국통화가치에 비해 상대적으로 하락하고 있다는 것을 의미한다. 더욱이, 캐나다 정부가 긴축정책을 펴고 있다면 캐나다의 금리는 상승할 것이므로 미국달러에 비해 캐나다달러(CAD)의 가치가 상승할 것이고, 따라서 CAD매입 전략이 가장 적절하다.

40. D

환매조건부수익률(IRR)을 구하는 공식은 다음과 같으며, 이는 이론선물가격을 구하는 공식에서 유도할 수 있다.

$IRR = [F/S \times (1+R^*)^{(T-t)}]^{1/(T-t)} - 1$

$\quad\quad = [0.6125/0.6161 \times (1+0.085)^{38/365}]^{365/38} - 1$

$\quad\quad = 0.0256$ 혹은 2.56%

[참조] 국내의 이자율을 R이라 할 때, $R \neq 2.56\%$이면 다음과 같이 차익거래(arbitrage)기회가 존재한다.

1) $R > 2.56\%$인 경우;
  ⅰ) 38일동안 CAD를 8.5%에 차입한 후,
  ⅱ) CAD를 현물환율을 이용하여 USD로 전환하고,
  ⅲ) 전환한 USD를 R%의 이자율로 미국증권에 투자
2) $R < 2.56\%$인 경우;
  ⅰ) 38일 동안 USD를 R%에 차입한 후,
  ⅱ) USD를 현물환율을 이용하여 CAD로 전환하고,
  ⅲ) 전환한 CAD를 8.5%의 이자율로 캐나다증권에 투자

01. 근월물을 매입하고 원월물을 매도하였으므로 매입스프레드(혹은 강세스프레드)로서, 9월물 선물가격이 상승하고 12월물 선물가격이 하락하였으므로 모두 이익을 얻게 된다. 즉,

9월물: $0.5674(S) - 0.5622(L) = \$0.0052$(이익)

12월물: $0.5517(S) - 0.5512(L) = \$0.0005$(이익)

합계 $= \$0.0052$(이익) $+ \$0.0005$(이익) $= \$0.0057$(이익)

02. 유효가격 $= S_2 + F_1 - F_2 = 0.004250 + 0.004225 - 0.004395 = 0.004080$

이는 환율이므로 계약당 달러가격으로 환산하면,

$0.004080(\$/\yen) \times \yen25,000,000 = \$102,000$

03. 헷지를 하지 않았다면 현물환율변동에 그대로 노출된다. 즉,

현물환율변동: $0.004176(\$/\yen) - 0.004470(\$/\yen) = 0.000294(\$/\yen)$(손실)

따라서, 이를 달러로 환산하면,

$0.000294(\$/\yen) \times \yen250,000,000 = \$73,500$(손실)

04. 매도포지션을 취했는데 선물가격이 상승하였으므로 투자자는 손실을 입게 된다. 즉,

선물: $0.7830(US\$/CAD)(S) - 0.8075(US\$/CAD)(L)$

$= -0.0245(US\$/CAD)$(손실).

이를 미국달러(US\$)로 환산하면,

$0.0245(US\$/CAD) \times CAD100,000 \times 3$계약 $= US\$7,350$(손실)

05. 선물이익: $0.7482(\$/SF)(S) - 0.7356(\$/SF)(L) = 0.0126(\$/SF)$(이익).

이를 달러로 환산하면,

$0.0126(\$/SF) \times SF125,000 \times 4$계약 $= \$6,300$(이익)

06. 매입헷지에서 베이시스가 감소하면 유효가격이 감소하게 되어 이익이 되고, 매도포지션에서는 베이시스가 증가해야 이익이 된다. 이 문제에서는 베이시스가 -120에서 -170으로 50만큼 감소하였으므로 이익이 된다(50은 0.0050 ($/유로)). 즉,

$0.0050($/유로) \times EUR125,000 = \$625$(이익)

07. 유효가격(환율)$= S_2 + F_1 - F_2 = 0.6339 + 0.5900 - 0.6424 = 0.5815$(USD/CAD)

08. 유효비용$= S_2 + F_1 - F_2 = 0.3765 + 0.3445 - 0.3845 = 0.3365$(USD/CAD). 이를 달러로 환산하면, 0.3365(USD/CAD)$\times CAD3,500,000 = USD1,177,750$

09. 미국회사는 CAD의 가격하락에 대비하여 CAD선물매도포지션을 취할 것이고, 선물가격이 상승하였으므로 선물에서는 손실을 입게되고 현물에서도 가격하락으로 손실을 입게 된다. 즉,

현물: $0.8275(S) - 0.8300(L) = -0.0025$(손실)
선물: $0.8230(S) - 0.8235(L) = -0.0005$(손실)
합계$= 0.0025$(손실)$+ 0.0005$(손실)$= 0.0030$(손실). 이를 달러로 환산하면,
0.0030(USD/CAD)$\times CAD20,000,000 = USD60,000$(손실)

10. 1포인트$= 0.000001 \times 12,500,000 = \$12.50$
따라서, 60포인트$= \$12.50 \times 60 = \$750$(계약당 이익)
계약당 수수료가 $65이라면, 계약당 순이익$= \$750 - \$65 = \$685$
총순이익$= \$685 \times 8$계약$= \$5,480$

11. 달러의 약화, 즉 스위스프랑(CHF)의 강세를 예상하고 CHF매입 포지션을 취하였는데, 예상대로 CHF의 가치가 상승하였으므로 이익이다. 즉,

CHF당 이익$= \$0.6625(S) - \$0.6560(L) = \$0.0065$
총이익$=$ CHF당 이익$\times$계약단위$\times$계약수
$= \$0.0065/CHF \times 125,000CHF/$계약$\times 3$계약$= \$2,437.50$

12. 엔선물의 호가단위(tick size 혹은 포인트)는,

$\$0.000001/¥ \times 12,500,000 ¥ = \$12.50$

총이익 = 50포인트/계약 × \$12.50/포인트 × 4계약 = \$2,500

순이익 = 총이익 − 수수료 = \$2,500 − (\$65 × 4) = \$2,240

13. 이산복리로 이자를 계산할 경우 이론선물가격을 계산하는 식은 다음과 같다.

$$F_t = S_t[1 + (R - R^*)]^{(T-t)}$$

$$= 1,150[1 + (0.10 - 0.05)]^{(60/365)} = 1,159.26 \text{원}/\$$$

[참조] 여기서 한 가지 주의해야 할 사항은 이자율이 '연간(yearly)'으로 표시되어 있으므로, 잔존만기를 의미하는 $(T-t)$에 들어가는 값은 연간단위로 환산해야 한다는 점이다. 즉, 이 문제의 경우 $T-t = 60$(일)로 쓰면 안되고, $T-t = 60/365$(년)로 써야 한다는 사실이다. 만일 이자율이 '월간(monthly)'으로 주어졌다면, 이자율을 12로 나눠 연간으로 만들고 $(T-t)$도 연간으로 하든지, 이자율은 월간으로 놔두고 $(T-t)$를 월간으로(즉, 60/30 = 2)으로 해도 된다. 다만, 이자율계산 기간과 잔존만기 기간의 단위가 항상 일치해야 한다는 사실을 명심해야 한다. 이는 이자계산과 관련된 모든 문제에 적용되는 매우 중요한 원칙이다.

14. 연속복리로 이자를 계산할 경우 이론선물가격을 계산하는 식은 다음과 같다.

$$F_t = S_t \times e^{(R - R^*)(T-t)} = 1,000 \times e^{(0.08 - 0.04)(30/365)} = 1,003.29 \, (\text{원}/\$)$$

15. 회사가 1개월 후 미국으로부터 1,000만 달러를 받을 예정이므로 달러선물 매도포지션을 취하여 헷지할 수 있다. 계약단위가 \$10,000이므로 1,000계약을 매도하여야 하고 선물가격이 상승하였으므로 손실이 발생한다.

선물거래 손익 = 1,125원/\$(S) − 1,135원/\$(L) = −10원/\$ (손실)

따라서, 총손익 = −10원/\$ × \$10,000/계약 × 1,000계약 = −1억원 (손실)

16. 선물을 매입하였는데 선물가격이 상승하였으므로 이익이다. 10%의 가격상승은 125원/\$를 의미하므로 거래마감 시 선물가격은

1,250원/\$ + 125원/\$ = 1,375원/\$

따라서, 거래결과 손익 = 1,375원/\$(S) − 1,250원/\$(L) = +125원/\$ (이익)

한편, 증거금률이 10%이므로 1계약을 매입하기 위해 지불해야 하는 금액은,

\$10,000 × 1,250원/\$ × 10% = 125만원이다.

따라서, 1억원으로 매입할 수 있는 계약수=100,000,000원/1,250,000원=80 계약이다.

그러므로, 총손익=125원/$×$10,000/계약×80계약=100,000,000원(이익).

따라서, 투자수익률=이익액/투자액=1억원/1억원=1.00 혹은 100%

17. 원/$=1,000 ⟹ $/원=1/1,000=0.001

원/$=1,200 ⟹ $/원=1/1,200=0.000833

따라서, 원화의 가치 변화=(0.000833−0.001)/0.001×100=−16.67%

18. PPP에 따르면,

$$E(S_1) = S_0(1 + I^*)/(1 + I) = 2(1 + 0.02)/(1 + 0.05) = 1.9429\,\text{CHF}/\$$$

(단, $E(S_1)$=1년 후 기대 환율; S_0=현재 환율; I^*=외국 예상 물가상승율; I=국내 예상 물가상승율)

19. 교차환율(cross exchange rate)은 다음과 같이 계산할 수 있다.

CHF/CAD=(CHF/USD)/(CAD/USD)

그런데, CHF/USD=5.350, CAD/USD=1/(USD/CAD)=1/0.500=2.000

따라서, CHF/CAD=(CHF/USD)/(CAD/USD)=5.350/2.000=2.675

20. 유효환율(effective exchange rate)$= S_2 + (F_1 - F_2)$

$$= \$0.7112 + (\$0.6887 - \$0.7235)$$

$$= \$0.6764/\text{CHF}$$

(단, S_2=마감 시 현물환율; F_1=매입 시 선물환율; F_2=마감 시 선물환율)

P·A·R·T

스왑과 VaR

practice on theory of derivatives

파생상품투자론연습

Chapter 18

스왑의 개념, 종류 및 가치평가

연습문제

객관식

01. 다음 스왑 중 내재옵션을 포함하고 있지 않은 것은?

    A. extendable swap

    B. puttable swap

    C. equity swap

    D. swaption

02. A, B기업은 5년간 100만달러를 차입하려고 한다. 자본시장에서 두 기업이 차입가능한 조건은 다음 표와 같다. A기업은 변동금리차입을 원하며 B기업은 고정금리차입을 원한다면 두 기업이 스왑을 통해 절감할 수 있는 자본비용은 각 기업당 몇%인가? (단, 중개기관의 수수료는 0.3%라고 한다)

기업	고정금리	변동금리
A기업	5.0%	LIBOR+0.5%
B기업	6.5%	LOBOR+1.5%

A. 0.1%

B. 0.2%

C. 0.3%

D. 0.5%

03. 다음 중 원금이 변형된 스왑이 아닌 것은?

A. accreting swap

B. amortising swap

C. rollercoaster swap

D. deferred swap

04. 다음 중 스왑이 사용되는 용도와 거리가 먼 것은?

A. 금융 및 외환에 대한 규제회피

B. 신용리스크 회피

C. 금리 및 환율리스크 헷지

D. 자본비용의 절감

05. 금리스왑의 가격결정과 관련된 다음 설명 중 옳지 않은 것은?

    A. 스왑이자율(swap rate)은 매도호가(offer rate)보다 일반적으로 높다.

    B. 금리스왑의 가격결정은 스왑계약에 의해 교환되는 현금흐름의 가치가 서로 같도록 하는 고정금리, 즉 균형스왑이자율을 구하는 것이다.

    C. 금리선물계약은 일련의 선도금리계약의 포트폴리오로 볼 수 있다.

    D. 금리선물의 가치는 고정금리채권과 변동금리채권의 차이로 계산할 수 있다.

06. 세종은행은 미국의 스왑은행과 원화 고정금리를 지급하고 달러화 고정금리를 수취하는 통화스왑계약을 체결하였다. 이후 다른 조건은 일정하다고 가정하면, 금리와 환율이 어떻게 변할 때 세종은행의 입장에서 스왑의 가치가 극대화되는가? (단, ↓은 하락을, ↑은 상승을 의미함)

    A. ↑원화금리, ↓달러화금리, ↑원/달러 환율

    B. ↑원화금리, ↑달러화금리, ↑원/달러 환율

    C. ↑원화금리, ↓달러화금리, ↓원/달러 환율

    D. ↓원화금리, ↑달러화금리, ↑원/달러 환율

07. 채권의 금리와 주가수익률을 교환하는 스왑을 무엇이라 하는가?

    A. basis swap

    B. stock index swap

    C. bond portfolio swap

    D. equity swap

08. ㈜고려는 스왑은행에 고정금리 6.0%를 지급하고 그 대가로 LIBOR금리를 수취하는 2년만기 금리스왑을 체결하였다. 계약체결 이후 LIBOR금리가 시장에서 상승하였다면, 다음 설명 중 옳지 않은 것은?

    A. ㈜고려의 스왑가치 증가

    B. 스왑이자율의 상승

    C. 스왑은행 신용리스크의 증가

    D. ㈜고려의 이익 증가

09. 금리스왑에서 스왑이자율(swap rate)은 다음 중 무엇을 의미하는가?

    A. 변동금리에 가산되는 스프레드(spread)

    B. 스왑거래에서 변동금리와 교환되는 고정금리

    C. 스왑딜러에게 지불하는 스왑 수수료

    D. 스왑거래에서 고정금리와 교환되는 변동금리

10. 다음 중 신용리스크의 상대적 크기를 가장 정확하게 표시하고 있는 것은?

    A. 선물계약<선도계약=스왑계약

    B. 선도계약<선물계약<스왑계약

    C. 선물계약<스왑계약<선도계약

    D. 선물계약=선도계약<스왑계약

11. 달러화 고정금리를 지급하고, 달러화 LIBOR금리를 수취하는 스왑거래를 한 스왑딜러가 스왑포지션의 금리리스크를 헷징하기 위하여 취하는 다음 방법 중 적절치 못한 것은?

A. 유로달러선물 매입

B. 미국국채선물 매입

C. 선도금리계약(FRA) 매입

D. 미국국채 매입

주관식

※ (문제 01~03) 현재 ㈜서강과 ㈜한국은 자금을 차입하려고 하는데 시장에서 두 회사의 차입조건은 다음과 같다. 아래 질문에 답하라.

기업	고정금리	변동금리
㈜서강	5.0%	LIBOR+0.5%
㈜한국	6.5%	LIBOR+1.0%

01. 차입시장 금리조건에서 절대우위에 있는 기업은?

02. 차입시장에서 각 회사의 비교우위는 어느 금리에 있는가?

03. ㈜서강은 변동금리로 차입을 원하고 ㈜한국은 고정금리로 차입을 원하고 있으나, 각각 비교우위가 있는 방식으로 자금을 조달하고 금리스왑을 할 경우 두 회사가 절약하게 될 금리는 총 얼마인가? (단, 중개기관 없이 직접 두 기업이 스왑계약을 체결한다고 가정한다)

04. 세종기업은 LIBOR+2.0에 변동금리사채를 발행하고 금리스왑거래를 통해 지급이자를 고정하고자 한다. 현재 스왑딜러가 LIBOR금리에 대해 제시하고 있는 bid−offer스왑이자율이 4.0%−4.15%라 할 때, 세종기업이 최종적으로 부담해야 될 고정이자비용은 얼마인가?

※ (문제 05~07) KB은행은 고정금리로 미국달러화의 차입을 원하고, HANA은행은 변동금리로 영국 파운드화의 차입을 원하고 있다. 두 은행이 차입하려는 금액은 현재 환율로 환산했을 때 같은 금액이라 한다. KB와 HANA가 시장에서 차입할 수 있는 조건이 다음과 같을 때 두 은행은 통화스왑을 통해 조달비용을 절약할 수 있다.

은행	달러($)	파운드(£)
KB	5.0%	LIBOR+0.5%
HANA	6.0%	LIBOR+2.5%

05. 두 은행은 각각 어느 차입방법에 비교우위가 있는가?

06. 스왑의 중개를 담당한 금융기관이 0.4%의 수수료를 갖게 될 경우, 두 은행이 스왑을 통해 절약되는 조달비용을 공평하게 나누어 가질 수 있도록 스왑계약을 설계하고 그림으로 표시하라.

07. 이러한 통화스왑 결과 두 은행이 부담하게 될 금리는 각각 얼마인가?

※ (문제 08~10) ㈜백두는 20*1년 1월 1일에 1,000억원을 5년만기, 고정금리 13.5%의 조건으로 한라은행으로부터 차입하였다. 20*3년 1월 1일 현재 ㈜백두의 재무담당자는 서강은행으로부터 변동금리로 이 채무를 스왑해 주겠다는 제의를 받았다. 1년만기, 2년만기, 3년만기 현물이자율은 각각 10%, 12%, 13%이다. (단, 이자율의 기간구조는 순수기대이론이 성립하며 시장참가자들은 위험중립적이라 한다. 그리고 이자는 매년 말에 1회 지급하고 이자계산은 이산복리로 한다고 가정한다)

08. ㈜백두의 입장에서 스왑거래의 가치를 채권가격을 이용하여 계산하라.

09. ㈜백두의 입장에서 스왑거래의 가치를 선도금리계약을 이용하여 계산하라.

10. 스왑거래의 대가로 서강은행은 수수료 10억원을 요구하고 있다. 이 제의를 받아들일 것인지 결정하라.

11. ㈜고려생명은 20*6년 1월 1일에 명목금액 1,000억원에 대해 18개월 만기로 ㈜조선생명과 금리스왑을 체결하였다. 스왑계약에 따르면 ㈜고려생명은 ㈜조선생명에 연 4%의 고정금리를 6개월마다 지급하는 대신, ㈜조선생명으로부터 변동이자를 6개월마다 수취하게 된다. 현재 시장에서 현물이자율(spot rate)은 연속복리 기준으로 6개월 만기 연 5.0%, 12개월 만기 연 5.2%, 18개월 만기 연 5.5%이다. 최초의 이자교환은 계약체결 시점부터 6개월 후에 시작되며, 이자 계산은 연속복리(continuous compounding)로 한다. 이자율의 기간구조에 대해 순수기대가설(pure expectation hypothesis)이 성립하며, 시장에 차익거래기회는 없다고 하자. 이 스왑거래의 가치(단위: 억원)를 ㈜고려생명의 입장에서 선도금리계약(FRA: forward rate agreement)방법을 이용하여 계산하라.

정답해설

01. C

02. A

기업	고정금리	변동금리
A기업	5.0%	LIBOR+0.5%
B기업	6.5%	LOBOR+1.5%
A−B	−1.5(a)	−1.0(b)

위의 표로부터, 총 절감금리＝$|a-b|=|-1.5-(-1.0)|=0.5\%$.

그런데 중개기관 수수료가 0.3%이므로 총 순절감금리＝$0.5-0.3=0.2\%$.

따라서, 한 기업당 순절감은 $0.2\%/2=0.1\%$.

03. D

deferred swap(이연스왑)은 원금변형스왑이 아니고 기간조정스왑이다.

04. B

스왑은 장외시장에서 거래되는 사적계약이기 때문에 스왑의 사용은 불가피하게 신용리스크를 유발한다. 따라서 신용리스크를 회피하려면 스왑보다는 거래소에서 거래되는 선물이나 옵션 같은 파생상품을 거래해야 한다.

[참조] 스왑의 주요 용도
1) 자본비용을 절감하는 수단
2) 금리, 환율, 주가 등의 변동에서 오는 리스크를 헷지하는 수단
3) 부채나 자산의 성격을 전환시키는 수단

        4) 규제회피 수단

        5) 기타: 국제금융시장에서의 차익거래, 새로운 금융상품 등의 개발 등

05. A

스왑이자율(swap rate)은 매입호가(bid rate)와 매도호가(offer rate)의 산술평균이고, 매도호가가 매입호가보다 커야 하므로 다음의 관계식이 성립한다. 매입호가<스왑이자율<매도호가.

06. A

세종은행은 원화 고정금리를 지급하고 달러화 고정금리를 수취하므로, 시장에서 원화고정금리가 상승하거나 달러화 고정금리가 하락하면, 스왑조건이 시장보다 상대적으로 더 유리해진다. 또한 원화/달러환율이 시장에서 상승하면 원화가치가 상대적으로 하락하므로 스왑조건이 시장보다 더 유리해진다. 따라서, 시장에서 다음과 같이 변동하면 세종은행 입장에서의 스왑가치는 증가한다. 즉,

↑원화금리, ↓달러화금리, ↑원/달러 환율.

07. D

08. C

㈜고려의 경우 스왑에서 고정을 지급하고 LIBOR를 수취한다는 것은 최종적으로 고정을 지급하는 채무를 갖게 된다는 것을 의미한다. 따라서, 시장에서 LIBOR금리가 상승해도 고정금리에 아무런 영향을 받지 않으므로 상대적으로 이익이 되며 스왑가치도 (+)로 커지게 된다. 반면, 스왑은행의 스왑가치는 (−)로 작아지게 되므로 ㈜고려와 관련해서는 스왑은행의 신용리스크가 없어진다. 또한 시장에서 LIBOR의 증가는 스왑이자율의 상승을 가져온다.

09. B

스왑이자율(swap rate)이란 스왑거래에서 변동금리와 교환되는 고정금리로

서 매입호가와 매도호가의 평균이다. 또한 스왑거래에서 딜러에 대한 수수료는 매도호가와 매입호가의 차이이다.

10. C

선도는 만기일에 결제가 한 번 이루어지므로 한 번의 집중된 신용리스크에 노출되지만, 스왑은 교환(결제)이 여러 번 이루어지므로 신용리스크가 분산되는 효과가 있다. 따라서 스왑과 선도의 만기가 동일하다면, 스왑의 신용리스크가 선도의 신용리스크보다 작다고 할 수 있다. 그러나, 선물의 경우에는 일일정산제도가 있어 스왑보다도 결제가 더 자주있고 리스크도 더 많이 분산되어 신용리스크가 극히 작기 때문에 스왑의 신용리스크가 선물의 신용리스크보다는 크다. 결론적으로 스왑의 신용리스크는 선물보다는 크고 선도보다는 작다고 할 수 있다.

11. C

고정금리를 지급하고 변동금리를 수취하는 스왑포지션의 금리리스크는 시장금리 상승 시 이익, 하락시 손실이 발생한다. 따라서, 이러한 금리리스크를 헷징하기 위해서는 금리상승 시 손실, 금리하락 시 이익이 발생하도록 포지션을 취해야 한다. 그런데 선도금리계약(FRA)의 경우에는 '매도'포지션을 취해야 이러한 목표를 달성할 수 있다.

주관식

01. ㈜서강은 고정금리와 변동금리 모두에서 우위에 있으므로 ㈜서강이 절대우위에 있다.

02. 비교우위를 확인하기 위해 다음과 같은 표를 작성해 보자.

기업	고정금리	변동금리
㈜서강	5.0%	LIBOR＋0.5%
㈜한국	6.5%	LIBOR＋1.0%
서강－한국	－1.5%(a)	－0.5%(b)

표에서 보는 바와 같이 ㈜서강은 고정금리에서 비교우위에 있고, ㈜한국은 변동금리에 비교우위에 있다.

03. ㈜서강은 변동금리로 차입을 원하고 ㈜한국은 고정금리로 차입을 원하고 있으나, 각각 비교우위가 있는 곳은 고정금리와 변동금리이므로 비교우위가 있는 금리로 자금을 차입한 후 금리스왑을 하면, 두 회사가 절감하게 될 금리는 다음과 같다.

총절감금리＝$|a - b| = |-1.5 - (-0.5)| = 1.0\%$.

참고로 두 회사는 각각 1.0%/2＝0.5%씩의 자본비용절감효과를 보게 된다.

04. 변동금리채무를 고정금리채무로 전환하기 위해 금리스왑을 이용할 수 있다. 이 경우 세종기업은 고정금리를 지급하고 변동금리를 수취하는 스왑을 해야 한다.

역으로, 중개기관입장에서는 변동금리(LIBOR)를 지급(매도)하고 고정금리를 수취하는 스왑이므로 금융기관입장에서는 '매도(offer)'스왑이자율을 적용하게 된다.

그런데 매도스왑이자율이 4.15%이므로, 세종기업의 순지불(net payment)은 다음과 같다.

$$⇒ \text{세종기업의 순지불＝지불금리－수취금리} = [(\text{LIBOR}+2.0)+4.15] - \text{LIBOR}$$
$$= 6.15\%.$$

05. 다음 표를 통해 비교우위를 분석해 보자.

은행	달러($)	파운드(£)
KB	5.0%	LIBOR＋0.5%
HANA	6.0%	LIBOR＋2.5%
KB－HANA	－1.0(a)	－2.0(b)

표에서 보듯이 KB는 파운드화 변동금리에서, HANA는 달러화 고정금리에서 각각 비교우위를 가진다.

06. 앞의 문제의 결과로부터, KB는 달러화 고정을 원하는데 파운드 변동에 비교우위에 있고, 반면 HANA는 파운드 변동을 원하는데 달러화 고정에 비교우위가 있으므로 통화스왑을 통해 두 은행은 자본조달비용을 절감할 수 있다. 즉, KB는 비교우위에 있는 파운드 변동으로 시장에서 자금을 차입하고, HANA는 비교우위에 있는 달러 고정으로 시장에서 자금을 차입한 후, 두 기업이 다음 그림과 같은 통화스왑을 통해 자본조달비용을 절감할 수 있다.

그림에서 L=LIBOR, r=달러화 고정금리라 하고, 두 은행의 순지불을 구해보자.

KB의 순지불 $= [(L+0.5)+(r+0.4)] - L = r+0.9$

HANA의 순지불 $= (6+L)-r = L-r+6$

그런데, KB가 시장에서 고정금리 5%로 차입가능하므로,

KB의 자본비용절감 = $5 -$ 순지불 $= 5 - (r+0.9)$.   (1)

마찬가지로, HANA는 시장에서 (L+2.5%)로 차입가능하므로,

HANA의 자본비용절감 $= (L+2.5\%) -$ 순지불

$$= (L+2.5\%) - (L-r+6) = r-3.5 \qquad (2)$$

두 은행의 자본비용절감액이 같아야 공평하므로, 식(1)=식(2)이어야 한다.

$\Rightarrow 5 - (r+0.9) = r-3.5$

$\Rightarrow r = 3.8\%$

따라서, 매도스왑률= $r+0.4 = 4.2\%$, 매입스왑률= $r = 3.8\%$로 하여, 위의 그림과 같이 스왑을 설계하면 두 은행이 원하는 공평한 차입거래를 할 수 있다.

[참조] 스왑설계의 다양성
여기서의 설계는 금융기관이 두 은행에 주고 받는 변동금리를 Pound LIBOR로 고정했을 때의 예이다. 만일 (LIBOR+x)로 하면 또 다른 스왑을 설계할 수 있다. 즉, 스왑설계는 스왑률을 다양하게 설계할 수 있으므로 단 하나의 스왑거래방법만 있는 것은 아니다.

07. 앞의 문제에서 총 자본비용절감= $|a-b| = |-1.0-(-2.0)| = 1.0\%$.

중개기관의 수수료 0.4%을 고려하면 두 은행의 순절감=1.0−0.4=0.6%.

두 은행이 부담하는 금리는 다음과 같다. (r=US\$ 고정금리=3.8%)

KB의 순지불 고정금리=$r+0.9$=US\$ 4.7% (0.3% 절감효과)

HANA의 순지불 변동금리=$L-r+6$

$$=\text{Pound LIBOR}+2.2\%\ (0.3\%\ \text{절감효과}).$$

08. 채권가격을 이용하여 스왑가치를 평가하기 위해 다음과 같은 표를 작성해 보자. (단, 20*1년 1월 1일에 5년만기로 차입했는데 지금은 20*3년 1월 1일이므로 남은 만기는 3년이다. 즉, 스왑의 만기는 3년이고, ㈜백두는 고정금리를 변동금리로 전환해야 하므로 서강은행과 고정금리를 수취하고(즉, 고정금리채권 매입), 변동금리채권을 지급하는(즉, 변동금리채권 매도) 스왑계약을 체결하면 된다)

채권을 이용한 금리스왑 평가

(금액단위: 억원)

t(년)	고정금리채권 현금흐름 (A)	변동금리채권 현금흐름 (B)	할인 요소 (C)	고정금리채권 현금흐름현재가치 ($A\times C$)	변동금리채권 현금흐름현재가치 ($B\times C$)
1	\$135	\$1,100	0.9091	\$122.73	\$1,000.01
2	\$135		0.7972	\$107.62	
3	\$1,135		0.6931	\$786.67	
합계				\$1,017.05	\$1,000.01

위의 표에서, 할인요소(discount factor)는 이산복리이므로 $1/(1+r)^t$를 의미하며(r=각 기간 현물이자율), 변동금리채권의 현금흐름은 $k=L\times$변동금리(=현재현물금리)=\$1000억원$\times$10%=\$100억원이므로, $L+k$=\$1,000+\$100=\$1,100억원. 그리고, 고정금리채권의 가격은 \$1,017.05억원, 변동금리채권의 가격은 \$1,000.01억원임을 알 수 있다. 따라서, 스왑의 가치는 변동금리지급자이므로,

V_{swap}(변동금리 지급자=㈜백두)$=+B_F-B_V$

$$=\$1,017.05-\$1,000.01$$

$$=\$17.04억원$$

09. 선도금리계약을 이용하기 위해서는 선도금리를 알아야 한다.

그런데 순수기대가설(pure expectation hypothesis)에 의하면, 장기채권의 수익률은 미래에 예상되는 단기수익률들의 기대평균과 같다. 즉, 이에 따르면, 이산복리의 경우 선도이자율을 다음 공식으로 계산할 수 있다. (단, $f_{m,n}$은 기간 m부터 n까지 적용되는 선도이자율, r_m은 m시점 현물이자율이다)

$$f_{m,n} = \left[\frac{(1+r_n)^n}{(1+r_m)^m} \right]^{\frac{1}{n-m}} - 1$$

이 식을 적용하면, $f_{0,1} = r_1 = 10\%$, $f_{1,2} = 14.03\%$, $f_{2,3} = 15.02\%$를 쉽게 구할 수 있다.

이제 순현금흐름을 정리하면 다음 표와 같다.

선도금리계약을 이용한 금리스왑 평가

(금액단위: 억원)

t(년)	고정금리채권 현금흐름 (A)	변동금리채권 현금흐름 $(B=L \times f_{m,n})$	순현금흐름 $(B-A)$	할인 요소 (C)	순현금흐름 현재가치 $[(B-A) \times C]$
1	+$135	−$100.0	+$35	0.9091	+$31.81
2	+$135	−$140.3	−$5.3	0.7972	−$4.23
3	+$135	−$150.2	−$15.2	0.6931	−$10.54
합계					+$17.04

위의 표에서, 구한 최종 금리스왑의 가치는 +$17.04억원인데 이는 앞에서 채권가격을 이용하여 구한 가치와 동일하다. 즉,

V_{swap}(변동금리 지급자 = ㈜백두) = +$17.04억원.

10. ㈜백두의 입장에서 스왑의 가치가 약 17억원인데 서강은행이 수수료를 10억원 요구하므로 수수료를 공제하더라도 약 7억원의 순이익이 발생한다. 즉, ㈜백두의 NPV = 17.04억원 − 10억원 = 7.04억원 > 0.

따라서, ㈜백두는 서강은행의 스왑제안을 받아들여야 한다.

11. 순수기대가설에 의해 내재 선도이자율을 먼저 구해보자.

$n > m$일 때, 연속복리의 경우, 미래 m시점부터 n시점까지의 내재선도이자율 $f_{m,n}$은 다음과 같다. (단, $r_t = t$년 만기 현물이자율)

$$f_{m,n} = \frac{nr_n - mr_m}{n - m}.$$

주어진 조건에서, $r_{0.5} = 5.0\%$, $r_{1.0} = 5.2\%$, $r_{1.5} = 5.5\%$이므로,

위식을 이용하면, $f_{0.5,1} = 5.4\%$, $f_{1,1.5} = 6.1\%$

그러므로, 이자가 교환될 때 적용되는 변동금리는 6개월 후에는 5.0%, 12개월 후에는 5.4%, 18개월 후에는 6.10%가 되므로, 다음 표와 같은 가치평가표를 작성할 수 있다.

(단위: 억원)

t(년)	고정지급이자 (A)	변동수취이자 (B)	순현금흐름 $(B-A)$	할인요소 (C)	순현금흐름 현재가치 $[(B-A) \times C]$
0.5	20.0	25.0	5.0	0.9753	4.8765
1.0	20.0	27.0	7.0	0.9493	6.6451
1.5	20.0	30.5	10.5	0.9208	9.6684
합계					+21.190

(단, $A = L \times$고정이자율, $B = L \times$변동이자율, $C = e^{-rt}$, $L =$명목금액, $r =$spot rate)

따라서, ㈜고려생명의 입장에서 본 스왑의 가치 = +21,190억원

Chapter 19

VaR(Value at Risk)

객관식

01. VaR의 한계점으로 적합하지 않은 것은?

    A. 사건리스크를 고려하지 못한다.

    B. 국가리스크를 고려하지 못한다.

    C. 법적리스크를 고려하지 못한다.

    D. 변동성리스크를 고려하지 못한다.

02. VaR계산시 고려해야 하는 '보유기간'에 대한 다음 설명 중 틀린 것은?

   A. 보유기간은 자주 계산되는 데 따르는 비용과 잠재적 리스크를 초기에 파악하는 데서 오는 상충관계를 고려하여 결정하여야 한다.
   B. 보유기간은 포트폴리오의 성격에 의해 결정된다.
   C. 보유기간은 상업은행의 경우 비교적 길고, 연금기금의 경우 비교적 짧다.
   D. 보유기간은 증권의 유동성과 관련되어 있다.

03. 다음 중 VaR의 측정요소에 포함되지 않는 것은?

   A. position
   B. volatility
   C. return
   D. holding horizon

04. 다음 중 비선형 금융상품의 VaR를 측정하는 데 사용되며 금융상품의 수익률 변동분포가 정규분포를 나타내지 않을 때 적절한 방법으로서 2차 미분효과를 감안하는 VaR측정방법은?

   A. Delta − Normal
   B. Stress − testing
   C. Delta − Gamma
   D. Delta − Beta

05. 다음 중 "full-valuation VaR" 방법과 관련이 없는 것은?

   A. delta − normal
   B. historical simulation
   C. Monte − Carlo simulation
   D. stress − testing

06. VaR계산 시 고려해야 하는 신뢰수준에 대한 다음의 설명 중 잘못된 것은?

A. 신뢰수준의 결정시 일정한 규정을 따라야 한다.

B. 바젤위원회의 경우 99%의 신뢰수준을 요구하고 있다.

C. 신뢰수준은 금융시스템의 안정성과 최소요구자본이 수익률에 미치는 역효과간의 상충관계를 고려하여 결정된다.

D. 최소요구자본이 증가하면 은행의 건전성은 향상되지만 수익성은 악화된다.

07. 다음 중 시장 VaR를 측정하는데 필요한 요소가 아닌 것은?

A. 가격의 평균

B. 가격의 변동성

C. 보유기간

D. 신뢰수준

08. 300일 동안의 일별자료를 이용하여 비모수적 방법으로 95% 신뢰수준 하에서의 VaR를 추정하려고 한다. 평균값에서 몇 번째 관찰치를 빼주어야 하는가?

A. 가장 낮은 수익률로부터 5번째에 해당하는 값

B. 가장 낮은 수익률로부터 15번째에 해당하는 값

C. 가장 높은 수익률로부터 95번째에 해당하는 값

D. 가장 높은 수익률로부터 190번째에 해당하는 값

09. 다음 중 비모수 시뮬레이션과 관계가 없는 것은?

A. Bootstrap

B. Historical simulation

C. Monte−Carlo simulation

D. non−parametric simulation

10. 다음 중 Monte Carlo시뮬레이션에 필요한 것이 아닌 것은?

    A. 확률분포
    B. 난수
    C. 확률변수
    D. 과거 자료

11. Monte Carlo시뮬레이션으로 주식가격을 예측할 때, 기하브라운운동(GBM: Geometric Brownian Motion)모형을 확률분포로 이용한다면, 다음 설명 중 옳지 않은 것은?

    A. 주식가격은 정규분포를 따른다.
    B. 음($-$)의 주식가격을 방지할 수 있다.
    C. 대표적인 모수 시뮬레이션이다.
    D. 주식수익률은 산술브라운운동(ABM: Arithmetic Brownian Motion)을 따른다.

12. 정규분포와 대수정규분포에 관한 다음 설명 중 옳지 않은 것은?

    A. $X \sim N(10, 22)$일 경우, $Y = \dfrac{X-10}{4} \sim n(0, 1)$이 성립한다.
    B. 주식의 수익률, 환율변동을 모형화할 때 많이 이용된다.
    C. X가 정규분포를 따르면, e^X는 대수정규분포를 따른다.
    D. Y가 대수정규분포를 따르면, $\ln Y$는 정규분포를 따른다.

13. 미래 주식가격을 시뮬레이션으로 예측할 때 흔히 사용하는 Wiener Process에 관한 다음 설명 중 옳은 것은?

    A. 표준정규분포를 따른다.
    B. 표준편차가 dt(단위시간)이다.
    C. 평균이 1이다.
    D. 정규분포를 따른다.

14. 역사적 시뮬레이션방법에 대한 설명으로 옳은 것은?

    A. 특정분포를 가정한다.
    B. 실제의 가격에 포함된 변동성과 상관계수를 이용한다.
    C. 모형위험에 노출된다.
    D. 여러 가격변화를 모두 고려한다.

15. 몬테 카를로 시뮬레이션에 대한 설명 중 잘못된 것은?

    A. 모든 것을 분석자가 규정하므로 유연성이 높다.
    B. 프로그램이 단순하다.
    C. 민감도분석 또는 위기분석이 용이하다.
    D. 시간과 비용이 많이 든다.

16. 역사적 시뮬레이션에 관한 설명이다. 적절하지 않은 것은?

    A. 특정분포를 가정하지 않고 시장변수의 과거변화에 기초하여 완전가치평 가법으로 VaR를 계산한다.
    B. 대부분의 경우 과거자료를 기준으로 계산한 확률분포는 꼬리가 가늘다.
    C. 실제가격을 이용하므로 비선형성과 비정규분포를 모두 수용할 수 있다.
    D. 분석자가 과거의 실제수익률을 기초로 포트폴리오 포지션의 가치를 완전 가치평가법으로 평가하고, 그 결과를 이용하여 VaR를 계산한다.

17. 몬테 카를로 시뮬레이션에 관한 설명이다. 적절하지 않은 것은?

    A. 가장 효과적으로 VaR를 계산하는 방법이다.

    B. 계산비용이 많이 든다.

    C. 비선형인 경우만 가능하다.

    D. 완전가치모형이다.

18. 역사적 시뮬레이션방법에 대한 설명 중 잘못된 것은?

    A. 일시적으로 증가한 변동성을 고려한다.

    B. 과거자료에 포함된 극단치에 의해 민감하게 영향받는다.

    C. 민감도분석을 하기가 어렵다.

    D. 완전가치평가법이다.

19. VaR를 구하는 다양한 방법에 관한 다음 설명 중 가장 적절한 것은?

    A. 델타－노말법과 몬테 카를로 시뮬레이션방법에 의한 VaR는 같아진다.

    B. 델타－노말법과 역사적 시뮬레이션방법에 의한 VaR는 같아진다.

    C. 시뮬레이션 횟수가 증가함에 따라 몬테 카를로 시뮬레이션에 의한 VaR는 델타－노말법에 의한 VaR와 같아진다.

    D. 역사적 시뮬레이션법과 몬테 카를로 시뮬레이션방법에 의한 VaR는 같아진다.

20. VaR를 계산하는 다음 방법들 중 옵션리스크를 구하는 데 가장 효과적이지 못한 것은?

    A. 분산－공분산 모형

    B. 델타－감마 모형

    C. 역사적 시뮬레이션

    D. 몬테 카를로 시뮬레이션

21. 촐레스키분해법(Cholesky factorization method)은 어떤 용도로 가장 적합한가?

  A. 시뮬레이션의 속도를 높이기 위해서

  B. 시뮬레이션의 정확도를 높이기 위해서

  C. 여러 종류의 리스크를 고려하기 위해서

  D. 정규분포를 따르지 않는 리스크요인의 시뮬레이션을 위해서

22. 몬테 카를로 시뮬레이션이 역사적 시뮬레이션에 비해 불리한 점으로 볼 수 있는 것은 다음 중 어느 것인가?

  A. 과거실적을 미래결과에 동일시 한다.

  B. 정규분포를 활용할 수 있다.

  C. 가격을 예측하는 데 유연성을 반영할 수 있다.

  D. 고성능의 컴퓨터계산능력을 요구한다.

23. 역사적 시뮬레이션의 장단점을 설명한 것이다. 적절하지 않은 것은?

  A. 특정분포를 가정하지 않고 사용할 수 있는 장점이 있다.

  B. 일시적으로 증가한 변동성을 고려하지 못하는 단점이 있다.

  C. 모형리스크에 노출되지 않는다.

  D. 완전가치평가법이 요구되지 않는다.

24. 몬테 카를로 시뮬레이션 방법에 대한 다음 설명 중 잘못된 것은?

  A. 모든 자산에 대해 가치평가모형이 요구된다.

  B. 모든 리스크요인에 대해 분포를 규정하는 것이 가능하다.

  C. 시뮬레이션된 가격은 실제가격이다.

  D. 가격변화과정을 생성하기 위해 선택된 확률분포가 비현실적이라면 추정된 VaR도 비현실적이다.

25. 서강증권의 리스크관리자는 서강증권이 운영하는 한 투자포트폴리오에 대해
    VaR를 측정하고자 한다. 투자포트폴리오는 주식매입과 주식풋옵션 매도포지
    션을 포함하고 있다. 다음 VaR측정 모형 중 가장 적절하지 않은 것은?

    A. 역사적 시뮬레이션
    B. 델타-노말
    C. 몬테 카를로 시뮬레이션
    D. 델타-감마

26. 다음의 4가지 VaR측정방법 중 그 정교함(sophistication)이 낮은 것부터 높은
    순으로 올바로 배열한 것은?

    | Ⅰ. parametric VaR |
    | Ⅱ. non-parametric VaR |
    | Ⅲ. mark-to-market analysis |
    | Ⅳ. simulation VaR |

    A. Ⅰ, Ⅱ, Ⅲ, Ⅳ
    B. Ⅳ, Ⅲ, Ⅱ, Ⅰ
    C. Ⅱ, Ⅲ, Ⅰ, Ⅳ
    D. Ⅲ, Ⅱ, Ⅰ, Ⅳ

27. Back-testing에 관한 다음 설명 중 옳지 않은 것은?

    A. failure rate을 이용, 검증할 수 있다.
    B. 사용되는 VaR가 정확한지 검증할 수 있다.
    C. 바젤에서 사후검증에 일반적으로 요구하는 신뢰수준은 99%이다.
    D. VaR의 정확성을 통계적 방법으로 검증하는 것은 불가능하다.

28. N을 VaR보다 더 큰 손실이 발생한 횟수라 하고, T를 자료를 조사한 총 기간이라 하자. 그러면 N/T는 실패비율(failure rate)이라 불리는데, T가 커지면 N/T는 이항분포의 확률(p)에 수렴한다. 만일 VaR보다 큰 손실이 발생하는 횟수 X가 이항분포를 따른다면 VaR보다 큰 손실, 즉 극단치가 발생할 기대횟수는 얼마인가?

   A. $E(X) = p(1-p)$

   B. $E(X) = (1-p)T$

   C. $E(X) = pT$

   D. $E(X) = p(1-p)T$

29. 다음 중 스트레스 테스팅 기법이 아닌 것은?

   A. scenario analysis

   B. policy response

   C. failure rate analysis

   D. stressing model

30. 극단적인 손실을 유발하는 상황을 찾아내어 관리하는 과정을 무엇이라 하는가?

   A. simulation

   B. back−testing

   C. stress−testing

   D. VaR mapping

31. 파생상품정책그룹(DPG: Derivatives Policy Group)에 의해 제시되어 있는 스트레스 테스팅 가이드라인 중 수익률곡선(yield curve)의 경우 스트레스 테스팅을 시행하는 기준은?.

   A. 수익률곡선이 ±25bp 비틀리는 경우
   B. 수익률곡선이 ±25% 비틀리는 경우
   C. 수익률곡선이 ±2.5bp 비틀리는 경우
   D. 수익률곡선이 ±2.5% 비틀리는 경우

32. VaR를 통해 예측한 예상손실의 범위 안에서 실제로 손실이 발생하고 있는지, 아니면 실제 손실이 더 많은지를 자료를 통해 지속적으로 확인하고 VaR를 계산하는데 문제가 있으면 시정하는 것을 무엇이라 하는가?

   A. parameter testing
   B. hypothesis testing
   C. stress testing
   D. back-testing

33. VaR보다 큰 손실이 발생하는 횟수(즉, 예외적 손실의 수)를 X라 하고, 실제손실이 VaR보다 크게 나타날 확률 p가 일정할 경우, T기간 동안 발생하는 총 예외적 손실의 수 X는 어떤 확률분포를 따르게 되는가?

   A. 포아송분포
   B. 대수정규분포
   C. 표준정규분포
   D. 이항분포

34. VaR의 사후검증(back-testing)을 하고자 한다. T기간 동안 발생한 예외적 손실(즉, 실제손실이 VaR보다 큰 경우)의 횟수가 N, 예외적 손실이 발생할 확률을 p라 할 때, 다음 중 사후검증에 필요한 귀무가설로 가장 적절한 것은? (단, E는 기대치(Expectation)를 의미함)

    A. $E(N/T) = p$

    B. $E(T/N) = p$

    C. $E(T-N) = p$

    D. $E(N-T) = p$

35. 다음 중 시나리오 분석을 통해 얻을 수 있는 이점으로 적절한 것은?

    A, 과거에 발생한 시장충격에 대한 분석을 할 수 있게 해준다.

    B. 리스크요인이 움직이는 경우를 분석할 수 있게 해준다.

    C. 포트폴리오를 통해 실현한 과거의 손익을 분석할 수 있게 해준다.

    D. 효과적인 사후검증을 할 수 있게 해준다.

36. 다음 중 파생상품정책그룹(DPG: Derivatives Policy Group)이 제시하는 위기분석(stress-testing)상황으로 적절치 않은 것은?

    A. 수익률곡선이 ±25bp 뒤틀리는 경우

    B. 주가지수가 ±10% 변하는 경우

    C. 통화가치가 ±6% 변하는 경우

    D. 변동성이 ±30% 변하는 경우

37. VaR분석은 위기분석(스트레스 테스팅)을 통해 보완되는 것이 적절하다. 그 이유를 바르게 설명한 것은?

A. 위기분석을 통해 금액으로 표시된 최대손실을 확인할 수 있기 때문이다.

B. 최소한의 신뢰수준에서 목표기간의 기대손실을 확인할 수 있기 때문이다.

C. 정상적인 상황에서 발생할 수 있는 것보다 큰 손실규모를 확인할 수 있기 때문이다.

D. 99%신뢰수준에서 포트폴리오의 가치변화를 확인할 수 있기 때문이다.

38. 다음 중 적절한 위기분석을 위해 필요한 조건으로 적합하지 않은 것은?

A. 시장의 유동성은 충분한 것으로 가정해야 한다.

B. 적절한 모든 시장변수를 고려해야 한다.

C. 시장리스크와 신용리스크의 상호작용도 고려해야 한다.

D. 구조적변화의 가능성도 고려해야 한다.

39. VaR의 사후검증 방법 중 BIS 가이드라인에 대한 설명 중 잘못된 것은?

A. 보통 1일 보유기간과 99%신뢰수준을 기준으로 250일 동안 추정된 VaR와 실제의 손익을 비교하여 실제손실이 VaR를 초과하는 횟수를 기초로 이루어진다.

B. 안정구역은 250일의 검증기간 중 VaR를 초과하는 횟수가 4회 이내인 경우로서 현재 사용중인 VaR모형이 적절함을 의미한다.

C. 경계구역은 VaR를 초과하는 횟수가 5~9회로 VaR에 문제가 있음을 단언하기는 어려우나 주의를 요한다.

D. 위험구역은 VaR를 초과하는 횟수가 10회 이상인 경우로 현재 사용중인 VaR모형이 리스크를 과대평가 하고 있음을 의미한다.

40. 위기분석에 대한 설명 중 잘못된 것은?

    A. 과거자료에 존재하지 않는 상황을 고려한다.

    B. VaR분석을 보완한다.

    C. 상관관계를 충분히 반영할 수 있다.

    D. 적절하지 않은 상황을 설정할 경우 VaR값이 무의미해 진다.

41. Basel에 따르면 사후검증을 통해 금융기관이 사용하는 VaR모형이 리스크를 과소평가하는 경우 안정승수(k)를 증가시켜 벌점을 부과한다. 벌점이 최대가 되는 예외 발생횟수와 안정승수(k)를 바르게 연결한 것은?

	예외 발생횟수	안정승수(k)
A	4	3.2
B	6	3.3
C	8	3.6
D	10	4.0

42. Basel이 요구하는 시장리스크부과금(MRC)을 바르게 설명한 것은?

    A. 전일VaR×안정승수(k)＋특별리스크부과금(SRC)

    B. max(전일VaR×k, 최근 1년 VaR평균)＋특별리스크부과금(SRC)

    C. max(k×최근60일VaR평균, 전일VaR)＋특별리스크부과금(SRC)

    D. max(최근 60일VaR평균, k×전일VaR)＋특별리스크부과금(SRC)

43. 다음 중 스트레스 테스팅에 가장 적합한 방법론은?

    A. Delta－gamma valuation

    B. Full revaluation

    C. marked to market

    D. Delta－normal VaR

01. VaR의 계산에서 많이 이용되는 정규분포의 성질을 이용하면, $\int_{-\infty}^{0} e^{-\frac{x^2}{2}} dx$ 의 값은 얼마인가?

02. 95% 신뢰구간에서 측정한 포트폴리오의 1일 VaR가 \$10,000라면, BIS가 1996년 1월 Basel Agreement—I개정안에서 제시한 내부모형에 의한 VaR는 얼마이어야 하는가?

03. Basel Committee가 요구하는 신뢰수준을 사용하여 구한 VaR가 10억원이라 한다. 만일 Riskmetrics에서 사용하는 신뢰수준을 적용한다면 VaR는 얼마이 어야 하는가? (단, 다른 모든 조건은 동일하며 신뢰수준만 다르다고 한다)

04. 어떤 펀드매니저가 주식포트폴리오 100억원을 관리하고 있다. 이 주식포트폴 리오의 과거 1년간 변동성은 20%, 신뢰수준은 99%, 보유기간은 1개월이라 한다면 이 포트폴리오의 VaR는 약 얼마인가?

05. 1일의 보유기간으로 계산한 VaR를 10일 보유기간의 VaR로 환산하려면 1일 VaR에 얼마를 곱해주어야 하는가?

06. 어떤 딜러가 $100만 상당의 주식포트폴리오를 운용하고 있다. 이 포트폴리오의 변동성은 연간 15%, 보유기간은 10일이며, 신뢰수준은 99%이다. 1년간 총 영업일을 252일이라 할 때, 이 딜러의 VaR를 계산하면 얼마인가?

07. 한 기업이 미국 국채 $140백만을 보유하고 있다. 이 채권의 듀레이션은 3이며, 1일 금리변동성이 0.565%이라면, 신뢰수준 95%에서 10일간의 채권 VaR를 구하면 얼마인가?

08. 어떤 딜러가 $10,000 상당의 포트폴리오를 운용하고 있다. 이 포트폴리오의 변동성은 연간 20%, 보유기간은 30일이며, 신뢰수준은 99%이다. 1년간 총 영업일을 300일이라 하면 이 딜러의 연간 VaR는 약 얼마인가?

09. 서강기업이 미국 국채 $100,000를 보유하고 있다. 이 채권의 듀레이션은 5이며, 연간 금리변동성은 3%, 연간 채권거래일이 300일이라면 신뢰수준 95%에서 이 국채의 30일간 VaR는 약 얼마인가?

10. 다음 표를 보고 리스크가 가장 작은 것부터 큰 것 순으로 순위를 정하라.

포트폴리오	VaR	보유기간(일)	신뢰수준(%)
A	10	5	99
B	10	5	95
C	10	10	99
D	10	10	95
E	10	15	99
F	10	15	95

11. 3개의 리스크요인에 대한 공분산행렬이 다음과 같다고 한다.

$$V(\varepsilon)= R = \begin{pmatrix} 0.09\% & 0.06\% & 0.03\% \\ 0.06\% & 0.05\% & 0.04\% \\ 0.03\% & 0.04\% & 0.06\% \end{pmatrix}$$

촐레스키분해법을 이용하여 하위삼각행렬(lower triangular matrix)을 구하라.

12. 주식가격이 기하브라운운동(GBM)을 따른다고 가정하자. 현재 주가는 $100, 이 주식의 연간 기대수익률은 0%, 연간 변동성은 10%라 한다. 1년을 300영업일로 가정하고 100구간으로 나누어 Monte Carlo Simulation으로 미래 주가를 예측하고자 한다. 0과 1 사이의 값만 갖는 난수표에서 임의로 두 개의 숫자를 연속으로 추출하였더니 각각 0.7088, 0.9812였다. 6일 후의 주가는 약 얼마로 예측되는가? (단, [부록]에 있는 표준정규분포표를 이용한다)

13. 서강은행의 과거자료를 분석해 보니 1년안에 VaR보다 큰 손실이 발생할 확률은 약 6%라 한다. 최근 1년간(250일) VaR보다 큰 손실이 10회 발생하였다면 서강이 현재 사용하고 있는 VaR모형이 적절한지 유의수준 1%로 사후검증하라.

14. 최근 60일간의 VaR를 모두 합하면 $60,000이고, 어제의 VaR는 $2,000이었다. 최근 250일간의 기록에 따르면 추정한 VaR보다 손실이 더 크게 발생한 횟수는 7회였다. 특정리스크부과금(SRC)이 없다고 가정하면, Basel기준에 의한 시장리스크부과금(MRC)은 얼마인가?

15. VaR의 사후검증(back-testing)에서 하루에 예외적 손실(즉, 실제손실이 VaR 보다 큰 경우)이 발생할 확률을 0.05라 할 때, 1년 동안 예외적 손실은 평균 약 몇 회 발생하는가? (단, 1년 동안 $p=0.05$는 일정하며, 1년은 252일로 간주함)

16. 포트폴리오(P)의 시장위험을 측정하는 VaR(value at risk)은 자산수익률이 정규분포를 따른다고 가정하는 경우 다음 식에 의해 계산된다.

$$\text{VaR} = \alpha \sigma_P W$$

여기서 α는 신뢰수준에 따른 임계값, σ_P는 P의 수익률의 표준편차, W는 P의 시장가치이다. P는 주식A와 주식B에 각각 600만원과 400만원을 투자해서 구성한 포트폴리오이다. VaR 계산 시 95% 신뢰수준을 활용하고 이때 임계값(α)은 1.65이다.

다음 식에 의해 포트폴리오의 표준편차 계산에 필요한 주식수익률의 분산－공분산 행렬을 추정한다.

$$R_i = \alpha_i + \beta_i R_M + \varepsilon_i \, (i = A, B)$$
$$\sum = \beta \beta^T \sigma_M{}^2 + D_\varepsilon \, (\beta = (\beta_A, \beta_B)^T)$$

여기서 R_i는 주식i의 수익률, β_i는 주식i의 공통요인에 대한 선형 계수, R_M은 공통요인의 수익률, ε_i는 잔차, $\sum$는 주식수익률들의 분산－공분산 행렬, $\sigma_M{}^2$은 공통요인 수익률의 분산, D_ε는 각 주식수익률의 잔차분산($\sigma_{\varepsilon_i}{}^2$)이 대각항에 입력되고 나머지 값은 0인 대각행렬(diagonal matrix)이다. 위 모형을 추정한 결과는 다음과 같다. $\sigma_M{}^2$은 0.05이다.

	주식A	주식B
β_i	0.8	1.2
$\sigma_{\varepsilon_i}{}^2$	0.04	0.02

다음 질문에 답하라.

(1) 주식A와 주식B 수익률의 상관계수를 구하라.

(2) P의 VaR 값을 구하라.

(3) 잔차를 고려하지 않고 β만 고려한 모형을 이용한 P의 VaR 값을 구하라.

정답해설 ————————————————

객관식

01. D

VaR는 사건리스크를 반영하기 어려우며, 이를 보완하기 위해 위기분석(stress testing) 등을 사용해야 한다. 또한 VaR는 국가리스크나 법적리스크, 모형리스크 등에 노출되어 있다. 변동성리스크는 VaR계산시 표준편차를 통해 반영된다.

02. C

VaR의 계산은 포트폴리오의 유지기간과 관계된다. 상업은행과 같이 포트폴리오의 구성이 빨리 변화하는 경우에는 보유기간을 짧게 해야 하며, 반대로 연금기금과 같이 포트폴리오의 유지기간이 긴 경우에는 보유기간도 길게 하는 것이 적절하다.

03. C 04. C 05. A

06. A

신뢰수준의 결정 시 어떤 절대적인 기준이나 규정이 있는 것은 아니다. VaR를 이용하는 목적이나 리스크관리 대상의 특성에 따라 결정하면 된다.

07. A

08. B

유의수준(α)=1-신뢰수준=1-0.95=0.05=5%이므로, 비모수적 방법으로 VaR를 구하기 위해서는 관찰치를 작은 것부터 큰 것 순으로 정렬했을 때 하위 5%(즉, 5퍼센타일)에 해당하는 값을 평균값에서 빼주면 된다. 따라서, 300개×5%=15번째 관측치.

즉, 비모수VaR=평균값-15번째 관측치

[참조] 비모수VaR는 리스크관리 대상 자료에 대해 확률분포를 가정하지 않고 VaR를 구하는 방법이다. 퍼센타일의 개념과 VaR공식을 정확히 이해할 필요가 있다. 특히 유의수준에 해당하는 정확한 관측치가 없을 때 보간법 등을 이용하여 관측치를 구하는 방법을 숙지해야 한다.

09. C

몬테 카를로 시뮬레이션은 전형적인 모수 시뮬레이션이다.

10. D

몬테 카를로 시뮬레이션은 모수 시뮬레이션으로서 확률분포를 가정하므로 과거자료는 필요로 하지 않는다. 과거자료를 활용하는 것은 역사적 시뮬레이션이나 부트스트랩 시뮬레이션 같은 비모수 시뮬레이션방법들이다.

11. A

기하브라운운동(GBM)은 대수정규분포(lognormal distribution)를 의미하며, 산술브라운운동(ABM: Arithmetic Brownian Motion)모형은 정규분포를 의미한다. 주식가격이 GBM을 따르면 음(-)의 값을 방지하여 주식의 유한책임(limited liability)에 부합하는 자료를 만들어 낼 수 있으며, 주식가격이 GBM이면 주식수익률은 ABM이 된다.

[참조] 기하브라운운동(GBM)-대수정규분포, 산술브라운운동(ABM)-정규분포

12. A

A에서 정규분포 X를 표준정규분포 Y로 전환하기 위해서는 $Y = \dfrac{X-평균}{표준편차}$ 이므로, $Y = \dfrac{X-10}{\sqrt{22}} = \dfrac{X-10}{4.69}$ 이어야 한다.

13. D

어떤 확률변수가 Wiener Process를 따르면 이는 평균이 0이고 분산이 dt인
정규분포를 따른다.

[참조] Wiener Process: 평균이 0이고 분산이 dt인 정규분포, 즉, $N(0, dt)$.

14. B

역사적 시뮬레이션방법은 특정확률분포를 가정하지 않는 비모수 시뮬레이션
방법이며, 실제가격을 이용하므로 그 안에 포함된 변동성과 상관계수를 이용
한다.

15. B

몬테 카를로 시뮬레이션은 프로그램이 복잡하고 시간이 많이 소요된다.

16. B

과거자료를 기준으로 계산한 확률분포는 사후적 확률이기 때문에 정규분포
로 예상하는 것보다 더 나쁠 가능성이 높다. 즉, VaR가 과대평가되므로 꼬리
가 대체로 두텁다.

17. C

몬테 카를로 시뮬레이션은 비선형, 두터운 꼬리, 극단적인 상황 등을 고려할
수 있다.

18. A

역사적 시뮬레이션방법은 과거자료에 기초하므로 일시적으로 증가한 변동성
이나 추세와 같은 변수의 고유성질을 반영하기 어렵다.

19. C

시뮬레이션 횟수가 많지 않다면 세 가지 방법에 의한 VaR는 모두 다르다. 그
러나, 기초자산 수익률이 정규분포를 따르고, 시뮬레이션 횟수가 증가할수록
몬테 카를로 시뮬레이션에 의한 VaR는 델타－노말법에 의한 VaR에 수렴한다.

20. A

분산－공분산 모형은 옵션의 2차 곡선(second order curvature)효과를 고려하지 않으므로 오차가 가장 크다.

21. C

촐레스키분해법은 상호 독립적이지 않은 여러 종류의 리스크를 고려하기 위해 사용된다.

22. D

몬테 카를로 시뮬레이션은 비선형성, 두터운 꼬리, 정규분포 등 다양한 유연성을 반영할 수 있는 장점들이 있으나, 모델과 프로그래밍이 매우 복잡하고 고도의 계산능력이 있는 컴퓨터가 필요하여 많은 시간과 비용이 소요된다는 단점도 있다.

23. D

*역사적 시뮬레이션의 장점: 특정분포가정이 불필요, 실제가격에 포함된 변동성과 상관계수 이용, 모형리스크에 노출되지 않음
*역사적 시뮬레이션의 단점: 일시적으로 증가한 변동성을 고려하지 못함, 과거자료에 포함된 극단치에 민감, 민감도분석이나 요인분석이 어려움, 1개의 가격변화만 고려할 수 있음

24. C

몬테 카를로 시뮬레이션 방법은 가치평가모형에 의해 변수를 시뮬레이션하므로 이를 통해 계산된 가격은 실제가격이 아니다.

25. B

포트폴리오 안에 비선형자산인 옵션이 포함되어 있기 때문에 델타－노말법은 바람직하지 않다.

26. D

VaR를 구하는 모형의 정교함의 순서는 낮은 것부터 높은 것 순으로 mark—to—market analysis(시가분석모형), non—parametric VaR(비모수VaR 모형), parametric VaR(모수VaR모형), simulation VaR(시뮬레이션모형)이다.

27. D   28. C   29. C   30. C

31. A

파생상품정책그룹(DPG: Derivatives Policy Group)에 의해 제시되어 있는 스트레스 테스팅 가이드 라인에 의하면 수익률곡선(yield curve)은 ±25bp 비틀리는 경우에 해당된다.

32. D   33. D

34. A

사후검증에서 사용하는 귀무가설(H_0)은 |Actual loss—Projected loss|=0 혹은 $E(N/T) = p$이다.

35. B

36. D

[참조] 파생상품정책그룹(DPG: Derivatives Policy Group)에 의해 제시되어 있는 스트레스 테스팅 가이드 라인:
   1) 수익률곡선(yield curve)이 ±100bp 수평 이동하는 경우,
   2) 수익률곡선(yield curve)이 ±25bp 비틀리는 경우,
   3) 주가지수가 ±10% 변하는 경우,
   4) 통화가치가 ±6% 변하는 경우,
   5) 변동성(volatility)이 ±20% 변하는 경우

37. C

38. A

적절한 위기분석을 위해서는 시장의 비유동성까지도 고려할 수 있어야 한다.

39. D

위험구역은 VaR를 초과하는 횟수가 10회 이상인 경우로 현재 사용중인 VaR 모형이 위험을 과소평가하고 있음을 의미한다.

[참조] Basel이 제시하는 사후검증 벌칙구역(Zone) 예외숫자: 안정(Green): 4개 이하, 경계 (Yellow): 5~9개, 위험(Red): 10개 이상

40. C

위기분석은 과거에 존재하지 않는 상황까지 포함하므로 상관관계를 충분히 반영하기는 어렵다.

41. D

[참조] 예외의 갯수에 따른 안정승수(k)는 3에 다음 표에 있는 증가분을 더하면 된다.

구역(Zone)	예외(exception)의 갯수	안정승수(k)의 증가
안전(Green)	0~4	0.00
경계(Yellow)	5	0.40
	6	0.50
	7	0.65
	8	0.75
	9	0.85
위험(Red)	10~	1.00

42. C

Basel의 내부모형이 요구하는 시장리스크부과금은 다음과 같다.

$$MRC_t^{IMA} = \max\left(k\frac{1}{60}\sum_{i=1}^{60} VaR_{t-i}, \ VaR_{t-1}\right) + SRC_t$$

43. B

Delta-nomal이나 Delta-gamma는 부분가치평가법이고 정상상황을 가정하므로 극단상황을 예상한 스트레스 테스팅에 적합하지 않으며, 단순 시장평가(marked to market)도 스트레스 테스팅에 미치지 못한다. 전체적인 재평가(full revaluation)가 가장 적절하다.

주관식

01. 표준정규분포의 성질에 따르면, 표준정규분포는 평균(0)을 중심으로 좌우대칭이므로, 평균보다 작을 확률도 0.5이고 평균보다 클 확률도 0.5이다. 따라서, 다음이 성립한다.

$$\int_{-\infty}^{0} f(x)dx = \int_{-\infty}^{0} \frac{1}{\sqrt{2\pi}} e^{-\frac{x^2}{2}} dx = 0.5$$

$$\int_{-\infty}^{0} e^{-\frac{x^2}{2}} dx = \sqrt{2\pi}(0.5) = \frac{\sqrt{2\pi}}{2} = \sqrt{\frac{\pi}{2}}.$$

[참조] 확률이 되기 위한 조건 2가지: 모든 확률 $f(x)$는 다음의 두 가지 조건을 만족해야 한다.
  1) $f(x) > 0$ (모든 x에 대해)
  2) 모든 확률의 합은 1이 되어야 한다. 즉, 이산확률변수의 경우 $\sum_{x=-\infty}^{+\infty} f(x) = 1$, 연속확률변수의 경우 $\int_{-\infty}^{+\infty} f(x)dx = 1$이 성립되어야 한다.

02. 1996년 1월 바젤 수정안 내부모형에서의 VaR계산 기준은 99%신뢰구간, 10일간 보유기간이다. 따라서 주어진 VaR를 이용하여 내부모형 VaR를 계산하면 다음과 같다.

$$\frac{VaR(99\%, 10일)}{VaR(95\%, 1일)} = \frac{W \times 2.33 \times 변동성 \times \sqrt{10}}{W \times 1.65 \times 변동성 \times \sqrt{1}} = \frac{2.33 \times \sqrt{10}}{1.65}$$

$$= 4.4655$$

그러므로, $VaR(99\%, \ 10일) = 4.4655 \times VaR(95\%, \ 1일) = 4.4655 \times 10,000$

$$= \$44,655.$$

[참조] 금융감독기구나 금융기관별로 서로 다른 조건의 VaR를 사용한다. 특히 Basel기준은 세계금융기관에 공통적으로 적용되는 가이드 라인이므로 잘 숙지해야 한다.

03. 우선, Basel에서는 99%를 사용하므로 신뢰수준값은 2.33이며, Riskmetrics는 95%를 사용하므로 신뢰수준값은 1.65이다. 다른 모든 조건은 동일하므로,

$$\frac{VaR(\text{Basel})}{VaR(\text{Riskmetris})} = \frac{W \times 2.33 \times 변동성 \times \sqrt{T}}{W \times 1.65 \times 변동성 \times \sqrt{T}} = \frac{2.33}{1.65} = 1.412$$

따라서, $VaR(\text{Riskmetrics}) = VaR(\text{Basel})/1.412 = 10억/1.412 = 7.09억원.$

04. $VaR = W \times CL \times \sigma\sqrt{T} = 100억 \times 2.33 \times 0.20 \times \sqrt{(1/12)} = 13.45억원.$

05. $\dfrac{VaR(10일)}{VaR(1일)} = \dfrac{W \times CL \times 1일변동성 \times \sqrt{10}}{W \times CL \times 1일변동성 \times \sqrt{1}} = \dfrac{\sqrt{10}}{1} = 3.16$

06. $VaR = W \times CL \times \sigma \times \sqrt{T} = \$1,000,000 (2.33)(0.15) \sqrt{\dfrac{10}{252}} = \$69,622$

07. $VaR = W \times CL \times \sigma \times \sqrt{T} = \$140,000,000(1.65)(0.00565)\sqrt{10}$

$$= \$12,381,740$$

[핵심체크] 이 문제의 경우 변동성이 1년변동성이 아닌 1일변동성으로 주어졌기 때문에 보유기간(T)에 연간단위(즉, 10/252)가 아닌 일간단위 10일을 그대로 사용해야 한다.

08. $VaR = W \times CL \times \sigma \times \sqrt{T} = \$10,000(2.33)(0.20)\sqrt{\dfrac{30}{300}} = \$1,474$

09. $VaR = W \times CL \times D \times \sigma_r \times \sqrt{T} = \$100,000(1.65)(5)(0.03)\sqrt{\dfrac{30}{300}}$

$$= \$7,827$$

10. $VaR = W \times CL \times \sigma \times \sqrt{T}$

$$\sigma = \frac{VaR}{W \times CL \times \sqrt{T}}$$

이 공식을 이용하여 각각의 포트폴리오의 일일변동성(σ)을 구하면 다음과 같다.

A: $\sigma(A) = \dfrac{VaR}{W \times CL \times \sqrt{T}} = \dfrac{10}{W \times 2.33 \times \sqrt{5}} = \dfrac{1.9194}{W}$

B: $\sigma(B) = \dfrac{VaR}{W \times CL \times \sqrt{T}} = \dfrac{10}{W \times 1.65 \times \sqrt{5}} = \dfrac{2.7104}{W}$

C: $\sigma(C) = \dfrac{VaR}{W \times CL \times \sqrt{T}} = \dfrac{10}{W \times 2.33 \times \sqrt{10}} = \dfrac{1.3572}{W}$

D: $\sigma(D) = \dfrac{VaR}{W \times CL \times \sqrt{T}} = \dfrac{10}{W \times 1.65 \times \sqrt{10}} = \dfrac{1.9165}{W}$

E: $\sigma(E) = \dfrac{VaR}{W \times CL \times \sqrt{T}} = \dfrac{10}{W \times 2.33 \times \sqrt{15}} = \dfrac{1.1081}{W}$

F: $\sigma(F) = \dfrac{VaR}{W \times CL \times \sqrt{T}} = \dfrac{10}{W \times 1.65 \times \sqrt{15}} = \dfrac{1.5648}{W}$

W는 모두 공통으로 동일하므로 위의 결과로부터,

$\sigma(E) < \sigma(C) < \sigma(F) < \sigma(D) < \sigma(A) < \sigma(B)$

그런데 표준편차가 작을수록 리스크는 작으므로 리스크순위는 다음과 같다.

$E < C < F < D < A < B$

11. $R = TT'$를 만족하는 다음과 같은 하위삼각행렬 T를 구하면 된다.

$$T = \begin{pmatrix} x_{11} & 0 & 0 \\ x_{21} & x_{22} & 0 \\ x_{31} & x_{32} & x_{33} \end{pmatrix}$$

$$R = \begin{pmatrix} 0.09\% & 0.06\% & 0.03\% \\ 0.06\% & 0.05\% & 0.04\% \\ 0.03\% & 0.04\% & 0.06\% \end{pmatrix} = TT' = \begin{pmatrix} x_{11} & 0 & 0 \\ x_{21} & x_{22} & 0 \\ x_{31} & x_{32} & x_{33} \end{pmatrix} \begin{pmatrix} x_{11} & x_{21} & x_{31} \\ 0 & x_{22} & x_{32} \\ 0 & 0 & x_{33} \end{pmatrix}$$

$$= \begin{pmatrix} x_{11}{}^2 & x_{11}x_{21} & x_{21}x_{31} \\ x_{11}x_{21} & x_{21}{}^2 + x_{22}{}^2 & x_{21}x_{31} + x_{22}x_{32} \\ x_{31}x_{11} & x_{21}x_{31} + x_{22}x_{32} & x_{31}{}^2 + x_{32}{}^2 + x_{33}{}^2 \end{pmatrix}$$

따라서 다음과 같은 연립방정식을 얻을 수 있고 이를 풀면 된다.

$x_{11}^2 = 0.0009 \Rightarrow x_{11} = 0.03$

$x_{11}x_{21} = 0.0006 \Rightarrow x_{21} = \dfrac{0.0006}{0.03} = 0.02$

$x_{11}x_{31} = 0.0003 \Rightarrow x_{31} = \dfrac{0.0003}{0.03} = 0.01$

$x_{21}^2 + x_{22}^2 = 0.0005 \Rightarrow x_{22}^2 = 0.0005 - x_{21}^2 \Rightarrow x_{22} = 0.01$

$x_{21}x_{31} + x_{22}x_{32} = 0.0004 \Rightarrow x_{32} = 0.02$

$x_{31}^2 + x_{32}^2 + x_{33}^2 = 0.0006 \Rightarrow x_{33} = 0.01$

따라서 구하고자 하는 하위삼각행렬은 다음과 같다.

$$T = \begin{pmatrix} x_{11} & 0 & 0 \\ x_{21} & x_{22} & 0 \\ x_{31} & x_{32} & x_{33} \end{pmatrix} = \begin{pmatrix} 0.03 & 0 & 0 \\ 0.02 & 0.01 & 0 \\ 0.01 & 0.02 & 0.01 \end{pmatrix}$$

12. 300일을 100구간으로 나누면 구간(dt)은 3일이 된다. 따라서, 6일 후 주가는 2구간말의 주가가 된다. 즉, 시뮬레이션 2번 후의 가격을 구하면 된다.

주식가격이 기하브라운운동(GBM)을 따르며 평균이 0이고 연간변동성이 10%이므로, 다음의 식이 성립한다.

$dS = S_{t+1} - S_t = S_t (\mu dt + \sigma \varepsilon \sqrt{dt})$

$\Rightarrow S_{t+1} = S_t (1 + 0.01\varepsilon)$

한편, 난수값 0.7088과 0.9812는 표준정규분포값(ε)으로 환산하면(표준정규분포표 참조), 근사적으로 각각 0.55, 2.08이 된다. 따라서,

ⅰ) 3일후(dt) 주가, $S_{t+1} = 100(1+0.01 \times 0.55) = 100.55$

ⅱ) 6일후($2dt$) 주가, $S_{t+2} = 100.55(1+0.01 \times 2.08) = \$102.64$

13. 예외의 갯수 X는 이항분포, $b(T, \ p) = b(250, \ 0.06)$을 따른다. 이를 표준정규분포로 전환하면 다음과 같다.

$$Z = \frac{X - Tp}{\sqrt{Tp(1-p)}} = \frac{10 - 250 \times 0.06}{\sqrt{250 \times 0.06 \times (1-0.06)}} = -1.3316$$

1) 귀무가설: $E(N/T)=p$ (혹은 현재VaR가 적절함)

2) 검정통계량: $Z=-1.3316$

3) 유의수준 1%에서 기준통계량값=2.56

따라서, 검정통계량의 절대값(1.3316)이 기준통계량(2.56)보다 작으므로, 귀무가설을 기각할 수 없다. 즉, 현재 서강은행이 사용하고 있는 VaR모형은 적절하다.

14. 시장리스크부과금을 구하는 다음 공식을 이용하면 된다. 단, 여기서 특정리스크부과금은 0이므로 $SRC=0$이다. 그리고 250일 동안 발생한 예외 갯수는 7이므로, $k=3+0.65=3.65$이다.

$$MRC_t^{IMA}=\max\left(k\frac{1}{60}\sum_{i=1}^{60}VaR_{t-i},\ VaR_{t-1}\right)+SRC_t$$

$$=\max\left(3.65\times\frac{1}{60}\times60,000,\ 2,000\right)+0$$

$$=\max(3,650,\ 2,000)=\$3,650$$

15. T기간 동안 발생하는 예외적 손실의 발생횟수를 X라 하면, X는 이항분포, $b(T,\ p)$를 따른다. 그런데, 이항분포의 기대치(평균)$=Tp=252(0.05)=12.6$회이다.

[참조] 확률변수 X가 이항분포, $b(n,\ p)$를 따른다면, 기대값(평균값) $=np$, 분산$=np(1-p)$이다.

16. (1) 0.59

$$\rho=\frac{cov(R_A,R_B)}{\sigma_A\sigma_B}=\frac{\beta_A\beta_B\sigma_M^2}{\sigma_A\sigma_B}=\frac{0.8\times1.2\times0.05}{\sqrt{0.8^20.05+0.04}\sqrt{1.2^20.05+0.02}}$$
$$=0.59$$

(2) 416만원

$$\sum=\begin{bmatrix}0.8\\1.2\end{bmatrix}[0.8\ 1.2]0.05+\begin{bmatrix}0.04&0\\0&0.02\end{bmatrix}=\begin{bmatrix}0.072&0.048\\0.048&0.092\end{bmatrix}$$

$$1.65\sqrt{[0.6\ 0.4]\begin{bmatrix}0.052&0.048\\0.048&0.102\end{bmatrix}\begin{bmatrix}0.6\\0.4\end{bmatrix}}\,10,000,000=4,163,758$$

(3) 354만원

$$\Sigma = \begin{bmatrix} 0.8 \\ 1.2 \end{bmatrix} [0.8\ 1.2]0.05 + \begin{bmatrix} 0.032 & 0.048 \\ 0.048 & 0.072 \end{bmatrix}$$

$$1.65 \sqrt{[6,000,000\ \ 4,000,000] \begin{bmatrix} 0.032 & 0.048 \\ 0.048 & 0.072 \end{bmatrix} \begin{bmatrix} 6,000,000 \\ 4,000,000 \end{bmatrix}} = 3,541,932$$

표준정규분포표

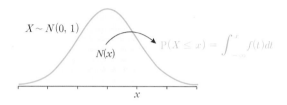

$X \sim N(0, 1)$

$N(x)$

$P(X \le x) = \int_{-\infty}^{x} f(t)dt$

x

x	0.00	0.01	0.02	0.03	0.04	0.05	0.06	0.07	0.08	0.09
0.00	0.5000	0.5040	0.5080	0.5120	0.5160	0.5199	0.5239	0.5279	0.5319	0.5359
0.10	0.5398	0.5438	0.5478	0.5517	0.5557	0.5596	0.5636	0.5675	0.5714	0.5753
0.20	0.5793	0.5832	0.5871	0.5910	0.5948	0.5987	0.6026	0.6064	0.6103	0.6141
0.30	0.6179	0.6217	0.6255	0.6293	0.6331	0.6368	0.6406	0.6443	0.6480	0.6517
0.40	0.6554	0.6591	0.6628	0.6664	0.6700	0.6736	0.6772	0.6808	0.6844	0.6879
0.50	0.6915	0.6950	0.6985	0.7019	0.7054	0.7088	0.7123	0.7157	0.7190	0.7224
0.60	0.7257	0.7291	0.7324	0.7357	0.7389	0.7422	0.7454	0.7486	0.7517	0.7549
0.70	0.7580	0.7611	0.7642	0.7673	0.7704	0.7734	0.7764	0.7794	0.7823	0.7852
0.80	0.7881	0.7910	0.7939	0.7967	0.7995	0.8023	0.8051	0.8078	0.8106	0.8133
0.90	0.8159	0.8186	0.8212	0.8238	0.8264	0.8289	0.8315	0.8340	0.8365	0.8389
1.00	0.8413	0.8438	0.8461	0.8485	0.8508	0.8531	0.8554	0.8577	0.8599	0.8621
1.10	0.8643	0.8665	0.8686	0.8708	0.8729	0.8749	0.8770	0.8790	0.8810	0.8830
1.20	0.8849	0.8869	0.8888	0.8907	0.8925	0.8944	0.8962	0.8980	0.8997	0.9015
1.30	0.9032	0.9049	0.9066	0.9082	0.9099	0.9115	0.9131	0.9147	0.9162	0.9177
1.40	0.9192	0.9207	0.9222	0.9236	0.9251	0.9265	0.9279	0.9292	0.9306	0.9319
1.50	0.9332	0.9345	0.9357	0.9370	0.9382	0.9394	0.9406	0.9418	0.9429	0.9441
1.60	0.9452	0.9463	0.9474	0.9484	0.9495	0.9505	0.9515	0.9525	0.9535	0.9545
1.70	0.9554	0.9564	0.9573	0.9582	0.9591	0.9599	0.9608	0.9616	0.9625	0.9633
1.80	0.9641	0.9649	0.9656	0.9664	0.9671	0.9678	0.9686	0.9693	0.9699	0.9706
1.90	0.9713	0.9719	0.9726	0.9732	0.9738	0.9744	0.9750	0.9756	0.9761	0.9767
2.00	0.9772	0.9778	0.9783	0.9788	0.9793	0.9798	0.9803	0.9808	0.9812	0.9817
2.10	0.9821	0.9826	0.9830	0.9834	0.9838	0.9842	0.9846	0.9850	0.9854	0.9857
2.20	0.9861	0.9864	0.9868	0.9871	0.9875	0.9878	0.9881	0.9884	0.9887	0.9890
2.30	0.9893	0.9896	0.9898	0.9901	0.9904	0.9906	0.9909	0.9911	0.9913	0.9916
2.40	0.9918	0.9920	0.9922	0.9925	0.9927	0.9929	0.9931	0.9932	0.9934	0.9936
2.50	0.9938	0.9940	0.9941	0.9943	0.9945	0.9946	0.9948	0.9949	0.9951	0.9952
2.60	0.9953	0.9955	0.9956	0.9957	0.9959	0.9960	0.9961	0.9962	0.9963	0.9964
2.70	0.9965	0.9966	0.9967	0.9968	0.9969	0.9970	0.9971	0.9972	0.9973	0.9974
2.80	0.9974	0.9975	0.9976	0.9977	0.9977	0.9978	0.9979	0.9980	0.9980	0.9981
2.90	0.9981	0.9982	0.9983	0.9983	0.9984	0.9984	0.9985	0.9985	0.9986	0.9986
3.00	0.9987	0.9987	0.9987	0.9988	0.9988	0.9989	0.9989	0.9989	0.9990	0.9990

참 고 문 헌

[국내 문헌]

구본열, *자산가격결정론*, 두남, 2005.

김병규, *재무관리 및 금융공학*, 보험연수원, 2020.

김철중, 윤평식, 박경욱, 홍기훈, *선물옵션투자의 이론과 전략*, 10판, 퍼스트북, 2020.

김재욱, *파생상품투자상담사*, 중앙경제평론사, 2009.

박진우, *선물·옵션·스왑(요점 및 연습)*, 명경사, 2005.

원재환, *금융리스크관리*, 법문사, 2012.

원재환, *파생상품투자론*, 법문사, 2021.

윤민호, 박진우, 박성용, 김동욱, *재무관리연습*, 웅지, 2012.

이관휘, *이것이 공매도다*, 21세기북스, 2019.

[국외 문헌]

Amram M. and N. Kulatilaka, *Real Options,* Price－Waterhouse－Coopers, 1999.

Cox, D.R. and H.D. Miller, *The Theory of Stochastic Processes,* London, Chapman & Hall, 1977.

Cochrane John H., *Asset Pricing,* Revised Ed., Priceton University Press, 2005.

Copeland T. and V. Antikarov, *Real Options,* Texere, 2001.

Pennacchi, George, *Theory of Asset Pricing,* Pearson Education Inc., 2008.

Hull, John C., *Options, Futures, and Other Derivatives,* 9th Ed., Pearson, 2018.

Neftci, Salih N., *An Introduction to the Mathematics of Financial Derivatives,* 2nd Ed., Academic Press, 2000.

Shimko, David C., *Finance in Continuous Time,* University of Southern California Press, 1992.

Sundaram, R.K. and S.R. Das, *Derivatives,* 2nd Ed., McGraw－Hill, 2016.

원 재 환

고려대학교 산업공학 학사(BE in Industrial Engineering)
한국과학기술원(KAIST) 경영과학 석사(MS in Management Science)
University of Nebraska at Lincoln 경영학 석사(MS in Finance and Economics)
University of Texas at Dallas 경영학 박사(Ph.D. in Finance)
전, 서강대 경영학부 재무계열 주임교수, 경영전문대학원 부원장, 학생문화처장, 입학처장
　　프랑스 IESEG(Lille)경영대학 초빙교수
　　미국 뉴저지주립대학 교환교수(Fulbright Scholar)
　　산업통상자원부 해외자원투자 자문위원
　　소상공인시장진흥공단 리스크자문위원회 위원
　　경영연구 편집위원
　　행정고등고시, 7급공무원시험 출제위원
　　보험계리사, 손해사정인시험 출제위원
　　한겨레신문, 조선일보, 동아일보, 매일경제신문, 아시아경제신문 등 칼럼니스트
　　KBS, JTBC, MBC, SBS, YTN 등 경제금융분야 인터뷰이 등 역임
현, 서강대학교 경영학부 재무분야 교수
　　국세청 빅데이터 자문위원회 위원
　　기술보증기금(KIBO) 리스크관리위원회 위원
　　한국산업경영학회 이사 등 재임 중

[주요 저서 및 논문]

파생상품투자론(2021), 법문사.
금융리스크관리(2012), 법문사.
선물옵션연습(2003), 유풍출판사.
선물옵션의 이론과 실제(2002), 유풍출판사.
"Cyclical Consumption and Expected Stock Returns: Evidence from the Korean Capital Market", with Young W. Won and Y. Won, *Global Business & Finance Review*, 2021, Vol. 26, Issue 3(Fall), pp.14−32.
"Closed−end Mutual Fund Puzzle and Market Efficiency: Option Theoretic Analysis", with Sangho Lee and Seok Weon Lee, *Journal of Business Research*, 2014(May), Vol. 29, No. 2, pp.1−23.
"Using GABKR Model for Dividend Policy Forecasting", *Expert Systems with Application*(SCIE), 2012(Dec. 15), Vol. 39, Issue 18, pp.13472−13479.(coauthor)
"A Knowledge Integration Model for the Prediction of Corporate Dividends", *Expert Systems with Application*, 2010, Vol. 37, pp.1344−1350.(coauthor)
"Valuation of Investments in Natural Resources Using Contingent−claim Framework", *Energy*, 2009, Vol. 34, No. 9, September, pp.1215−1224.
"Earnings Uncertainty and Analyst Forecast Herding", *Asia Pacific Journal of Financial Studies*, 2009, Vol. 38, No. 4, pp.545−574.(coauthor)
"Contingent−claim Valuation of a Closed−end Funds: Models and Implications", *Korean Journal of Futures and Options*, 2009, Vol. 17, No. 4, pp.43−74.(coauthor)

"Mathematical Model of Optimal Payouts under Nonlinear Demand Curve", *International Journal of Management Science*, Vol. 10, No. 2, 2004, pp.53－71.

"A Knowledge－based Framework for Incorporating Investor's Preference into Portfolio Decision－making", *Intelligent Systems in Accounting, Finance and Management*, Vol. 12, No. 2, 2004, pp.121－138.(coauthor)

"Two－layer Investment Decision－Making Using Knowledge about Investors' Risk Preference: Model and Empirical Testing", *International Journal of Management Science*, Vol. 10, No. 1, 2004, pp.25－41.(coauthor)

"A Contingent－Claim Analysis of the Closed－end Mutual Fund Discount Puzzle", *Research in Finance*, Vol. 18, 2001, pp.105－132.(coauthor)

"우선주 가격 및 수익률 결정요인에 관한 연구", *아태비즈니스연구*, 2020, Vol. 11, No. 2, pp.159－172. (공저)

"협동조합형 은행이 리스크, 금융산업의 안정성 및 고용에 미치는 영향", *금융안정연구*, 2017.6월, Vol. 18, No. 1, pp.21－51.

"우리나라 신디케이티드론 시장에서 은행－차주 간 장기대출관계가 수행하는 역할에 대한 연구", *경영교육연구*, 2016, 제31권 제1호, pp.61－83. (공저)

"수익성과 유동성을 조정한 5요인 모형의 한국주식시장 타당성 연구", *경영교육연구*, 2016, 제31권 제6호, pp.523－545. (공저)

"부도확률 예측에서 미시정보와 거시정보의 역할", *금융안정연구*, 2012, Vol. 13, No. 2, pp.25－50. (공저)

"주식형펀드성과의 지속성 평가를 위한 최적 성과평가방법", *경영연구*, 2010, Vol. 25, No. 4, pp.395－422. (공저)

"기업의 부채구조를 고려한 옵션형 기업부도예측모형과 신용리스크", *재무관리연구*, 제23권 제2호, 2006, pp.209－237. (공저)

"예금보험제도가 은행의 위험추구와 최적재무구조 그리고 기업가치에 미치는 영향", *보험 학회지*, 제75집 제3호, 2006, pp.135－168.

"한국금융시장에서 파생상품도입의 가격효과", *금융연구*, 제19권 제1호, 2005, pp.149－177.

"스톡옵션제도의 도입이 배당정책에 미치는 영향", *경영학연구*, 제33권 제4호, 2004, pp.1073－1096.

"스톡옵션제도의 공시효과와 위험에 관한 연구", *증권학회지*, 제28집, 2001, pp.579－623. 외 다수

파생상품투자론연습

2022년 3월 10일 초판 인쇄
2022년 3월 20일 초판 발행

저 자 원   재   환

발행인 배   효   선

발행처 도서
출판 法 文 社

주 소 10881 경기도 파주시 회동길 37-29
등 록 1957년 12월 12일/제2-76호(윤)
전 화 (031)955-6500~6   FAX (031)955-6525
E-mail (영업) bms@bobmunsa.co.kr
        (편집) edit66@bobmunsa.co.kr
홈페이지 http://www.bobmunsa.co.kr

조 판 (주)성 지 이 디 피

정가 28,000원   ISBN 978-89-18-91302-5